L'anglais jamaïque

*En amical hommage
à Susan Nash*

Danièle Fraser

*Legally yours
Avec mes amitiés*

L'anglais juridique

par

Bernard Dhuicq
Maître de Conférences
à l'Université
de Paris III

et

Danièle Frison
Agrégée de l'Université
Docteur d'État
Professeur à l'Université
de Paris X

Contents

Sommaire

© 1993 Pocket - Langues pour tous

ISBN 2-266-02904-5

Introduction

La matière présentée dans cet ouvrage, à savoir le droit anglais et le droit américain, est fondamentale pour la compréhension de la vie quotidienne au Royaume-Uni et aux États-Unis, dans la mesure où le droit régit toutes les relations de la vie courante, qu'il s'agisse des relations entre les particuliers, des relations entre les particuliers et l'État, ou des relations d'affaires.

Le texte français tient compte des difficultés que rencontre le public francophone devant des systèmes de pensée et des concepts différents de ceux du droit français. Tandis que celui-ci est fondé sur la doctrine et le code, les droits anglais et américain reposent d'abord sur la jurisprudence (**common law** et **equity**) et seulement en un second temps sur la législation. Par ailleurs, certains concepts de la **common law** et de l'**equity** n'existent pas en droit français et posent des problèmes de transposition, que le présent ouvrage s'est efforcé de résoudre. Enfin, le droit anglais et le droit américain, dans leur démarche, sont à l'image de la langue anglaise, langue dynamique, en mouvement, ouverte, alors que le français s'attache à la conclusion, au résultat, à la conséquence, ce qui aboutit à des formulations différentes.

La terminologie — « droit anglais », « droit applicable à l'Angleterre et au pays de Galles », « droit applicable à la Grande-Bretagne », « droit applicable au Royaume-Uni » — pourra dérouter le lecteur. Il convient donc de donner quelques précisions :

- le « droit anglais », au sens strict, signifie le droit applicable à l'Angleterre et au pays de Galles ;
- le système des cours et des professions juridiques de l'Angleterre et du pays de Galles est distinct de ceux de l'Écosse et de l'Irlande du Nord. (Ils se recoupent parfois : par exemple, la Chambre des lords, cour d'appel ultime pour l'Angleterre et le pays de Galles, est aussi la cour d'appel ultime au civil pour l'Écosse.)
- l'Écosse a un droit distinct du droit anglais dans des domaines importants comme les contrats, les sociétés, la

propriété, les successions, et surtout le droit pénal. Cependant, à la suite d'une législation de plus en plus abondante, le droit a tendance à s'uniformiser pour l'ensemble du Royaume-Uni ;

- le Parlement légifère, en effet, pour l'ensemble du pays : les lois s'appliquent habituellement, soit dans une version unique, soit dans des versions légèrement différentes, à l'Angleterre et au pays de Galles, à l'Écosse, et à l'Irlande du Nord ;

- enfin, sur le plan économique et politique, notamment dans le cadre de la Communauté européenne, on ne parle plus de l'Angleterre et du pays de Galles, mais du Royaume-Uni ;

- et pourtant on continue à parler de « droit anglais ».

Si bien que, conformément à la pratique courante, le présent ouvrage parle successivement, selon les domaines du droit traités, de droit anglais, d'institutions britanniques (tel le Parlement), de règles et de mesures applicables à la Grande-Bretagne ou de principes valables pour l'ensemble du Royaume-Uni.

Le droit américain est fondé sur la jurisprudence ; cependant la loi écrite y joue un rôle plus grand qu'au Royaume-Uni, comme en témoigne la place accordée à la Constitution et à ses Amendements. Il faut également souligner que chaque État possède sa propre juridiction et, dans certains domaines, un droit qui lui est propre.

Cet ouvrage s'adresse à un large public : praticiens (avocats, notaires, commissaires-priseurs, agents immobiliers, hommes d'affaires...), étudiants en droit, en langues (anglais, LEA, secteurs tertiaires), de maîtrises de sciences et techniques, d'économie et de gestion, étudiants des IUT, élèves des Grandes Écoles (commerce, gestion, etc.), élèves des classes de BTS. Il sera également utile aux différentes filières de la formation permanente, aux traducteurs, aux spécialistes de linguistique, enfin à tous ceux qui désirent parfaire leur connaissance du monde anglo-saxon.

Présentation

Le présent ouvrage se subdivise en vingt dossiers : après une introduction à l'histoire des deux droits concernés, au système juridique, à la procédure et aux professions juridiques dans chaque pays, les principaux aspects du droit anglais et du droit américain sont traités — les contrats, les relations commerciales, la propriété, les sociétés, la responsabilité civile, les libertés publiques, etc.

Chaque dossier bilingue se compose d'un exposé des principes et des lois les plus importants dans une branche spécifique du droit, suivi d'un document illustratif (texte de loi ou arrêt), d'une série de phrases types, d'un glossaire et d'un court extrait de presse. Certains dossiers sont subdivisés en deux parties : **A.** droit anglais, **B.** droit américain. Lorsque la matière est plus dense, ou, surtout, lorsque le droit est totalement différent, au point de ne pas porter le même nom dans les deux pays — ex. : le droit des sociétés, très différent, s'appelle **company law** au Royaume-Uni et **corporation law** aux États-Unis —, un dossier est consacré au droit anglais et un autre au droit américain.

Chaque dossier se présente de la même manière : texte anglais sur la page de gauche, texte français sur la page de droite, à l'exception du vocabulaire et du court extrait de presse en fin de dossier, pour lesquels l'anglais et le français se trouvent sur la même page.

Le plan de l'ouvrage est le suivant :

■ **DOSSIERS 1 à 5** : généralités sur le fonctionnement du droit dans les deux pays :
  • les systèmes juridiques, les tribunaux, les professions juridiques et la procédure.

■ **DOSSIERS 6 à 19** : aspects les plus importants du droit anglais et du droit américain :
  • libertés publiques, droit de la responsabilité civile, droit des contrats, droit de la propriété, droit des « trusts », droit commercial, droit des sociétés, droit du travail, droit de la concurrence, droit fiscal et droit bancaire, droit des assurances et droit de la propriété intellectuelle.

■ **DOSSIER 20** : impact du droit communautaire sur le droit anglais.

■ **INDEX** : un index détaillé facilitera la recherche et l'éclaircissement des différents concepts et permettra de retrouver rapidement les principales lois, anonymes en droit anglais, mais souvent désignées en droit américain par le nom du ou des représentants ou sénateurs qui les ont proposées. Cet index vient en complément des glossaires, qui s'en tiennent au domaine lexical.

Bernard DHUICQ, maître de conférences à l'université de Paris III, enseigne le droit anglais et le droit américain des sociétés dans la filière LEA (langues étrangères appliquées) et collabore au DESS de langues étrangères des affaires et commerce international.

Danièle FRISON, agrégée de l'Université, docteur d'État, est professeur à l'université de Paris X, où elle enseigne le droit anglais. Elle y a mis sur pied la filière droit/anglais et elle y dirige le diplôme d'études juridiques appliquées, mention « droit anglo-américain ».

À Blanchette.

1

LEGAL SYSTEMS
LES SYSTÈMES JURIDIQUES

A. The English Legal System
   Le système juridique anglais

B. The American Legal System
   Le système juridique américain

1. Introduction

- **English law and British constitutional law**

There is no such thing in Britain as a written constitution. The British Constitution is the result of laws, customs and conventions defining the composition and powers of the various organs of the state and regulating the relations of the state to the private citizen.

"British constitutional law" covers English law and Scottish law, which are different bodies of rules, with distinct traditions, as well as the law of Northern Ireland, which again is separate of either. England, Wales and Scotland together form Great Britain; and Great Britain together with Northern Ireland forms the United Kingdom. Only between England and Wales has a fusion of laws taken place. So that when "English law" and "the English legal system" are mentioned, it means the law and the legal system in application in England and Wales.

- **The various sources of English law**

English law is made of laws, but also, and primarily, of an enormous amount of **case-law**. Laws are called **statutes** or Acts of Parliament; case-law is generally referred to under the name of **common law**, although it includes both common law and **equity**.

In spite of the enormous bulk of the statute law (statutes begin with the reissue of Magna Carta in 1225 in the reign of Henry III, and several statutes are now added every year), the most fundamental part of English law is still common law. The statutes assume the existence of the common law. For instance, no statute provides that a man must perform his contracts or pay his debts, or pay damages for trespass: the remedies for these matters derive from case-law. Statutes are only the addenda and errata of the common law. If all statutes were repealed, there would still be a system of law, though probably incomplete; but if the common law was suppressed, the most important relations of life would not be provided for.

1. Introduction

● **Le droit anglais et le droit constitutionnel britannique**

La Grande-Bretagne n'a pas de constitution écrite. La Constitution britannique est le produit de textes de loi, de coutumes et de conventions qui définissent la composition et les pouvoirs des différents organes de l'État et qui régissent les relations de l'État avec les individus.

Le « droit constitutionnel britannique » comprend le droit anglais et le droit écossais, qui sont des systèmes de règles distincts, avec des traditions différentes, ainsi que le droit d'Irlande du Nord, qui lui-même diffère des deux précédents. L'Angleterre, le pays de Galles et l'Écosse, pris ensemble, constituent la Grande-Bretagne ; la Grande-Bretagne plus l'Irlande du Nord constituent le Royaume-Uni. Seuls l'Angleterre et le pays de Galles ont un système de droit commun. De sorte que les termes « droit anglais » et « système juridique anglais » s'appliquent pour l'Angleterre et le pays de Galles.

● **Les différentes sources du droit anglais**

Le droit anglais est fait de textes de loi, mais également, et principalement, d'une quantité très importante de jurisprudence. Les lois sont appelées lois écrites ou actes du Parlement ; la jurisprudence est habituellement mentionnée sous le terme de **common law**, bien qu'elle comprenne à la fois la **common law** et l'**equity**.

En dépit de l'énorme masse que constitue la loi écrite (le premier texte de loi est la réédition de la Grande Charte par Henri III en 1225, et de nos jours plusieurs textes de loi sont promulgués chaque année), la partie la plus fondamentale du droit anglais demeure la **common law**. Les lois écrites présupposent l'existence de la **common law**. Par exemple, aucune loi écrite ne dispose qu'un individu doit s'acquitter de ses obligations ou payer ses dettes, ou payer des dommages et intérêts pour atteinte au bien d'autrui : les remèdes, dans ces domaines, sont prévus par la jurisprudence. Les lois écrites ne sont que des additifs et des correctifs à la **common law**. Si toutes les lois écrites étaient abrogées, il subsisterait un système de droit, quoique incomplet ; mais si la **common law** était supprimée, les relations les plus importantes de la vie n'auraient pas de cadre juridique.

2. The common law

The common law did not exist at the time of the Norman Conquest. Before 1066, Anglo-Saxon law consisted in local customs applied by the assemblies of free men, called county courts or hundred courts. After the Conquest, although these courts were not suppressed, they were gradually replaced by feudal courts : **baronial courts** and **manorial courts**. But these also applied local customary law. Running parallel to the feudal courts, ecclesiastical courts were also created : they settled cases by **canon law**, common to all Christendom.

The common law, a law that was common to the whole of England, was the creation of the **royal courts** of justice. In the XIth and XIIth centuries, these courts had a limited jurisdiction. Disputes were normally brought before the feudal courts or the ecclesiastical courts; the king only heard disputes in exceptional cases. The King's court (or **Curia Regis**) was a court for important personalities and important disputes, for instance when the peace of the kingdom was threatened. Even when the royal courts became autonomous organs, no longer accompanying the king in his journeys around the kingdom, royal justice remained limited. In order not to deprive the feudal lords from their benefits of justice, the royal courts limited their competence to royal finances, problems of ownership and possession of land, and serious criminal matters affecting the peace of the kingdom.

To submit a claim to the royal courts, which were above local problems and more impartial than the other courts, the plaintiff had to request the Chancellor to deliver a **writ** by which the royal courts could be seized of the matter. Whereas today to obtain a writ is a mere formality, writs were then only granted for certain types of cases, already listed. There were only 56 writs in 1227. This list was gradually augmented, but until the middle of the XIXth century, the royal courts of Westminster only heard cases submitted to them on the basis of the writs created in the XIIIth century.

The royal courts, which heard cases coming from all parts of the kingdom, tried to unify the different local customs.

1

2. La « common law »

La **common law** n'existait pas à l'époque de la conquête normande. Avant 1066, le droit anglo-saxon consistait en coutumes locales qu'appliquaient les assemblées d'hommes libres, appelées cours de comté ou cours de centaine. Après la Conquête, ces cours ne furent pas supprimées, mais elles furent remplacées peu à peu par des cours féodales : cours baroniales ou cours manoriales. Ces dernières appliquaient également le droit coutumier local. Parallèlement aux cours féodales, des cours ecclésiastiques furent également créées : elles appliquaient le droit canon commun à toute la Chrétienté.

La **common law**, droit commun à toute l'Angleterre, fut la création des cours de justice royales. Aux XIᵉ et XIIᵉ siècles, ces cours avaient une juridiction limitée. Les litiges étaient normalement portés devant les cours féodales ou devant les cours ecclésiastiques ; le roi ne jugeait que des cas exceptionnels. La cour du roi (ou **Curia Regis**) était la cour des grands personnages et des grandes causes, par exemple lorsque la paix du royaume était menacée. Même une fois que les cours royales furent devenues autonomes et cessèrent d'accompagner le roi dans ses déplacements à travers le royaume, la justice royale demeura limitée. Afin de ne pas priver les seigneurs féodaux de leurs revenus de justice, les cours royales restreignirent leur compétence aux finances royales, aux questions de propriété et de possession de la terre, et aux affaires criminelles graves affectant la paix du royaume.

Pour soumettre une requête aux cours royales, qui présentaient l'avantage de se placer au-dessus des affaires locales et d'être plus impartiales que les autres cours, le demandeur devait solliciter du Chancelier l'octroi d'un acte introductif d'instance l'autorisant à engager des poursuites devant les cours royales. Alors que de nos jours obtenir un **writ** est une simple formalité, les actes introductifs d'instance n'étaient alors accordés que pour certains types d'affaires, dûment répertoriés. En 1227, il n'y avait que 56 cas types permettant d'obtenir un **writ**. Cette liste s'allongea peu à peu, mais jusqu'au milieu du XIXᵉ siècle les cours royales de Westminster ne pouvaient être saisies que d'affaires qui leur étaient soumises sur la base des actes introductifs d'instance institués au XIIIᵉ siècle.

Les cours royales, se trouvant saisies d'affaires provenant de tous les coins du royaume, tentèrent d'unifier les différentes coutumes locales.

1

2. The common law *(ctd)*

The common law thus created was characterized by a very formalistic procedure: it was necessary that the case should correspond exactly to one on the list, and after obtaining a writ, one had to follow a very rigid procedure, which was different for each writ. The slightest procedural mistake resulted in a dismissal or nonsuit. The forms of action were finally abolished by the Judicature Acts 1873-1875, and a uniform procedure was provided for all ordinary actions. Until they were abolished, the rigidity was such that a way had to be found to obtain justice: **equity** was thus created.

3. Equity

Equity is a body of rules evolved mainly in the xvth and xvith centuries to complete the common law system which had become insufficient and defective. When the royal courts applying the common law could not be seized of a case or could not provide an adequate remedy, it was possible to request the king, by appealing to his conscience, to intervene as sovereign justiciar. The king, then the Chancellor to whom he delegated his powers, did not intervene to create new rules of law: he intervened only in the name of morality.

● **Main applications of equity**

In the case of trespass, the common law offered damages, but did not provide a means to have the trespasser stop. The Chancellor intervened in equity and granted an injunction ordering the defendant to stop infringing on another's property. If the defendant did not obey, he was sent to prison for "contempt of court". In the case of breach of contract, the only remedy at common law was damages, but the aggrieved party was more interested in obtaining the actual performance of the contract. The Chancellor, by a "decree of specific performance", enjoined execution of the contract. The common law theory of consent covered only physical violence and not moral coercion. The Chancellor intervened against those who took unfair advantage of their dominant position (as guardian, confessor, etc.) to obtain a contract. For property matters, equity obliged trustees to respect their covenant.

2. La « common law » *(suite)*

C'est ainsi que fut créée la **common law**. La **common law** était caractérisée par une procédure très formaliste : il fallait que l'affaire corresponde exactement à l'un des cas types, et, après avoir obtenu le droit d'engager des poursuites, il fallait suivre une procédure très rigide, qui variait pour chaque type d'affaire. La plus légère faute de procédure entraînait le rejet de l'affaire ou un non-lieu. Les formes procédurales de la **common law** furent finalement abolies par les lois de 1873 et 1875 sur la réforme judiciaire, qui imposèrent une procédure uniforme pour toutes les poursuites ordinaires. Mais jusqu'à leur suppression, la rigidité du système était telle qu'il fallait trouver un moyen d'obtenir justice : c'est ainsi que l'**equity** fut créée.

3. L'« equity »

L'**equity** est un ensemble de règles élaborées principalement aux xvᵉ et xvɪᵉ siècles pour compléter le système de la **common law** qui était devenu insuffisant et défectueux. Lorsque les cours royales qui appliquaient la **common law** ne pouvaient être saisies d'une affaire ou lorsqu'elles ne pouvaient offrir une solution appropriée, il était possible d'en appeler à la conscience du roi et de lui demander d'intervenir en tant que justicier souverain. Le roi, puis le Chancelier auquel il délégua ses pouvoirs, n'intervenait pas pour créer de nouvelles règles de droit : il intervenait uniquement au nom de la morale.

● **Principales applications de l'« equity »**

Dans le cas d'intrusion sur le fonds d'autrui, la **common law** offrait des dommages et intérêts, mais aucun moyen de mettre un terme aux agissements de l'intrus ou du violateur des droits d'autrui. Le Chancelier intervenait en **equity** et accordait une injonction ordonnant au défendeur de cesser d'attenter au bien d'autrui. Si le défendeur n'obtempérait pas, il risquait la prison pour désobéissance à la justice. Dans le cas de rupture de contrat, la seule réparation qu'offrait la **common law** était des dommages et intérêts, mais la victime préférait obtenir l'exécution du contrat. Le Chancelier, par une ordonnance d'exécution forcée, enjoignait au défendeur de s'acquitter de ses obligations. La **common law** avait une théorie du consentement qui ne prenait en compte que la violence physique, et non l'intimidation. Le Chancelier intervenait pour sanctionner les personnes qui abusaient de leur influence (tuteurs, confesseurs, etc.) aux fins de contraindre autrui à signer un contrat. En matière de propriété, l'**equity** obligeait les fidéicommissaires à respecter leurs engagements.

The only problem for plaintiffs was that to obtain all the remedies they were entitled to, they had to bring two successive actions: one in damages before a common law court, another in Chancery to obtain an equitable injunction or a decree of specific performance.

● **"Fusion" of the common law and equity**

Equity and the common law went on in parallel, the former complementing the latter, until 1875, when as a result of the application of the **Judicature Act 1873** the old courts of common law and the Court of Chancery were abolished and replaced by one Supreme Court of Judicature, each branch of which had power to administer both the common law and equity. The same Act provided that in case of conflict between the rules of common law and the rules of equity, the latter should prevail.

What happened was a fusion of the administration of common law and equity. It did not mean that the two systems of law themselves fused. The rules of equity are still distinct from the rules of the common law, but both are now open to a plaintiff in one action before the same court.

4. Statute law

In early times there were few statutes and the main body of law was case-law. The first important wave of legislation was under Henry II (1154-1189); legislation then took several names: Assizes, Constitutions, Provisions and Charters. Legislation at that time was generally made by the king in Council, but sometimes by a kind of Parliament which consisted mainly of a meeting of nobles and clergy summoned from the shires. In the xivth century, parliamentary legislation became more general. Parliament at first contented itself with asking the king to legislate, but later it itself presented bills. In the Tudor period, the modern procedure was established of giving three readings to a bill before it could become law (see chart annexed).

3. L'« equity » *(suite)*

La seule difficulté qui se posait pour les plaignants était que, pour obtenir les différentes réparations auxquels ils avaient droit, ils devaient intenter deux procès successifs : un en dommages et intérêts devant un tribunal de **common law**, un autre devant la Cour de la Chancellerie pour obtenir une injonction ou une ordonnance d'exécution forcée.

● « Fusion » de la « common law » et de l'« equity »

L'**equity** et la **common law** continuèrent à fonctionner en parallèle, la seconde complétant la première, jusqu'en 1875, date à laquelle, en application de la loi de 1873 sur la réforme judiciaire, les anciennes juridictions de **common law** et la Cour de la Chancellerie furent abolies et remplacées par une instance unique appelée Cour suprême de Justice, dont chaque tribunal était autorisé à appliquer aussi bien la **common law** que l'**equity**. La même loi disposait qu'en cas de conflit entre les règles de la **common law** et celles de l'**equity**, ces dernières devaient l'emporter.

Ce qui se produisit fut une fusion de l'administration de la **common law** et de l'**equity**. Cela ne signifia pas une fusion des deux systèmes de droit. Les règles de l'**equity** continuent à être distinctes de celles de la **common law** ; mais désormais le demandeur peut invoquer les unes et les autres dans le cadre d'une action unique devant une même juridiction.

4. Les lois écrites

Jadis, il y avait peu de lois écrites et la source principale du droit était la jurisprudence. C'est sous Henri II (1154-1189) que sera promulguée la première vague importante de textes de loi ; ces textes portaient des noms différents : assises, constitutions, provisions, chartes. Les lois à cette époque étaient généralement élaborées par le roi en son Conseil, mais quelquefois par une sorte de Parlement constitué principalement de nobles et d'ecclésiastiques convoqués pour représenter leurs comtés respectifs. Au XIVe siècle, il devint plus habituel que le Parlement légifère. Il se contentait au début de demander au roi d'édicter des lois, mais par la suite le Parlement lui-même présenta des projets de loi. À l'époque Tudor, la procédure moderne fut établie : désormais les projets de loi firent l'objet de trois lectures suivies de votes avant de devenir lois (voir schéma du vote des lois).

From the Tudor period onward, Parliament became more and more powerful and the practice of law making by statute increased. But it was not until the XIXth and the XXth century that statutes became an important source of law. After the Second World War, nationalisations and the intervention of the state in the economy, as well as the creation of the Welfare State, resulted in a proliferation of statutes. In case of conflict with the common law or equity, the statute prevails. No court or other body can question the validity of an Act of Parliament, to the extent that Parliament is sovereign.

Statute law can be used to abolish common law rules which have become obsolete, or to amend the common law. Statutes which are no longer of practical utility are repealed. But a statute stands as law until it is specifically repealed by Parliament.

• Delegated legislation

Most modern statutes require much detailed work to implement them. Such details are not usually contained in the statute: the relevant authorities (boards, ministries, local authorities, etc.) make up the details and issue regulations in application of the statute. This form of law is called delegated legislation.

5. The doctrine of judicial precedent

The importance of case-law is explained by the doctrine of judicial precedent: when a judge has to try a case, he must look back to see how previous judges have dealt with previous cases (**precedents**) involving similar facts. His decision will seek to be consistent with existing legal principles, and may, in its turn, improve upon those principles.

The standing of a precedent is governed by the status of the court which decided the case. Decisions of the House of Lords are treated with the greatest respect, whereas a decision of a county court judge has normally limited effect. This approach, dictated by common sense, has developed into a rigid system under which precedents of the superior courts, if relevant to the facts of the case, are "binding" on lower courts.

4. Les lois écrites *(suite)*

Après la période Tudor, le Parlement devint de plus en plus puissant et le droit d'origine législative se développa. Mais c'est seulement à partir du XIXe et du XXe siècle que les lois écrites devinrent une source de droit importante. Après la Seconde Guerre mondiale, les nationalisations et l'intervention de l'État dans l'économie, ainsi que la création de l'État-providence, ont abouti à une prolifération de textes législatifs. En cas de conflit avec la **common law** et l'**equity**, la loi écrite l'emporte. Aucun tribunal ni aucun autre organe ne peut mettre en question la validité d'une loi votée par le Parlement, dans la mesure où celui-ci est souverain.

Les lois écrites peuvent être utilisées pour abolir des règles de **common law** qui sont devenues obsolètes, ou pour amender la **common law**. Les lois qui n'ont plus d'utilité pratique sont abrogées. Mais une loi écrite reste en vigueur tant qu'elle n'est pas spécifiquement abrogée par le Parlement.

• La législation déléguée

La plupart des lois modernes nécessitent un important travail d'adaptation pour pouvoir être appliquées. Les modalités d'application ne sont habituellement pas prévues par le texte de loi lui-même. En ce cas, les autorités concernées (offices, ministères, autorités locales, etc.) élaborent les détails et édictent des règlements en application de la loi. Ce type de législation est appelé législation déléguée.

5. La doctrine du précédent judiciaire

L'importance de la jurisprudence en droit anglais est liée à la doctrine du précédent judiciaire, qui veut que lorsqu'un juge doit statuer sur une affaire, il regarde en arrière et cherche comment ses prédécesseurs ont résolu les affaires antérieures (ou précédents) qui présentaient des faits similaires. La décision qu'il prendra cherchera à respecter les principes juridiques en vigueur; elle pourra, à son tour, perfectionner ces principes.

La portée d'un précédent dépendra du statut du tribunal qui a statué. Les décisions de la Chambre des lords sont traitées avec le plus grand respect, alors qu'une décision prise par une cour de comté a normalement une portée limitée. Cette approche, dictée par le bon sens, a abouti à un système rigide selon lequel les précédents des cours supérieures, s'ils s'appliquent aux faits de l'espèce, sont considérés comme « impératifs » ou obligatoires pour les cours inférieures.

6. How a bill becomes an act

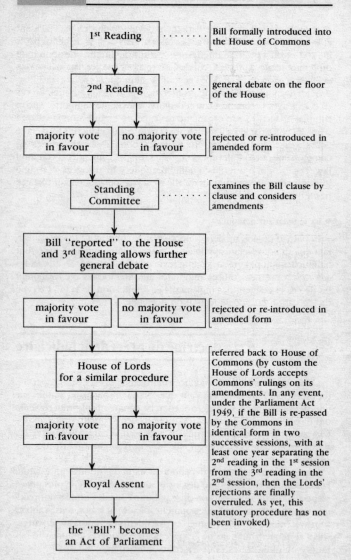

1st Reading .... Bill formally introduced into the House of Commons

2nd Reading .... general debate on the floor of the House

majority vote in favour | **no majority vote in favour** rejected or re-introduced in amended form

Standing Committee .... examines the Bill clause by clause and considers amendments

Bill "reported" to the House and 3rd Reading allows further general debate

majority vote in favour | **no majority vote in favour** rejected or re-introduced in amended form

House of Lords for a similar procedure

majority vote in favour | **no majority vote in favour**

Royal Assent

the "Bill" becomes an Act of Parliament

referred back to House of Commons (by custom the House of Lords accepts Commons' rulings on its amendments. In any event, under the Parliament Act 1949, if the Bill is re-passed by the Commons in identical form in two successive sessions, with at least one year separating the 2nd reading in the 1st session from the 3rd reading in the 2nd session, then the Lords' rejections are finally overruled. As yet, this statutory procedure has not been invoked)

6. Le processus législatif

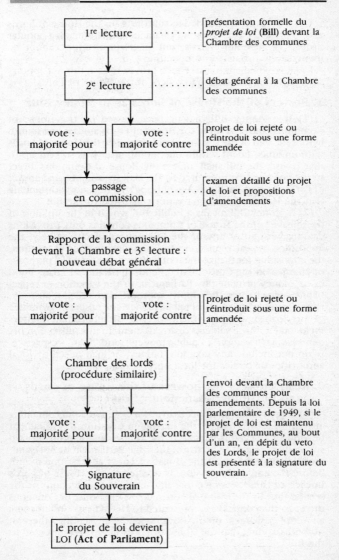

1re lecture · · · · · · · présentation formelle du *projet de loi* (**Bill**) devant la Chambre des communes

2e lecture · · · · · · · débat général à la Chambre des communes

vote : majorité pour — **vote : majorité contre** · projet de loi rejeté ou réintroduit sous une forme amendée

passage en commission · · · · · · · examen détaillé du projet de loi et propositions d'amendements

Rapport de la commission devant la Chambre et 3e lecture : nouveau débat général

vote : majorité pour — **vote : majorité contre** · projet de loi rejeté ou réintroduit sous une forme amendée

Chambre des lords (procédure similaire)

renvoi devant la Chambre des communes pour amendements. Depuis la loi parlementaire de 1949, si le projet de loi est maintenu par les Communes, au bout d'un an, en dépit du veto des Lords, le projet de loi est présenté à la signature du souverain.

vote : majorité pour — **vote : majorité contre**

Signature du Souverain

le projet de loi devient LOI (Act of Parliament)

23

1

7. The Parliament Act, 1911

[...] whereas it is intended to substitute for the House of Lords as it at present exists a Second Chamber constituted on a popular instead of hereditary basis, but such substitution cannot be immediately brought into operation [...].

[...] it is expedient to make such provision as in this Act appears for restricting the existing powers of the House of Lords.

1. Powers of the House of Lords as to Money Bills

(1) If a Money Bill, having been passed by the House of Commons, and sent up to the House of Lords at least one month before the end of the session, is not passed by the House of Lords without amendment within one month after it is so sent up to that House, the Bill shall, unless the House of Commons direct to the contrary, be presented to His Majesty and become an Act of Parliament on the Royal Assent being signified, notwithstanding that the House of Lords have not consented to the Bill.

(2) A Money Bill means a Public Bill which in the opinion of the Speaker of the House of Commons contains only provisions dealing with all or any of the following subjects, namely, the imposition, repeal, remission, alteration, or regulation of taxation; the imposition for the payment of debt or other financial purposes of charges on the Consolidated Fund, the National Loans Fund or on money provided by Parliament, or the variation or repeal of any such charges; the supply, appropriation, receipt, custody, issue or audit of accounts of public money; the raising or guarantee of any loan or the repayment thereof; or subordinate matters incidental to those subjects or any of them. In this subsection the expressions "taxation", "public money", and "loan" respectively do not include any taxation, money, or loan raised by local authorities or bodies for local purposes.

2. Restriction of the powers of the House of Lords as to Bills other than Money Bills

(1) If any Public Bill (other than a Money Bill or a Bill containing any provision to extend the maximum duration of Parliament beyond five years) is passed by the House of Commons in two successive sessions (whether of the same Parliament or not), and, having been sent up to the House of Lords at least one month before the end of the session, is rejected by the House of Lords in each of those sessions, that Bill shall, on its rejection for the second time by the House of Lords, unless the House of Commons direct to the contrary, be presented to His Majesty and become an Act of Parliament on the Royal Assent being signified thereto, notwithstanding that the House of Lords have not consented to the Bill.

1

7. La loi parlementaire de 1911

[...] alors qu'il est prévu de remplacer la Chambre des lords telle qu'elle existe actuellement par une seconde Chambre constituée sur une base populaire et non sur une base héréditaire, ce remplacement ne peut être mis en œuvre immédiatement [...].

[...] il convient de prendre des mesures, exprimées dans le présent texte de loi, pour limiter les pouvoirs actuels de la Chambre des lords.

Art. 1. Pouvoirs de la Chambre des lords en matière de projets de lois de finances

al. 1. Si, après qu'un projet de loi de finances a été adopté par la Chambre des communes et transmis à la Chambre des lords au moins un mois avant la fin de la session parlementaire, il n'est pas adopté par la Chambre des lords sans amendement dans le mois qui suit sa transmission à cette Chambre, sauf avis contraire de la Chambre des communes, ce projet de loi sera présenté à Sa Majesté et, après qu'il aura reçu l'approbation du souverain, il deviendra loi, même si la Chambre des lords s'est opposée au projet de loi.

al. 2. Par « loi de finances », on entend un projet de loi présenté par le gouvernement et dont le président de la Chambre des communes déclarera qu'il contient uniquement des dispositions relatives à l'une des questions suivantes : l'imposition, la suppression, la remise, la modification ou la réglementation des impôts ; l'imposition du paiement de la dette ou d'autres effets financiers de charges sur le budget de l'État, les emprunts d'État ou l'argent accordé par le Parlement, ou les modifications ou suppressions de telles charges ; l'allocation, la répartition, les recettes, la garde, l'émission ou la vérification des comptes de l'argent public ; la levée ou la garantie de tout emprunt ou son remboursement ; ou toute question subsidiaire ayant trait à l'ensemble de ces questions ou à l'une d'entre elles. Les termes « impôts », « argent public » et « emprunts » utilisés au présent alinéa ne comprennent pas les impôts, l'argent ou les emprunts levés par les autorités locales ou par des organismes les utilisant à des fins locales.

Art. 2. Limitation des pouvoirs de la Chambre des lords en matière de projets de lois autres que de finances

al. 1. Si un projet de loi présenté par le gouvernement (autre qu'un projet de loi de finances ou qu'un projet de loi visant à étendre la durée d'une législature au-delà de cinq ans) est voté par la Chambre des communes lors de deux sessions successives (que ce soit par le même Parlement ou non) et si, après avoir été transmis à la Chambre des lords au moins un mois avant la fin de la session parlementaire, il est rejeté par la Chambre des lords à chacune de ces deux sessions, ce projet de loi sera, à l'issue de son second rejet par la Chambre des lords, sauf avis contraire de la Chambre des communes, présenté à Sa Majesté et, après qu'il aura reçu l'approbation du souverain, deviendra loi, même si la Chambre des lords s'est opposée au projet de loi...

1. Introduction

The origins of the law in the United States can be traced back to the founding of the English colonies which were governed by common law and equity. Statute law already existed in the mother country and was also applied to the colonies. When, in 1789, the **Constitution** was ratified, a federal system of government, laws and courts was established.

As it is spelled out by the Constitution which itself can be amended, each branch can intervene in the decisions made by any of the other two. These interventions go by the set phrase of "checks and balances".

Congress have powers over the President whose appropriations of money they control, whose veto they can override and whom they can impeach and remove after investigating his conduct. They also have powers over the Supreme Court whose size they fix, whose appropriations they control; they impeach and remove judges, confirm their nominations and create inferior federal courts and regulate the jurisdiction of the federal courts, as defined by Article III. The Senate confirm the appointment by the President of judges and Cabinet members, therefore of the Attorney-General.

The President can veto bills in Congress; he also appoints federal judges and may grant pardon for federal crimes.

The Supreme Court interpret statutes and administrative regulations as well as determine their constitutionality, the latter process being known as **judicial review**.

1. Introduction

Le droit américain trouve son origine dans la fondation des colonies anglaises qui étaient gouvernées par la **common law** (*droit coutumier*) et l'**equity** (recours à la justice royale pour redresser une décision estimée injuste). La législation existait déjà dans la métropole et s'appliquait aussi aux colonies. En 1789, lors de la ratification de la Constitution, furent établis un gouvernement fédéral ainsi qu'un système fédéral législatif et judiciaire.

Comme le définit la Constitution, qu'il est possible d'amender, chaque pouvoir peut intervenir dans les décisions prises par n'importe lequel des deux autres. Ces interventions sont connues sous l'expression **checks and balances** (*équilibre des pouvoirs*).

Le Congrès contrôle le Président dont il surveille la répartition des crédits, dont il peut passer outre au veto, qu'il peut mettre en accusation et destituer après enquête sur sa conduite. Il contrôle aussi la Cour suprême dont il fixe la taille, dont il surveille la répartition des crédits ; il met en accusation et destitue les juges, confirme leur nomination et crée les cours fédérales inférieures ; il réglemente la juridiction des cours fédérales, comme le définit l'Article III de la Constitution. Le Sénat confirme la nomination, par le Président, des juges et des membres du cabinet, par conséquent du procureur général.

Le Président peut opposer son veto aux projets de loi du Congrès ; il nomme aussi les juges fédéraux et peut accorder sa grâce pour des crimes jugés par les cours fédérales.

La Cour suprême interprète les lois et les règlements administratifs et détermine leur constitutionnalité ; ce dernier pouvoir s'appelle **judicial review** (*révision judiciaire* ou examen des lois et des décisions).

2. Checks and balances

In 1791, ten amendments to the Constitution, called the **Bill of Rights**, were ratified by Congress; Amendment X, "The powers not delegated to the United States by the Constitution, nor prohibited by it to the States, are reserved to the States respectively, or to the people", gave birth to State governments, whose structures are identical to those of the Federal government, viz. a written constitution, a state senate and a state assembly, a governor assisted by a lieutenant governor and a state supreme court.

3. Constitutional distribution of powers

The national government and state governments have the power of taxation; they also share concurrent powers in the field of business regulations, such as antitrust law, unfair competition, advertizing and corporation securities.

The separation of powers leads to a distribution of activities among the three branches of government: Congress is responsible for civil and criminal legislation, the President and his administration see to the implementation of the law while federal courts make decisions on civil and criminal cases.

The federal government, broadly speaking, controls foreign affairs and matters of general interest (currency, the military, immigration, foreign and domestic trade, patents of inventions, copyrights and bankruptcies). Many other activities are controlled by agencies (also called authorities, boards, commissions and departments) who make and enforce rules and have quasi-judicial powers.

B - LE SYSTÈME JURIDIQUE AMÉRICAIN

2. Contrôle et équilibre des pouvoirs

En 1791, le Congrès ratifia dix amendements à la Constitution, appelée « **Bill of Rights** » (déclaration des droits) ; l'Amendement X, « Les pouvoirs qui ne sont pas délégués aux États-Unis par la Constitution ou qui ne sont pas refusés par elle aux États, sont donnés aux États ou aux citoyens », donna naissance aux gouvernements des États dont les structures sont identiques à celles du gouvernement fédéral, à savoir, une constitution écrite, un sénat et une chambre de représentants, un gouverneur et un gouverneur adjoint, ainsi qu'une cour suprême.

3. Répartition des pouvoirs selon la Constitution

Le gouvernement fédéral et les gouvernements des États décident des impôts ; ils partagent également des pouvoirs communs dans le domaine des règlements commerciaux, par exemple, la législation contre les « trusts », la concurrence illégale, la publicité et les titres de sociétés.

La séparation des pouvoirs a pour résultat la distribution des tâches parmi les trois branches du gouvernement : le Congrès est responsable de la législation civile et pénale, le Président et son gouvernement veillent à l'application des lois, tandis que les cours fédérales rendent des jugements sur les affaires civiles et criminelles.

Le gouvernement fédéral, de manière générale, contrôle les relations avec l'étranger ainsi que les affaires d'intérêt général (la monnaie, les forces armées, l'immigration, le commerce intérieur et extérieur, les brevets d'invention, les droits d'auteur et les faillites). Beaucoup d'autres activités sont sous le contrôle d'agences (aussi appelées autorités, conseils, commissions et départements...) qui établissent et appliquent des règles et sont nanties de pouvoirs quasi juridiques.

4. State legislation

The fifty states enact legislations dealing with family relations and private property, the creation of business organizations and the licensing of professionals, as well as public safety and morals.

Out of the variety of legislations and decisions (states and national), there arose a need for uniformity and the solution of unavoidable conflicts. The former was met, in some sectors, by the partial adoption of uniform laws by all or some states (the **Uniform Commercial Code**, for example, though not entirely uniform, since Louisiana did not adopt parts of Articles 2, 6 and 9). The latter was provided for by the Supremacy Clause in Article VI of the Constitution, which underlines that "This Constitution, and the laws of the United States [...] and all Treaties made [...], under the Authority of the United States, shall be the Supreme Law of the Land; and the Judges in every State shall be bound thereby, any thing in the Constitution or Laws of any State to the Contrary notwithstanding."

The American legal system is based first on English common law, from which it borrowed the rule of precedent, then on the Constitution together with statutes and rules and regulations drawn up by the government agencies. This combination of civil law and common law is the hallmark of the US system where substantive law, both private (contracts, torts and property, business organisations, family law, commercial law) and public (constitutional, administrative, labor, tax, criminal law, and trade regulations), as well as procedural law are also founded on state constitutions and decisions of state courts. Continuity, flexibility, judicial review and judicial independence are the main features of the American system of justice.

B - LE SYSTÈME JURIDIQUE AMÉRICAIN
4. La législation des États

Les cinquante États promulguent des lois concernant le droit de la famille, le droit de la propriété privée, la création d'établissements commerciaux, l'organisation et la légalité des professions libérales et le maintien de la sécurité publique et de la moralité.

Cette diversité de législations et de décisions (au niveau national et au niveau des États) suscita le besoin d'uniformiser le droit et de résoudre les inévitables conflits. Dans certains domaines, le premier besoin reçut une réponse dans l'adoption partielle de législations uniformes par tous les États ou certains d'entre eux (le **Uniform Commercial Code**, par exemple, bien qu'il ne soit pas entièrement uniforme puisque la Louisiane n'adopta pas les articles 2, 6 et 9 dans leur totalité). La réponse au second besoin est prévue dans la clause de la suprématie nationale de l'Article VI de la Constitution qui stipule que « la présente Constitution et les lois des États-Unis [...] et tous les Traités faits [...], sous l'autorité des États-Unis, seront la Loi suprême du Pays ; les Juges dans chaque État seront liés par celle-ci, nonobstant toute autre mention dans la Constitution ou les Lois de n'importe quel État ».

Le système juridique américain est fondé sur la **common law** anglaise, à laquelle il emprunta la règle du précédent, sur la Constitution ainsi que sur les lois et sur les règles et règlements établis par les agences gouvernementales. Ce mélange de droit civil et de droit coutumier est la marque du sytème américain où le droit positif, privé (contrats, obligations, propriétés, organisations commerciales, droit de la famille, droit commercial) et public (droits constitutionnel, administratif, du travail, fiscal, pénal et réglementation commerciale), ainsi que la procédure sont également fondés sur les constitutions des États et sur les décisions des tribunaux des États. Continuité, souplesse, examen de la constitutionnalité et indépendance demeurent les principaux traits du système judiciaire américain.

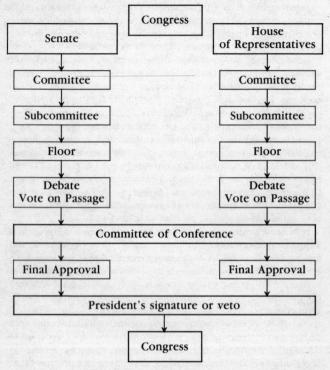

Bills are proposed by representatives or senators; after going to full committees, they go to subcommittees for study, hearings, revisions and approval. They go back to full committees for further hearings and revisions and are then debated, amended, passed or defeated. If a bill is passed it will go to the other Chamber for the same process. A committe of conference will work out a compromise version sent to each Chamber for final approval. The compromise bill is sent to the White House. The President either signs it into law or vetoes it and returns it to Congress; a two-third majority in each House is sufficient to have the bill enacted without the President's signature.

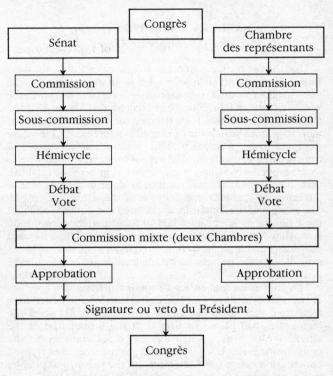

Les représentants ou les sénateurs proposent les projets de loi qui sont étudiés, lus, révisés puis approuvés par des sous-commissions. Ces projets repassent devant les commissions pour subir d'autres lectures et d'autres révisions avant les débats et amendements, et sont soit votés soit rejetés. Si le projet est accepté, il passera par les mêmes étapes dans l'autre Chambre. Une commission mixte, comprenant des membres des deux Chambres, élabore une version de compromis adressée à chaque Chambre pour approbation finale. Le projet de loi recueillant l'unanimité des deux Chambres est adressé à la Maison Blanche ; le Président soit promulgue la loi en la signant soit oppose son veto et renvoie le projet au Congrès. Il suffit d'une majorité des deux tiers dans chaque Chambre pour que le projet devienne loi sans la signature du Président.

MARBURY v. MADISON (1803)
The U.S. Supreme Court

That the people have an original right to establish, for their future government, such principles as, in their opinion, shall most conduce to their own happiness, is the basis on which the whole American fabric has been erected. [...] The principles, therefore, so established, are deemed fundamental. And as the authority from which they proceed is supreme, [...] they are designed to be permanent. This original and supreme will organizes the government, and assigns to different departments their respective powers. It may either stop here, or establish certain limits not to be transcended by those departments. The government of the United States is of the latter description. The powers of the legislature are defined and limited ; and that those limits may not be mistaken, or forgotten, the constitution is written. To what purpose are powers limited, and to what purpose is that limitation committed to writing, if these limits may, at any time, be passed by those intended to be restrained ? [...]

The constitution is either a superior, paramount law, unchangeable by ordinary means, or it is on a level with ordinary legislative acts, and, like other acts, is alterable when the legislature shall please to alter it. If the former part of the alternative be true, then a legislative act contrary to the constitution is not law ; if the latter part be true, then written constitutions are absurd attempts, on the part of the people, to limit a power in its own nature illimitable.

Certainly all those who have framed written constitutions contemplate them as forming the fundamental and paramount law of the nation, and consequently, the theory of every such government must be, that an act of the legislature, repugnant to the constitution, is void. [...]

It is emphatically the province and duty of the judicial department to say what the law is. [...]

So if a law be in opposition to the constitution ; if both the law and the constitution apply to a particular case, [...] the court must determine which of these conflicting rules governs the case. This is of the very essence of judicial duty.

MARBURY c. MADISON (1803)
Décision de la Cour suprême des États-Unis

La base sur laquelle tout l'édifice américain a été construit est que le peuple a un droit originel de poser, pour son gouvernement futur, les principes qui, à son avis, seront les plus susceptibles de promouvoir son propre bonheur. [...] En conséquence, les principes ainsi posés sont considérés comme fondamentaux. Et, comme l'autorité dont ils procèdent est suprême, [...] ils sont conçus comme devant être permanents. Cette volonté originelle et suprême préside à l'organisation du gouvernement et impartit aux différents départements leurs pouvoirs respectifs. Elle peut s'en tenir là ou fixer certaines limites que ces départements ne doivent pas dépasser. Le gouvernement des États-Unis est de ce dernier type. Les pouvoirs du corps législatif sont définis et limités ; et, afin qu'il n'y ait pas d'erreur sur ces limites et qu'on ne les oublie pas, la constitution est écrite. À quoi sert que des pouvoirs soient limités et que cette limitation soit consignée par écrit, s'il est possible à ceux-là même à qui l'on veut imposer des limites de les dépasser à tout moment ? [...]

Ou bien la constitution est un texte législatif supérieur et de première importance, inchangeable par les voies ordinaires, ou bien elle se situe au même niveau que les actes législatifs ordinaires et, comme les autres lois, il est possible de la modifier selon le bon vouloir du corps législatif. Si la première proposition est vraie, alors un acte législatif contraire à la constitution n'a pas force de loi ; si la seconde est vraie, alors les constitutions écrites sont des tentatives absurdes, de la part du peuple, de limiter un pouvoir qui est par nature impossible à limiter.

Certainement, tous ceux qui ont rédigé des constitutions écrites les considèrent comme formant le droit fondamental et supérieur de la nation et, en conséquence, la théorie de tout gouvernement de ce type doit être qu'un acte du législatif qui est contraire à la constitution sera nul. [...]

Il appartient incontestablement au département judiciaire, et il est de son devoir, de dire ce qui est le droit. [...]

Ainsi, si une loi est en opposition avec la constitution ; si cette loi et la constitution s'appliquent toutes deux à une espèce spécifique, [...] la cour doit décider laquelle des deux règles en conflit s'applique en l'espèce. C'est là l'essence même du devoir judiciaire.

Key sentences

1. Statute law is the legislation enacted by Parliament and to which the Monarch has given his/her royal assent.

2. Common law principles can be altered or abolished by an Act of Parliament.

3. It is a rule of British constitutional law that Parliament has an unlimited power of legislation.

4. As a result of the doctrine of the sovereignty of Parliament, in case of a conflict of laws, legislation prevails over both equity and common law.

5. Equity softened the rigidity of the common law and ensured that judicial decisions were not unfair and contrary to moral conscience.

6. Congress have powers over the President whose appropriations of money they control, whose veto they can override and whom they can impeach and remove.

7. Interventions of a branch of the government in decisions made by any of the other two is known as "checks and balances".

8. Congress is responsible for civil and criminal legislation.

9. The President and his administration see to the implementation of the law.

10. The Supreme Court determines the constitutionality of statutes and administrative regulations, which is "judicial review".

11. The federal government controls foreign affairs and matters of general interest.

12. State legislations deals with family relations and private property, the creation of business organizations and the licensing of professionals, as well as public safety and morals.

13. Continuity, flexibility, judicial review and judicial independence are the main features of the American system of justice.

14. State constitutions and decisions of state courts are taken into consideration on the federal level.

15. The variety of legislations and decisions (national and states) created a need for uniformity.

Phrases types

1. *Le droit écrit est la législation promulguée par le Parlement, après ratification par le souverain.*

2. *Les principes de la **common law** peuvent être amendés ou abolis par un texte de loi.*

3. *Le pouvoir de législation illimité du Parlement est un des principes du droit constitutionnel britannique.*

4. *En vertu de la doctrine de la souveraineté du Parlement, en cas de conflit de droits, le droit écrit l'emporte aussi bien sur l'**equity** que sur la **common law**.*

5. *L'**equity** a adouci la rigidité de la **common law** et assuré que les décisions de justice ne soient pas injustes ni contraires à la conscience morale.*

6. *Le Congrès contrôle le Président dont il surveille la répartition des crédits, dont il peut passer outre le veto, qu'il peut mettre en accusation et destituer.*

7. *Les interventions de l'un des pouvoirs sur les décisions prises par l'un des deux autres sont décrites par l'expression « checks and balances », soit « contrôles et équilibres ».*

8. *Le Congrès est responsable de la législation civile et pénale.*

9. *Le Président et son gouvernement veillent à l'application des lois.*

10. *La Cour suprême détermine la constitutionnalité des lois et règlements administratifs, ce qui constitue la révision judiciaire ou examen des lois et des règlements.*

11. *Le gouvernement fédéral contrôle les relations avec l'étranger ainsi que les affaires d'intérêt général.*

12. *La législation des États concerne le droit de la famille, de la propriété privée, la création d'entreprises, l'organisation et la légalité des professions libérales et le maintien de la sécurité publique et de la moralité.*

13. *Continuité, souplesse, examen de la constitutionnalité et indépendance du judiciaire demeurent les principales caractéristiques du système juridique américain.*

14. *La constitution des États ainsi que les décisions prises par les tribunaux des États interviennent au niveau fédéral.*

15. *La diversité des législations et des décisions (au niveau fédéral et au niveau des États) suscita le besoin d'une uniformisation.*

Vocabulary

Act of Congress (US) : *loi*
Act of Parliament : *loi*
action : *poursuites*
administration (US) : *gouvernement*
administrative law : *droit administratif*
aggrieved (party) : *partie lésée* (= prejudiced)
to appoint : *nommer*
appointee (US) : *magistrat nommé par le Président*
appropriation (US) : *imputation, crédit*
 appropriation bill : *projet de loi de finances*
article : *article* (de loi), *chef d'accusation*

bill : *projet de loi*
 government bill/public bill : *projet de loi d'origine gouvernementale*
 money bill : *projet de loi de finances*
 private bill : *projet de loi en faveur d'intérêts privés*
binding : *impératif, ayant force obligatoire* (précédent)
by-law : *arrêté, réglementation* (par autorité locale)

case-law : *jurisprudence*
checks and balances (US) : *équilibre des pouvoirs*
civil law : *droit civil*
civil rights : *droits civiques*
claim : *prétention, requête, revendication*
code : *code*
codification : *codification* (des lois)
to codify : *codifier*
common law : *droit coutumier, la* **common law**
competence : *compétence* (d'un tribunal)
conscience : *la conscience morale*
conscionable : *conforme à la morale*
constituency : *circonscription électorale* (GB)
constitution : *constitution*
constitutional law : *droit constitutionnel*
county : *« comté », subdivision d'un État* (US)
court : *tribunal, cour de justice*
criminal law : *droit pénal*

to decide : *juger*
decision : *arrêt*
decree : *ordonnance*
 decree of specific performance : *ordonnance d'exécution forcée*
 (d'un contrat)
delegated legislation : *législation déléguée*
dismissal : *rejet d'une demande, classement d'une affaire*
dispute : *litige*
district (US) : *circonscription électorale* (Congrès) *et administrative*
double jeopardy (US) : *être jugé deux fois pour les mêmes faits* (ce
 qui est interdit par le Ve amendement)

to enact : *promulguer une loi*
to enforce : *appliquer* (une loi)

equitable : *juste, équitable*
equity : *l'equity*
fair : *juste, équitable*
form of action : *procédure*
holding : *décision, arrêt, teneur d'une décision*
impeachment (US) : *mise en accusation* (majorité simple à la Chambre des représentants ; majorité des 2/3 au Sénat)
inequitable : *injuste, inéquitable*
injunction : *injonction*
judgment : *jugement, décision*
judicial : *judiciaire*
judicial independence : *indépendance du pouvoir judiciaire*
judicial review (US) : *contrôle de la constitutionnalité des lois*
judicial review (GB) : *vérification des actes des administrations par les tribunaux ordinaires*
jurisdiction : *juridiction, compétence* (d'un tribunal)
lopsided vote : *majorité écrasante*
nonsuit : *non-lieu, cessation de poursuites*
   to be nonsuited : *être déclaré irrecevable dans sa demande*
obsolete : *désuet, obsolète*
ordinance : *arrêté municipal*
precedent : *précédent*
prejudiced (**party**) : *partie lésée* (= aggrieved)
to prevail (**over**) : *prévaloir, l'emporter, avoir la précédence (sur)*
procedural rules : *règles de procédure*
procedure : *la procédure*
to proceed : *procéder, poursuivre*
proceedings : *procédure, poursuites*
reading : *lecture* (d'un texte de loi devant le Parlement)
to remove : *révoquer, destituer*
to render justice : *rendre la justice*
to repeal : *abroger* (une loi)
Solicitor General (US) : *procureur général*
Solicitor General (GB) : *conseiller juridique de la Couronne*
sovereignty of Parliament (GB) : *souveraineté du Parlement*
statute : *loi, texte légal*
supremacy clause (US) : *clause de l'article 6 de la Constitution ; suprématie de la Constitution et de la législation fédérale*
tort : *délit civil, dommage délictuel*
tribunal : *tribunal administratif*
unconscionable : *contraire à la morale*
unfair : *injuste, inéquitable*
v. (**versus**) : *c. (contre)*
valid : *valable, valide*
validity : *validité*
to vest in : *confier à*
writ : *autorisation d'engager des poursuites, assignation*
written law : *le droit écrit*

A JUDGE IS JUDGED AND IMPEACHED

The US Constitution directs that federal judges ''shall hold their Offices during good Behavior''. Last week the House of Representatives concluded that the behavior of one of those jurists, US District Judge Alcee Hastings of Miami, was not good enough. By a lopsided vote of 413 to 3, the chamber approved 17 articles of impeachment against him... The House action puts Hastings, 51, in a select circle, He becomes only the twelfth judge, and the first black, in US history to be impeached. He is also the first judge to be subjected to the procedure after acquittal in a criminal trial.

Time, August 15, 1988.

JUGEMENT ET MISE EN ACCUSATION D'UN JUGE

Selon la Constitution américaine, les juges fédéraux « restent en fonction tant qu'ils font montre d'une conduite irréprochable ». La semaine dernière, la Chambre des représentants conclut que la conduite de l'un de ces magistrats, le juge de district Alcee Hastings, à Miami, n'était pas irréprochable. Par une majorité écrasante de 413 voix contre 3, la Chambre porta contre lui 17 chefs d'accusation... Le procès que lui fait la Chambre des représentants place Hastings, 51 ans, dans un groupe restreint. Il devient, en fait, le douzième juge, et le premier Noir, de toute l'histoire américaine, à être mis en accusation. C'est aussi le premier magistrat à être soumis à cette procédure après avoir été acquitté dans une affaire pénale.

Time, *15 août 1988.*

2

THE COURTS
LES TRIBUNAUX

A. The English Courts
   Les tribunaux anglais

B. The American Courts
   Les tribunaux américains

2

1. Civil courts

The civil courts are: the House of Lords, the Court of Appeal, the High Court of Justice, the County Courts and the Magistrates' Courts.

● The House of Lords

At the top of the hierarchy of the courts stands the House of Lords. It is the ultimate court of appeal in civil and criminal matters. It is composed of the **Lord Chancellor**, the **Lords of Appeal in Ordinary** (or **Law Lords**) and other Lords who have exercised judicial functions in the past. For the court to sit, a quorum of three is necessary.

In civil matters, the House of Lords hears appeal from the Court of Session in Scotland, the Court of Appeal in Northern Ireland, and the Court of Appeal (Civil Division) in England. There is no right of appeal : to appeal to the House of Lords, one must get leave of the Court of Appeal or the House of Lords itself. The **Administration of Justice Act 1969** created a new form of appeal in civil actions, direct from the High Court to the House of Lords, "leap-frogging" the Court of Appeal. This "leap-frog" procedure is possible only if: a) the trial judge grants a certificate of appeal; b) the decision involves a point of law of general public importance; and c) this point of law is related to the construction of a statute or statutory instrument or is one for which the judge is bound by a precedent from the Court of Appeal or the House of Lords.

● The Court of Appeal

It is composed of the Lord Chancellor, the **Lord Chief Justice**, the **Master of the Rolls** and the President of the Family Division, and of 28 Lords Justices of Appeal. Normally, in civil cases, only the Master of the Rolls (acting as President) and the Lords Justices of Appeal sit. The quorum is three. The Court of Appeal may uphold, amend, or reverse any decision of a lower court, or it may order a new trial. It hears civil appeals from the High Court, the County Courts, and various tribunals.

A - LES TRIBUNAUX ANGLAIS
1. Les tribunaux de la justice civile

Les tribunaux de la justice civile sont : la Chambre des lords, la Cour d'appel, la Haute Cour de justice, les cours de comté et les tribunaux de première instance.

● **La Chambre des lords en formation judiciaire**

Au sommet de la hiérarchie judiciaire on trouve la Chambre des lords, cour d'appel ultime au pénal et au civil. La Chambre des lords est composée du *Grand Chancelier*, des *lords juristes* et d'autres lords ayant, dans le passé, rempli des fonctions judiciaires. Pour que la cour puisse siéger, il faut un quorum de trois juges.

Pour les affaires civiles, la Chambre des lords accepte de connaître des appels contre des décisions de la Cour suprême d'Écosse, de la Cour d'appel d'Irlande du Nord, et de la Chambre civile de la Cour d'appel d'Angleterre. Introduire un recours devant la Chambre des lords n'est pas un droit : il faut y être autorisé par la Cour d'appel ou par la Chambre des lords elle-même. La loi de 1969 sur l'administration de la justice a institué une nouvelle forme d'appel pour les poursuites civiles, qui permet d'aller directement de la Haute Cour devant la Chambre des lords, en « sautant au-dessus » de la Cour d'appel. Cette procédure dite « de saute-mouton » n'est possible que si : a) le juge de première instance délivre un certificat autorisant l'appel ; b) la décision implique un point de droit d'importance générale ; et c) ce point de droit concerne l'interprétation d'un texte de loi ou d'un texte réglementaire ou bien est une règle jurisprudentielle établie par la Cour d'appel ou la Chambre des lords et qui lie le juge de première instance.

● **La Cour d'appel**

Elle est constituée du Grand Chancelier, du président du Tribunal du Banc de la Reine (**Lord Chief Justice**), du garde des Sceaux (**Master of the Rolls**), du président du Tribunal de la Famille et de 28 juges d'appel. En temps normal, seuls siègent les juges d'appel et le garde des Sceaux, qui exerce les fonctions de président. Le quorum est fixé à trois. La Cour d'appel peut confirmer, modifier, ou révoquer n'importe quelle décision d'une cour inférieure, ou elle peut ordonner un nouveau procès. Elle connaît des appels au civil contre des décisions de la Haute Cour, des cours de comté, et des tribunaux administratifs.

1. Civil courts *(ctd)*

- **The High Court of Justice**

It is composed of three divisions:
— the Queen's Bench Division,
— the Family Division,
— the Chancery Division.
The three divisions can try any civil action; but, for convenience, each division is allocated specific matters. Apart from the presidents of each division, the High Court includes 85 **puisne judges**, who may sit in any division.

- **The Queen's Bench Division** is composed of the Lord Chief Justice and some 44 puisne judges. It is primarily an original jurisdiction. The Administration of Justice Act 1970 has added to the traditional jurisdiction of the Queen's Bench Division (mainly concerned with crimes affecting the peace of the kingdom) the jurisdiction of the former Admiralty Court and of the Commercial Court. In practice, the Queen's Bench Division is competent for all cases which are not explicitely allocated to another division of the High Court: these include tort cases, breaches of contracts, and actions for the recovery of land; commercial cases and admiralty cases (collisions of ships, prizes, salvage and towage at sea). There is no limit to the amount of damages which may be claimed in the Queen's Bench.

The Queen's Bench Division may also sit as an appellate jurisdiction (with two or three judges sitting) to hear appeals from the Solicitors' Disciplinary Tribunal or appeals under the Rent Acts. The Queen's Bench Division also exercises supervisory jurisdiction over inferior courts, tribunals and administrative authorities having judicial functions.

- **The Family Division** is composed of a President and 16 puisne judges. It deals mainly with divorces, separations, maintenance problems, guardianship of minors, adoptions, problems of legitimacy, and non-contentious probate. It is normally an original jurisdiction and judges usually sit alone. It may sometimes hear appeals on family matters from the magistrates' courts and county courts: in such cases, two or more judges sit.

A - LES TRIBUNAUX ANGLAIS

1. Les tribunaux de la justice civile *(suite)*

● **La Haute Cour de justice**

Elle est constituée de trois divisions :
— le Tribunal du Banc de la Reine,
— le Tribunal de la Famille,
— le Tribunal de la Chancellerie.

Ces trois divisions peuvent connaître de n'importe quel type d'affaire civile ; cependant, pour des raisons de commodité, chaque division se voit attribuer une compétence spécifique. Outre les présidents des trois tribunaux, la Haute Cour comprend 85 juges permanents, qui ont compétence pour siéger dans n'importe lequel des trois tribunaux.

● **Le Tribunal du Banc de la Reine** est composé du **Lord Chief Justice** et de quelque 44 juges permanents. C'est principalement une juridiction de première instance. La loi sur l'administration de la justice a ajouté à la juridiction traditionnelle du Banc de la Reine (spécialisée dans les crimes contre l'État) des affaires qui étaient auparavant de la compétence de l'ancienne Cour de l'Amirauté et du Tribunal de Commerce. En pratique, le Tribunal du Banc de la Reine est compétent pour tous les litiges qui ne sont pas explicitement définis comme étant de la compétence d'un autre tribunal de la Haute Cour. Il est ainsi compétent en matière de : responsabilité civile, ruptures de contrat, poursuites en recouvrement de biens-fonds ; litiges commerciaux et litiges maritimes (collisions de navires, sauvetages, remorquages et prises en mer). Aucun plafond n'est fixé pour le montant des dommages et intérêts qu'il est possible de demander devant le Tribunal du Banc de la Reine.

Le Tribunal du Banc de la Reine peut aussi siéger en tant que juridiction d'appel (il doit alors comporter deux ou trois juges) et connaître des appels contre des décisions du Tribunal disciplinaire des **Solicitors** ou sur des problèmes de loyers. Il a par ailleurs la tâche de contrôler le travail des tribunaux inférieurs, des tribunaux administratifs et des autorités administratives qui exercent des fonctions judiciaires.

● **Le Tribunal de la Famille** est composé d'un président et de 16 juges de la Haute Cour. Il statue principalement sur des divorces, séparations, pensions alimentaires, gardes de mineurs, adoptions, filiations, et sur des successions non contentieuses. La Division de la Famille est normalement un tribunal de première instance et les décisions sont prises par un juge unique. Elle est parfois saisie de recours (sur des problèmes relatifs à la famille) contre des décisions des cours de comté et des tribunaux de première instance : pour ces appels, la cour doit comporter deux juges ou plus.

1. Civil courts *(ctd)*

• **The Chancery Division** is composed of the Lord Chancellor, who usually delegates his chairmanship to the Vice-Chancellor, and at least 4 other puisne judges. It deals mainly with the administration of estates of deceased persons, dissolutions of partnerships, mortgages, trusts, dissolution and winding up of companies, taxation, partition and sale of real estates, rectification and setting aside of contracts by deed, specific performance of contracts, bankruptcy matters and contentious probate matters. It is normally an original jurisdiction (with a judge sitting alone), but it may hear appeals from lower courts on problems of trusts or bankruptcy.

• **The County Courts**

The County Courts were established to relieve the High Court of much of its work and to provide the plaintiffs with cheaper and faster local justice. The **Courts and Legal Services Act 1990** has redistributed the allocation of business between the High Court and the County Courts (see Document). There are some 337 County Courts in England and Wales, with about 125 circuit judges, who have charge of two or more courts each. Judges sit alone, as the County Courts are original jurisdictions.

The jurisdiction of the County Courts includes: actions on contract and tort (except defamation), equity matters (trusts, mortgages, etc.), actions for the recovery of land, bankruptcy matters, probate matters, and winding up of companies, when the sums of money involved do not exceed a certain amount, fixed by statute; as well as supervision of the adoption of infants, and problems of rent-restriction, hire-purchase, landlord and tenant, etc. To relieve the Family Division of the High Court, the **Matrimonial Causes Act 1967** has given the County Courts a limited divorce jurisdiction, for instance in undefended matrimonial causes.

Appeals from the County Courts lie to the Court of Appeal.

• **The Magistrates' Courts**

The Magistrates' Courts have a limited civil jurisdiction for: licensing, non-litigious divorces and separations, non-litigious guardianship of minors, orders in regard of children and young persons in need of protection, and orders under the **Mental Health** Act 1959.

1. Les tribunaux de la justice civile *(suite)*

• **Le Tribunal de la Chancellerie** se compose du Grand Chancelier, qui d'ordinaire délègue ses fonctions de président au Vice-Chancelier, et d'au moins 4 juges de la Haute Cour. Ce tribunal est compétent en matière d'administration des biens des défunts, de dissolutions de sociétés de personnes, d'hypothèques, de fidéicommis, dissolutions et liquidations de sociétés, fiscalité, problèmes de vente et de division de biens fonciers, rectification et annulation de contrats notariés, exécution forcée de contrats, problèmes de faillite et successions contentieuses. Le Tribunal de la Chancellerie est normalement une juridiction de première instance (les décisions étant prises par un juge unique), mais il peut statuer sur des recours émanant des cours inférieures, relatifs à des problèmes de fidéicommis ou de faillite.

● **Les cours de comté**

Les cours de comté ont été instituées aux fins de soulager la Haute Cour d'une partie importante de son travail et d'offrir aux justiciables une justice locale plus rapide et moins onéreuse. La loi de 1990 sur les cours et les services juridiques a redistribué les tâches entre la Haute Cour et les cours de comté (voir Document). Il y a quelque 337 cours de comté pour l'Angleterre et le pays de Galles, avec environ 125 juges itinérants, chargés chacun de deux cours ou plus. Dans la mesure où les cours de comté sont des juridictions de première instance, un seul juge statue.

Les cours de comté sont compétentes en matière de : contrats, responsabilité civile (à l'exception de la diffamation), problèmes relevant de l'**equity** (fidéicommis, hypothèques, etc.), poursuites en recouvrement de biens-fonds, faillites, successions, et liquidations de sociétés, lorsque les sommes en jeu n'excèdent pas un certain montant, prévu par la loi ; enfin, elles contrôlent les adoptions de mineurs et les litiges relatifs aux : plafonnements de loyer, ventes à crédit, relations entre propriétaires et locataires, etc. Pour soulager le Tribunal de la Famille, la loi de 1967 sur les affaires matrimoniales a donné aux cours de comté une compétence limitée en matière de divorce, notamment dans le cas de divorces par défaut.

Il est possible de faire appel des décisions des cours de comté devant la Cour d'appel.

● **Les tribunaux de première instance**

Les tribunaux de première instance ont une compétence civile limitée : ils octroient certaines licences, statuent sur des divorces et séparations à l'amiable, sur des gardes d'enfants non contentieuses, et prennent des ordonnances pour protéger les enfants et les mineurs et pour résoudre les cas prévus par la loi de 1959 sur la santé mentale.

2. Criminal courts

Criminal cases are heard by: the House of Lords, the Court of Appeal (Criminal Division), the Divisional Court of the Queen's Bench Division, the Crown Court, Magistrates' Courts.

● The House of Lords

Its composition and working rules are the same for criminal cases as for civil cases. The House of Lords hears appeals from the Criminal Division of the Court of Appeal and from the Divisional Court of the Queen's Bench Division of the High Court. It will only hear appeals involving a point of law of general public importance.

● The Court of Appeal, Criminal Division

It is composed of the Lord Chief Justice, the Lords Justices of Appeal, and judges from the Queen's Bench Division of the High Court. A quorum of three is necessary. It hears appeals from the Crown Court. It may dismiss the appeal, or it may allow the appeal and quash the conviction ordered in the Crown Court, or it may order a new trial. In no case can the Court of Appeal increase the sentence passed by a lower court.

● The Crown Court

The Crown Court consists in the **Central Criminal Court in London** (the **Old Bailey**) and 90 centres in the rest of England and Wales. It has both an original and an appellate jurisdiction. It judges indictable offences and offences triable either way for which a defendant has been committed by the magistrates for trial by the Crown Court. As an appellate court, it hears appeals from magistrates' courts. The judges who sit in the Crown Court are High Court Judges, Circuit Judges, and Recorders. All trials in the Crown Court involve the participation of a **jury**, composed of 10 to 12 jurors.

● The Divisional Court of the Queen's Bench Division

It is composed of at least two judges of the Queen's Bench Division. It hears appeals from either magistrates's courts or the Crown Court, but exclusively on points of law. Such appeals are called "appeals by way of case stated".

2. Les tribunaux de la justice pénale

Les affaires criminelles sont du ressort : de la Chambre des lords, de la Chambre criminelle de la Cour d'appel, de la Cour divisionnaire du Tribunal du Banc de la Reine, des tribunaux de la Couronne, et des tribunaux de première instance.

● La Chambre des lords

Sa composition et son fonctionnement sont les mêmes au pénal qu'au civil. La Chambre des lords connaît des appels contre les décisions de la Chambre criminelle de la Cour d'appel et de la Cour divisionnaire du Tribunal du Banc de la Reine de la Haute Cour. Elle n'accepte de connaître que des appels impliquant un point de droit d'importance générale.

● La Chambre criminelle de la Cour d'appel

Elle est composée de son président (le **Lord Chief Justice**), des juges d'appel et des juges du Tribunal du Banc de la Reine de la Haute Cour. Un quorum de trois juges est nécessaire pour que la cour puisse siéger. Elle connaît des appels contre des décisions des tribunaux de la Couronne. Elle peut rejeter l'appel ou elle peut autoriser l'appel et annuler la condamnation prononcée par la cour inférieure, ou elle peut ordonner un nouveau procès. En aucun cas la Cour d'appel ne peut aggraver la peine fixée par une cour inférieure.

● Les tribunaux de la Couronne

Les tribunaux de la Couronne sont la Cour criminelle centrale de Londres, appelée **Old Bailey**, et 90 centres répartis dans le reste de l'Angleterre et du pays de Galles. Les tribunaux de la Couronne statuent aussi bien en première instance qu'en appel. Sont du ressort des tribunaux de la Couronne : les infractions graves donnant lieu à un procès avec jury, et les infractions qui peuvent être jugées soit par la **Crown Court**, soit par un tribunal de première instance (**magistrates' court**) mais qui ont été déférées devant la **Crown Court**. En tant que cour d'appel, ils connaissent des appels contre des décisions des tribunaux de première instance. Les juges de la **Crown Court** sont des juges de la Haute Cour, des juges de circuit et des juges à temps partiel. Tout jugement devant un tribunal de la Couronne implique la participation d'un jury composé de 10 à 12 jurés.

● La Cour divisionnaire du Tribunal du Banc de la Reine

Elle est composée d'au moins deux juges du Tribunal du Banc de la Reine. Elle connaît des appels émanant des tribunaux de première instance ou des tribunaux de la Couronne, portant exclusivement sur des points de droit (« appels par exposé de l'affaire »).

● The Magistrates' Courts

They date back to the xivth century, when the first **justices of the peace** were appointed. There are now 900 magistrates' courts. Magistrates's courts do most of the judicial work in England and Wales (98% of all criminal prosecutions). There are nowadays two sorts of magistrates : justices of the peace (or lay magistrates), and stipendiary magistrates.

● **Justices of the peace** are laymen appointed by the Lord Chancellor; they are local people, unpaid volunteers and work part-time. There are some 27,000 lay magistrates in England and Wales. To judge a case, two or more lay magistrates must sit. They are assisted by the clerk to the justices, who is a lawyer : he advises magistrates on points of law and procedure and performs the administrative work of the court.

● **Stipendiary magistrates** are full-time paid magistrates, appointed by the Lord Chancellor from among barristers or solicitors of at least seven years' standing. They exercise judicial functions in large urban centers where there are not enough lay magistrates to cope with all criminal cases. A stipendiary magistrate may sit single. There are 47 stipendiary magistrates in London and 15 in other big centers.

● **The jurisdiction of a magistrates' court** is wide : it can work as a trial court or it can conduct preliminary investigations.

— As a trial court, it can judge minor (or petty) offences, triable summarily (like drunkenness, begging in a public place...) and offences triable either way, i.e. more serious offences which may be judged either by a magistrates' court or the Crown Court; it can impose punishment not exceeding six months' imprisonment or a fine of £ 1,000.

— As a court of preliminary investigation for indictable offences or for offences triable either way, after hearing the witnesses and examining the evidence, magistrates must decide whether the prosecution has made out a prima facie case : if it has, the accused is either remanded in custody or remanded on bail, depending on the seriousness of the case; if it has not, the accused must be released immediately.

A - LES TRIBUNAUX ANGLAIS

2. Les tribunaux de la justice pénale *(suite)*

● **Les tribunaux de première instance**

Ils remontent au XIVᵉ siècle, où les premiers « juges de paix » furent nommés. Les « juges de paix », ou juges non professionnels, siègent de nos jours dans 900 tribunaux de première instance. Ces tribunaux font la majeure partie du travail judiciaire pour l'Angleterre et le pays de Galles (98 % de l'ensemble des poursuites pénales). Il existe de nos jours deux sortes de **magistrates** : les *juges non professionnels* (**lay magistrates**) et les *juges appointés* (**stipendiary magistrates**).

● **Les « justices of the peace »** sont des non-juristes nommés par le Grand Chancelier. Ce sont des personnalités locales, volontaires et bénévoles, qui travaillent à temps partiel. Il y a quelque 27 000 juges non professionnels en Angleterre et au pays de Galles. Pour statuer, il faut au moins deux juges non professionnels. Les juges non professionnels sont aidés dans leur tâche par un **clerk to the justices**, un juriste, qui les conseille sur des points de droit et de procédure et s'acquitte du travail administratif du tribunal.

● **Les juges professionnels appointés** sont des juges à plein temps rémunérés, nommés par le Grand Chancelier et recrutés parmi les avocats et les **solicitors** ayant au moins sept ans de pratique. Ils rendent la justice dans les grandes zones urbaines, où il n'y a pas suffisamment de juges non professionnels pour faire face à toutes les affaires pénales. Un juge appointé peut siéger seul. Il y a 47 juges appointés à Londres et répartis dans les autres grandes villes.

● **La compétence d'un tribunal de première instance** est très étendue : il peut statuer ou il peut mener l'enquête préliminaire sur les cas d'infractions majeures.

— Lorsqu'il statue, il peut juger les infractions mineures, qui peuvent faire l'objet d'une procédure simplifiée, sans jury (état d'ivresse, mendicité sur la voie publique...), et les infractions qui peuvent être jugées soit par une **magistrates' court** soit par un tribunal de la Couronne. Il peut imposer des peines n'excédant pas six mois de prison ou 1 000 livres d'amende.

— En tant que tribunal chargé de l'enquête préliminaire, pour des infractions majeures ou des infractions pouvant être jugées indifféremment par une **magistrates' court** ou une **Crown court**, le tribunal de première instance, après audition des témoins et examen des preuves, doit décider si l'accusation a des motifs suffisants pour traduire le prévenu devant un tribunal de la Couronne : dans l'affirmative, le prévenu sera mis en garde à vue ou relaxé sous caution, selon la gravité de ses crimes ; dans le cas contraire, le prévenu sera libéré immédiatement.

Courts and Legal Services Act 1990

Part I

Procedure, etc. in Civil Courts

*Allocation of business between High Court
and county courts*

General Note to section 1

In relation to certain civil proceedings the jurisdiction of the High Court is exclusive and in relation to others the county courts have exclusive jurisdiction. In addition there are some matters over which both courts have jurisdiction (i.e. matters falling within "concurrent" jurisdiction). Procedures exist for the transfer of individual cases from a county court to the High Court and from the High Court to a county court. In the "Report of the Review Body on Civil Justice" it was said that much of the work which is tried in the High Court is of middling or low importance, complexity or substance. The Report said : "This work clogs up the lists and delays the hearing of more substantial cases which need to be tried at High Court level. Arrangements for distributing business between the High Court and county court, and between Registrars and Circuit Judges within the county court, need to be such that High Court judges can concentrate their expertise on work of real importance, complexity and substance, while Circuit Judges are allocated work of a substantial nature" (para. 74). Recommendation 1 in the Report was as follows : "The High Court and the county court should remain separate courts, subject to the adoption of new measures providing for an increase in the upper limit of county court jurisdiction, selective introduction of a single point of entry at county court level and improved transfer of cases as between the two courts." Further recommendations indicated the work which the Review Body believed was appropriate to each level of court.

Loi de 1990 sur les tribunaux et les services juridiques

Titre I

Procédure, etc. devant les tribunaux de la justice civile

*Répartition des tâches entre la Haute Cour
et les cours de comté*

Remarques générales relatives à l'article 1

Certaines poursuites civiles sont de la compétence exclusive de la Haute Cour ; inversement, certaines poursuites sont de la compétence exclusive des cours de comté. En outre, d'autres types d'affaires sont aussi bien de la compétence de l'une ou de l'autre cour (affaires du ressort de juridictions « concurrentes »). Il existe des procédures permettant de transférer des affaires individuelles d'une cour de comté à la Haute Cour et de la Haute Cour à une cour de comté. Le « Rapport de l'organisme chargé du contrôle de la justice civile » a établi qu'une grande partie du travail effectué par la Haute Cour est d'une importance, d'une complexité et d'un intérêt moyens ou mineurs. Le Rapport précise : « Un tel travail encombre les rôles et retarde les audiences pour des affaires plus importantes qui doivent obligatoirement être jugées par la Haute Cour. Il importe que les arrangements pour répartir les tâches entre la Haute Cour et les cours de comté, et entre les greffiers et les juges itinérants au sein des cours de comté, soient tels que les juges de la Haute Cour puissent concentrer leur expertise sur des affaires véritablement importantes, complexes et intéressantes, tandis que les juges itinérants se verront confier des affaires de moindre importance » (paragraphe 74). La 1re recommandation du Rapport était la suivante : « La Haute Cour et la cour de comté devraient rester des juridictions distinctes et faire l'objet de nouvelles mesures destinées à accroître la compétence des cours de comté, à imposer d'engager toutes les poursuites au départ par le canal des cours de comté et à améliorer les possibilités de transférer les affaires entre ces deux instances. » D'autres recommandations ont précisé le travail que l'organisme de contrôle estimait relever de chaque niveau de juridiction.

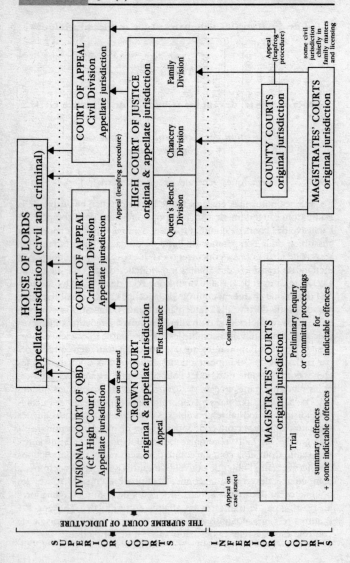

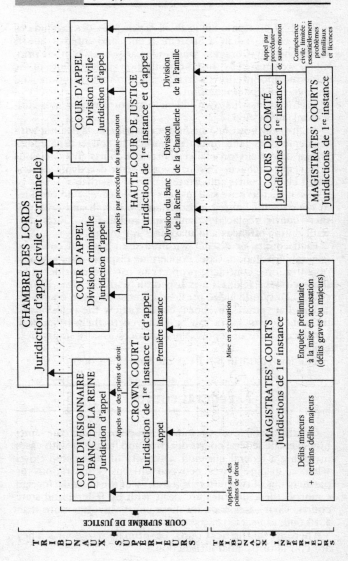

2

1. State courts

The US Constitution in its third Article provides that judicial power be vested in a Supreme Court and inferior courts established by Congress when need arises. Two other principles are stressed by the US Constitution : judges "both of the Supreme and inferior Courts" remain in their positions and receive fixed compensations.

Each state has its own judicial structure where most litigations are settled.

At the very bottom, one finds criminal courts dealing with misdemeanors, for instance municipal and traffic courts (violations of city ordinances); juvenile courts give decisions on juvenile deliquency. Probate courts settle decedents' estates. Small-claims courts adjudicate claims of less than $ 1,500. In some states there are still justices of the peace, who presides in courts with limited jurisdiction, both civil and criminal; these courts, replaced by municipal and district courts, deal with minor offences and marriages for instance.

Each county or district within a state has trial courts of general jurisdiction. Cases concerning disputes over business organizations, contracts, property or tort are considered by these courts ; felonies are also dealt with by these district courts. Only one judge presides in most of these courts.

Appellate courts or appeal courts review the decisions of the trial courts; cases can be removed to them by appeal, certiorari, error or report. Three justices usually sit on these courts.

The last resort in a state is the Supreme Court.

2. Federal courts

On the federal level, the judicial structure is much the same; however the federal courts deal first and foremost with cases involving a federal question. Diversity of citizenship exists when a dispute arises between citizens, corporations or partnerships of two different states, or of the US and a foreign country; these disputes are dealt with by federal and state courts. Civil cases tried by these courts involve more than $ 10,000.

There are 90 District Courts, i.e. primary trial courts. They are courts of original jurisdiction.

B - LES TRIBUNAUX AMÉRICAINS

1. Les tribunaux d'État

La Constitution américaine prévoit dans son troisième article que le pouvoir judiciaire soit donné à une Cour suprême et à des tribunaux inférieurs constitués par le Congrès lorsqu'ils sont nécessaires. La Constitution souligne deux autres principes : les juges de la Cour suprême et des tribunaux inférieurs sont inamovibles et reçoivent un salaire fixe.

Chaque État a sa propre structure judiciaire où sont réglés la plupart des litiges.

Tout en bas se trouvent les tribunaux de première instance s'occupant de délits ; il s'agit de tribunaux municipaux ou de tribunaux pour non-respect des règles de conduite automobile (non-respect des ordonnances municipales). Les tribunaux pour les mineurs traitent de la délinquance juvénile. Les tribunaux des successions et des tutelles règlent les héritages. Les tribunaux traitant les petites requêtes statuent sur les requêtes inférieures à 1 500 dollars. On trouve encore dans certains États des juges de paix qui président des tribunaux de compétence limitée, civils et pénaux. Ces tribunaux, remplacés par les tribunaux municipaux et de « district », s'occupent des délits mineurs et des mariages, par exemple.

Chaque comté ou district à l'intérieur de chaque État dispose de tribunaux de première instance de compétence large. Les procès que causent les litiges relatifs à des entreprises, des contrats, des biens immobiliers ou mobiliers, ou encore des responsabilités, sont examinés par ces tribunaux. Les infractions majeures sont aussi traitées par ces tribunaux de première instance. Un seul juge siège dans la plupart de ces tribunaux.

Les cours d'appel révisent les décisions des tribunaux de première instance ; les procès peuvent y être renvoyés après appel, pour plus ample information, mal-jugé ou à la suite d'un rapport. Trois juges siègent habituellement dans ces tribunaux.

Le dernier recours dans un État est la Cour suprême.

2. Les tribunaux fédéraux

La structure judiciaire est identique au niveau fédéral. Cependant les cours fédérales traitent avant tout les cas impliquant une question fédérale. Il y a différence de lieu de résidence lorsqu'un conflit éclate entre des citoyens, des sociétés de capitaux ou de personnes venant de deux États différents ou des États-Unis et d'un pays étranger. Ces conflits sont réglés par les cours fédérales et par les tribunaux d'État. Les procès civils jugés par ces tribunaux impliquent des sommes supérieures à 10 000 dollars.

Il y a 90 tribunaux de district. Ces cours ont compétence en première instance.

2. Federal courts *(ctd)*

Both fact and law are considered by them after they received written and documentary evidence and heard the testimony of witnesses. Some 400 district judges are appointed by the President of the US and confirmed by the Senate; they serve for life as stipulated in the US Constitution.

Congress has created certain specialized courts, for instance, the US Court of International Trade (cases involving international trade, customs duties and imported goods), the US Claims Court (the keeper of the nation's conscience, it deals with claims lodged by citizens, business organizations suing the US government for damages), the US Tax Court (acts for the Internal Revenue Service against taxpayers who evade the payment of their income, land or gift taxes). The decisions of these courts, as well as those by administrative or regulatory agencies such as the US International Trade Commission, the Patent and Trade Mark Commission, can be appealed and brought in front of the US Court of Appeals for the Federal Circuit. Bankruptcies are dealt with by courts, created by Congress and presided over by judges appointed by the judges of Appeal Courts.

The 12 US Courts of Appeals or Circuits Courts have jurisdiction to hear appeals of decisions by district courts, the US Tax Court, and various administrative agencies but only for mistakes of law. These courts were created in order to help the Supreme Court by handling most of the appellate work load.

The US Supreme Court is in fact the only federal court mentioned and provided for by the Constitution; all other courts or agencies were created by statutes. The Supreme Court consists of a Chief Justice and eight Associate Justices appointed by the US President with the advice and consent of the Senate. The quorum is constituted by six justices. The Supreme Court has original jurisdiction in cases involving ambassadors, public ministers, counsels and a state, appellate jurisdiction over cases decided by federal courts and cases decided over by state courts involving federal issues.

2. Les tribunaux fédéraux *(suite)*

Ils examinent à la fois les faits et le fonds du droit après avoir reçu les preuves écrites et littérales et entendu les dépositions des témoins. Environ 400 juges de première instance sont nommés par le Président des États-Unis et confirmés par le Sénat ; ils servent pendant toute leur vie comme le stipule la Constitution.

Le Congrès a créé certains tribunaux spécialisés, par exemple le tribunal du commerce international américain (procès concernant le commerce international, les droits de douane et les importations), le tribunal des requêtes (gardien de la conscience de la nation ; il s'occupe des requêtes déposées par les citoyens, des entreprises qui réclament au gouvernement des dommages et intérêts), le tribunal du fisc (agit pour le service des impôts contre les contribuables qui se soustraient aux impôts dont ils sont redevables sur les dons, sur le foncier et sur le revenu). Les décisions de ces tribunaux, comme celles des organismes d'État, telles la commission du commerce international, la commission des brevets et marques commerciales, peuvent faire l'objet d'appel et être portées devant la cour d'appel du circuit fédéral. Les faillites sont traitées par des tribunaux créés par le Congrès et présidés par des juges nommés par les juges des cours d'appel.

Les 12 cours d'appel ont compétence pour entendre les appels contre des décisions des cours de district, du tribunal du fisc et d'autres organismes du gouvernement uniquement pour mal-jugé. Ces cours ont été créées pour aider la Cour suprême et traiter la plus grande partie des affaires portées en appel.

La Cour suprême est en fait le seul tribunal fédéral mentionné et prévu par la Constitution ; tous les autres tribunaux ou organismes ont été créés par des lois. La Cour suprême comprend un président et huit juges associés nommés par le Président après avis et assentiment du Sénat. Le quorum est constitué par six juges. La Cour suprême a compétence de première instance pour les procès impliquant des ambassadeurs, des ministres, des avocats et un État, compétence d'appel pour les affaires décidées par des cours fédérales et pour celles décidées par des cours d'État impliquant une question fédérale.

3. Civil cases

For a civil case to be judged, the controversy has to touch the legal relations of parties having adverse legal interests, as stated in Article III of the Constitution. The litigant must have standing, i.e. the legal right to challenge the conduct of another person, for instance a taxpayer v. the US government. In criminal procedures, only persons suffering from a violation of the Fourth Amendment have standing to challenge police conduct and its results.

While **jurisdiction** is the court power to adjudicate, **venue** refers to the proper place (state, federal court...) for the trial of a suit. Once these two prerequisites have been met the court may sit.

Because of the two systems co-existing, state and federal, some courts in both systems can hear a case, which is an example of concurrent jurisdiction; if a case can only be heard by one court it is exclusive jurisdiction, i.e. bankruptcies...

In a civil case there will be various stages:

1. **Pleading**

The plaintiff files first a complaint, which leads to service of process, i.e. a summons is issued on the party being sued. The defendant then may file a motion to dismiss, which can be granted if the court decides there is no ground to state a cause of action. The defendant can file a demurrer, which leads to the dismissal of the case. If the complaint is upheld, the defendant files either an answer or a counterclaim; in the latter case, the party mentioned files a reply.

2. **Discovery**

Each party to a litigation is permitted to discover the plans of the adverse litigant before the trial by various means ranging from deposition (testimony under oath by witnesses outside the court in the presence of the attorneys for each side) to interrogatory (series of written questions to be answered under oath), demand for production of documents (when documents are refused, this may lead to a citation for contempt of court) to request for admission (positive affirmation or denial of a material fact or allegation at issue).

These first two stages may be followed by a pretrial conference when both parties may come to terms; the alternatives to a trial are negotiation, mediation or arbitration.

3. Affaires civiles

Pour qu'une affaire passe au civil, le litige doit porter sur les relations juridiques des parties ayant des intérêts juridiques opposés, comme le définit l'article III de la Constitution. Le plaideur doit avoir le droit légal d'attaquer la conduite de la partie adverse, par exemple un contribuable contre le gouvernement. Au pénal, seules les personnes qui ont subi une non-application du quatrième amendement ont le droit de mettre en doute la bonne conduite de la police et ses résultats.

Alors que la compétence est le pouvoir conféré au tribunal pour examiner une affaire, la juridiction indique le lieu qui convient (cour fédérale, cour d'État...) pour juger une affaire. Une fois que ces deux prérequis ont été satisfaits, le tribunal peut siéger.

En raison de la coexistence des deux systèmes, le fédéral et celui d'État, certains tribunaux dans les deux systèmes peuvent examiner le même procès, ce qui est un exemple de compétence simultanée ; si une affaire ne peut être jugée que par un seul tribunal, il y a compétence exclusive, par exemple pour les affaires de faillite...

Il y a plusieurs étapes dans une affaire civile :

1. La procédure

Le demandeur dépose d'abord une plainte, ce qui entraîne la remise d'une assignation à la partie contre laquelle la plainte est déposée. Le défendeur peut alors déposer une requête en référé qui peut être acceptée si le tribunal estime qu'il n'y a pas motif à engager une action. Le défendeur peut déposer une demande d'exception qui entraîne le rejet de la demande. Si la plainte est maintenue, le défendeur donne une réponse ou introduit une demande reconventionnelle à la plainte : dans le second cas, la partie citée dépose une réplique.

2. Communication de pièces

Chaque partie dans un litige a le droit de se faire communiquer avant le procès les projets de la partie adverse par différents moyens, allant de la déposition (déposition sous serment par des témoins en présence des avocats des deux parties), l'interrogatoire (série de questions écrites dont les réponses sont données sous serment), la mise en demeure de fournir des documents (en cas de refus, ceci peut conduire à une citation pour refus d'obtempérer aux ordres du tribunal) à une demande de reconnaissance des faits (affirmation ou démenti d'un fait concret ou d'une allégation en litige).

Ces deux étapes peuvent être suivies d'un entretien avant le procès où les deux parties peuvent trouver un terrain d'entente ; les solutions de remplacement peuvent être le gré à gré, la conciliation ou l'arbitrage.

McCULLOCH v. MARYLAND (1819)
Decision of the Supreme Court of the United States

In the case now to be determined, the defendant, a sovereign state, denies the obligation of a law enacted by the legislature of the Union. [...] The constitution of our country [...] is to be considered; the conflicting powers of the government of the Union and of its members, as marked in that constitution, are to be discussed. [...] The first question [...] is, has Congress power to incorporate a bank? [...]

In discussing this question, the counsel for the State of Maryland have deemed it of some importance, in the construction of the constitution, to consider that instrument not as emanating from the people, but as the act of sovereign and independent states. The powers of the general government, it has been said, are delegated by the states, who alone are truly sovereign; and must be exercised in subordination to the states, who alone possess supreme dominion.

It would be difficult to sustain this proposition. The Convention which framed the constitution was indeed elected by the state legislatures. But the instrument, when it came from their hands, was a mere proposal, without obligation, or pretensions to it. It was reported to the then existing Congress of the United States, with a request that it might "be submitted to a convention of delegates, chosen in each State by the people thereof, under the recommendation of its legislature, for their assent and ratification". This mode of proceeding was adopted; and by the convention, by Congress, and by the state legislatures, the instrument was submitted to the people. They acted upon it in the only manner in which they can act safely, effectively, and wisely, on such a subject, by assembling in convention. [...] From these conventions the constitution derives its whole authority. The government proceeds directly from the people; is "ordained and established" in the name of the people [...].

This government is acknowledged by all to be one of enumerated powers. [...] Among the enumerated powers, we do not find that of establishing a bank or creating a corporation.

McCULLOCH c. MARYLAND (1819)
Arrêt de la Cour suprême des États-Unis

Dans l'affaire qui nous est soumise, le défendeur, État souverain, nie être lié par une loi promulguée par la législature de l'Union. [...] Il convient d'examiner la Constitution de notre pays et de discuter les pouvoirs respectifs et conflictuels du gouvernement de l'Union et de ses États membres, tels qu'ils sont définis dans cette Constitution. [...] La première question [...] est : le Congrès a-t-il le pouvoir d'autoriser la création d'une banque ? [...]

Lors du débat sur cette question, l'avocat de l'État du Maryland a estimé qu'il était important, pour interpréter la Constitution, de regarder cet instrument non pas comme étant l'émanation du peuple, mais comme étant le fait d'États souverains et indépendants. Les pouvoirs du gouvernement fédéral, fut-il dit, lui sont délégués par les États, qui, seuls, sont véritablement souverains : leur exercice est subordonné aux États, qui seuls possèdent l'autorité suprême.

Il serait difficile de soutenir une telle proposition. La convention qui a rédigé la Constitution fut bien élue par les législatures des États. Mais l'instrument, lorsqu'il sortit de ses mains, n'était qu'une simple proposition, qui n'impliquait pas d'obligation et ne prétendait pas en imposer. Elle fut soumise au Congrès des États-Unis de l'époque, en lui demandant de bien vouloir « la soumettre à une convention de délégués, choisis dans chaque État par le peuple de cet État, sur recommandation de la législature de l'État, pour qu'ils l'approuvent et la ratifient ». Cette procédure fut adoptée ; si bien que l'instrument fut soumis au peuple par la convention, par le Congrès et par les législatures des différents États. Ils le traitèrent de la seule manière sûre, effective et sage dont ils disposaient, c'est-à-dire en se réunissant en convention. [...] C'est de ces conventions que la Constitution tire toute son autorité. Le gouvernement procède directement du peuple ; il est « institué et établi » au nom du peuple [...].

Ce gouvernement est reconnu par tous comme ayant des pouvoirs bien définis. [...] Parmi ces pouvoirs définis, ne figure pas celui de fonder une banque ou de créer une société.

4. Document (1) *(ctd)*

But there is no phrase in the instrument which [...] excludes incidental or implied powers; and which requires that everything granted shall be expressly and minutely described. [...] Although, among the enumerated powers of government, we do not find the word "bank", [...] we find the great powers to lay and collect taxes; to borrow money; to regulate commerce; to declare and conduct a war; and to raise and support armies and navies. The sword and the purse, all the external relations, and no inconsiderable portion of the industry of the nation, are entrusted to its government. [...] It may with great reason be contended, that a government, entrusted with such ample powers, on the due execution of which the happiness and prosperity of the nation so vitally depends, must also be entrusted with ample means for their execution. [...]

4. Document (2)

The United States Court System

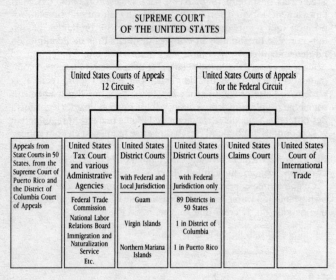

Mais aucun paragraphe de la Constitution n'exclut des pouvoirs incidents ou implicites ou n'exige que tous les pouvoirs accordés au gouvernement soient décrits de manière expresse et détaillée. [...] Bien que, parmi les pouvoirs reconnus au gouvernement, le mot « banque » ne figure pas, [...] on y trouve les pouvoirs fondamentaux de lever et de collecter les impôts ; d'emprunter de l'argent ; de réglementer le commerce ; de déclarer et de conduire une guerre ; de lever et d'entretenir une armée et une marine de guerre. L'épée et la bourse, toutes les relations extérieures, et une partie importante de l'économie du pays, sont confiées au gouvernement. [...] On peut donc soutenir avec raison qu'un gouvernement auquel on confie de si grands pouvoirs, de la bonne exécution desquels dépendent de manière absolument vitale le bonheur et la prospérité de la nation, doit également se voir confier de larges moyens pour pouvoir exécuter ces pouvoirs. [...]

4. Document (2)

Organisation judiciaire aux États-Unis

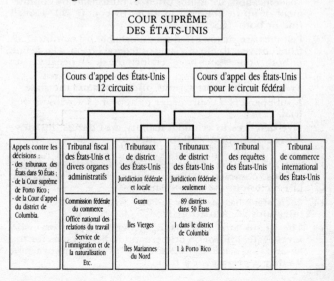

Key sentences

1. Although the Queen's Bench Division of the High Court is not a criminal court, its Divisional Court may hear criminal appeals on points of law. (GB)

2. Magistrates are laymen appointed by the Lord Chancellor; they are local unpaid volunteers and work part-time. (GB)

3. All trials in the Crown Court involve the participation of a jury, composed of 10 to 12 jurors. (GB)

4. The law administered in the Queen's Bench Division is largely common law, generally involving claims for debt or damages. (GB)

5. A High Court judge sits alone when trying civil cases at first instance. (GB)

6. But a High Court judge is one of at least three judges when sitting in the Divisional Court of the Queen's Bench Division or when sitting in the Civil Division of the Court of Appeal. (GB)

7. In business, parties often prefer to resort to arbitration rather than go to court, mainly because arbitrators are experts and know the problems of a particular trade.

8. Misdemeanors are minor offences punishable by confinement of up to one year in a city or county jail, a small fine or both. (US)

9. Felonies are major offences punishable by confinement from one year to life in a state or federal prison, a large fine or both. Some states have retained the death penalty. (US)

10. Treason is the most serious offence against the state.

11. A subpoena is a court order to appear as a witness in a trial.

12. Five defences to criminal liability are: duress, insanity, intoxication, justification, entrapment. (US)

13. The adjudication of disputes concerning business organizations, contracts, property and tort comes under the jurisdiction of the state courts. (US)

14. Each state has its own judicial structure where most litigations are settled. (US)

15. The grand jury consists of generally 23 jurors who investigate, inform on crimes, and indict persons for the latter after discovering sufficient evidence to warrant holding a person for a trial. (US)

Phrases types

1. *Bien que le Tribunal du Banc de la Reine de la Haute Cour ne soit pas une instance criminelle, sa Cour divisionnaire peut être saisie de recours au pénal sur des points de droit.* (GB)

2. *Les juges de paix sont des non-juristes nommés par le Grand Chancelier. Ce sont des personnalités locales, bénévoles, qui travaillent à temps partiel.* (GB)

3. *Tout jugement au pénal devant un tribunal de la Couronne implique la participation d'un jury comprenant de 10 à 12 jurés.* (GB)

4. *Le droit utilisé par le Tribunal du Banc de la Reine de la Haute Cour est essentiellement la* **common law** *et concerne habituellement des requêtes pour dettes ou en dommages et intérêts.* (GB)

5. *Les procès civils de première instance devant la Haute Cour de justice sont jugés par un juge unique.* (GB)

6. *Cependant, la Cour divisionnaire du Tribunal du Banc de la Reine ou la Division civile de la Cour d'appel doivent être constituées d'au moins trois juges de la Haute Cour.*

7. *Dans les affaires, les parties préfèrent souvent avoir recours à l'arbitrage plutôt que d'aller devant les tribunaux, principalement parce que les arbitres sont des experts et connaissent les problèmes spécifiques d'une profession donnée.*

8. *Les délits sont de légères infractions qui sont punies d'emprisonnement pouvant aller jusqu'à un an dans une prison de ville ou de comté, d'une petite amende, ou de ces deux peines.* (US)

9. *Les crimes sont des infractions graves qui sont punies d'emprisonnement allant d'un an à la prison à vie dans une prison fédérale ou d'État, d'une forte amende, ou de ces deux peines. Certains États ont maintenu la peine de mort.* (US)

10. *La trahison est le crime le plus grave commis contre l'État.*

11. *La citation à comparaître est l'injonction donnée par un tribunal à un témoin de se présenter à un procès.*

12. *Il existe cinq cas de défense en responsabilité pénale : la contrainte, l'aliénation mentale, l'ivresse, la justification par le prévenu de sa conduite, les provocations de la police.* (US)

13. *Le jugement des litiges relatifs aux entreprises, aux contrats, aux biens immeubles et à la responsabilité civile est de la compétence des tribunaux d'État.* (US)

14. *Chaque État a sa propre structure judiciaire où sont réglés la plupart des litiges.* (US)

15. *Le jury d'accusation comprend en général 23 jurés qui effectuent une enquête et donnent toutes les informations sur les crimes ; ils engagent des poursuites pour ces derniers après avoir découvert des preuves suffisantes pour traduire une personne en justice.* (US)

action : *poursuite* (= proceedings)
  to bring an action in... : *engager des poursuites devant...*
to adjudicate (US) : *juger*
adjudication (US) : *jugement*
admissible (**evidence**) : *acceptable, recevable* (*preuve*)
admission : *aveu, reconnaissance* (des faits) = confession
to affirm : *confirmer* (un jugement)
to amend (**a decision**) : *modifier* (*une décision*)
answer : *conclusions du défendeur* ; *déposition du témoin* (US)
appeal : *appel*
appeal by way of case stated (GB) : *appel sur un point de droit*
appellant : *appelant* (≠ appellee : *intimé*)
appellate court : *instance d'appel*
arbitration : *arbitrage*

bail : *caution, garantie, liberté sous caution*

to challenge : *récuser* (un juré, une preuve)
to charge : *instruire* (jury) (US) ; *accuser* (GB)
Chief Justice (US) : *président de la Cour suprême*
circuit judge (GB) : *juge itinérant, juge de circuit*
citation (US) : *citation*
civil : *civil, civile*
  civil case : *affaire civile*   **civil court** : *tribunal de la justice civile*
claim : *plainte, requête, sinistre* (assurances)
clerk to the justices : *officier de justice chargé d'aider les juges non
  professionnels d'une magistrates' court* (GB)
complaint : *plainte*
concurrent (**jurisdiction**) : *simultanée* (*compétence*)
confinement : *emprisonnement*
contempt of court : *outrage à magistrat, refus d'obéir à un ordre
  du tribunal*
contentious : *litigieux* (non litigious : *amiable*)
County Court : *cour de comté*
crime : *infraction, délit pénal*
criminal : *criminel, pénal*
Crown Court : *tribunal de la Couronne* (pénal) (GB)

deceased (GB), **decedent** (US) : *défunt*
demurrer : *fin de non-recevoir, exception péremptoire*
deposition : *déclaration sous serment*
to discover : *divulguer* ; *s'informer*
discovery (US) : *communication de pièces et interrogatoire*
to dismiss : *rendre une ordonnance de non-lieu, débouter*
dismissal : *rejet*
diversity of citizenship (US) : *domiciliation des plaideurs dans des
  États différents*

entrapment : *provocation* (de la police)
error (US) : *erreur de fait*
evidence : *preuve*

felony : *délit civil grave, infraction majeure* (US) ; *atteinte à la sûreté
  de l'État* (GB)
to file : *déposer* (une plainte), *enregistrer une affaire*
finder of fact : *celui qui détermine les faits*
to hear (**a case/appeal**) : *connaître* (*d'une affaire/d'un appel*)
hearing : *audience, audition*
to indict : *inculper*

indictable (offence) : *passible de poursuites* (US) ; *(infraction) grave, majeure* (GB)

indictment : *mise en accusation formelle*

judge : *juge, magistrat*   **to judge** : *juger, statuer*

jurisdiction : *juridiction, tribunal ; compétence*
   appellate jurisdiction : *juridiction d'appel*
   exclusive jurisdiction : *compétence exclusive*
   original jurisdiction : *juridiction de première instance*

juror : *juré*   **jury** : *jury* (grand jury : *jury d'accusation* ; US)

justice of the peace : *juge non professionnel, juge de paix*

to lodge (a complaint against) : *déposer (une plainte contre)*

Lord Justice of Appeal : *juge de la Cour d'appel*

Lords of Appeal in Ordinary : *juges de la Chambre des lords*

magistrate : *juge de première instance (juge de paix)*
   lay magistrate : *juge non professionnel*
   stipendiary magistrate : *juge professionnel appointé*

mediation : *conciliation*

misdemeanor (US) : *infraction*

miscarriage of justice : *erreur judiciaire*

mistake of law : *méconnaissance de la loi*

NOV (*non obstante verdicto*) : *nonobstant le verdict* (du jury)

offence : *délit* (US) ; *infraction, délit pénal* (GB)
   major/indictable offence (GB) : *délit majeur*
   minor/petty offence (GB) : *délit mineur*

offender : *criminel, délinquant*

penalty : *peine, sentence*

probate court (US) : *tribunal des successions et des tutelles*

procedure : *procédure*

production (of evidence) : *communication (des preuves)*

puisne judge : *juge de la Haute Cour*

to quash (a decision) : *annuler, casser (une décision)*

registrar : *greffier*

to remand : *renvoyer (une affaire) devant la 1re juridiction*

remedy : *recours, réparation*

to reverse (a decision) : *révoquer, casser (un jugement)*

to review : *réviser*

sentence : *peine*   **to pass sentence** : *prononcer une peine*

service of process (US) : communication à la défense de documents montrant les chefs d'accusation

to sit : *siéger* (for judge/court)

standing (US) : *droit d'aller en justice*

subpoena : *citation à comparaître* (témoin)

to sue : *poursuivre au civil*

suit : *procès* (civil et pénal)

summary (procedure) : *(procédure) rapide, simplifiée*

summons : *citation, assignation*

testimony : *déposition, témoignage*

treason : *trahison, atteinte à la sûreté* (de l'État)

trial : *procès*

tribunal : *tribunal administratif* (GB)

to uphold (a decision) : *confirmer (une décision)*

to vacate (US) : *annuler*

venue (US) : *lieu (tribunal) où doit se tenir un procès*

warrant : *mandat*

FEDERALISM AND PRE-EMPTION
North Dakota v. US

May states impose labelling... on liquor sold at military bases within their borders? The 8th Circuit said no.

A North Dakota law requires all liquor sold in the state to be distributed through a state-controlled system... The Federal Government challenged the regulations... The 8th Circuit ruled that the state regulations must give way to the federal policy. The appeals court discounted the state's arguments that the US Constitution's 21st Amendment authorizes such state regulatory power.

The National Law Journal,
Monday, April 10, 1989.

LE FÉDÉRALISME ET LA SUPRÉMATIE DE LA LÉGISLATION FÉDÉRALE
Dakota du Nord contre États-Unis

Les États peuvent-ils imposer des règles d'étiquetage... sur les alcools vendus dans les casernements situés sur leur territoire ? Le tribunal du 8ᵉ Circuit s'y oppose.

Une loi du Dakota du Nord impose la distribution de tous les alcools vendus à l'intérieur de l'État par un réseau contrôlé par l'État... Le gouvernement fédéral a contesté ce règlement... Le tribunal du 8ᵉ Circuit a décidé que les règlements envisagés par l'État devaient s'effacer devant la règle fédérale. La cour d'appel a rejeté les arguments avancés par l'État, à savoir que le 21ᵉ Amendement de la Constitution américaine autorise l'État à mettre en place de tels règlements.

The National Law Journal,
Lundi 10 avril 1989.

3

THE LEGAL PROFESSION IN ENGLAND AND WALES
LES PROFESSIONS JURIDIQUES EN ANGLETERRE ET AU PAYS DE GALLES

3 Introduction

The legal profession is divided into two main branches: solicitors and barristers. Judges are issued from their ranks, and so are the Law Officers of the Crown.

1. Solicitors

• The Law Society

It was constituted under a Royal Charter of 1845, with the objects of "promoting professional improvement and facilitating the acquisition of legal knowledge". Membership is voluntary. The Law Society is governed by a Council of 70 elected members. Its statutory powers derive from the Solicitors Act 1974, whereby it exercises control over virtually all matters affecting solicitors except discipline and scales of remuneration. The Council has power under the Act to make Rules governing the handling of clients and trust moneys, the annual submission by solicitors of an accountant's report and professional practice and discipline.

In addition, the Law Society:

— administers the Legal Aid and Advice Scheme;

— maintains a Compensation Fund out of which it may make a hardship grant to any person who suffers hardship through the failure of a solicitor to account for money due (section 36);

— keeps a Roll of Solicitors.

• The Solicitors' Disciplinary Tribunal

The members of this tribunal are appointed by the Master of the Rolls. It consists of: a) practising solicitors of not less than ten years' standing ; and b) lay members who are neither barristers nor solicitors. The Tribunal is properly constituted if there are at least three members, at least one of whom is a lay member.

The Tribunal deals:

— with an application by a solicitor who has been struck off, to have his name restored to the Roll;

— with complaints of, for instance, conduct unbefitting a solicitor, or failure to comply with the Rules mentioned above;

— with applications by the Law Society to restrain the employment by a solicitor, without the Society's permission, of a clerk who has been convicted of certain crimes.

3 Introduction

La profession juridique est composée de deux branches principales : les conseils et notaires d'une part, et les avocats d'autre part. Les juges, de même que les conseillers juridiques de la Couronne, sont recrutés parmi les uns et les autres.

1. Les conseils et notaires

• **La « Law Society »**,
ou ordre des notaires et conseils juridiques, a été créée par une charte royale de 1845 dans le but « d'améliorer le niveau de la profession et de promouvoir la connaissance du droit ». L'appartenance à l'ordre n'est pas obligatoire. La **Law Society** est régie par un conseil de 70 membres élus. La loi de 1974 sur les **solicitors** lui confère un certain nombre de pouvoirs légaux : elle contrôle pratiquement tous les aspects de la profession, à l'exception des questions de discipline et d'honoraires. La loi confère au conseil le pouvoir d'édicter les règles qui régissent les rapports des **solicitors** avec leurs clients et la gestion des fonds qui leur sont confiés en fidéicommis, qui imposent à tout **solicitor** l'obligation de soumettre chaque année un rapport financier et qui régulent la pratique et la discipline.

En outre, la **Law Society** :
— administre un plan d'assistance judiciaire et de conseils juridiques ;
— gère un fonds de solidarité aux fins de dédommager financièrement quiconque subirait un préjudice du fait d'un **solicitor** qui garderait par-devers lui des sommes dues (article 36) ;
— tient un registre des **solicitors**.

• **Le Tribunal disciplinaire**
Les membres de ce tribunal sont nommés par le président de la Division de la Chancellerie (**Master of the Rolls**). Le Tribunal est composé : a) de **solicitors** en exercice ayant au moins dix ans de pratique ; et b) de non-juristes. Il peut siéger si au moins trois de ses membres, parmi lesquels il doit y avoir au moins un non-juriste, sont présents.

Le Tribunal statue sur :
— les requêtes présentées par des **solicitors** qui ont été radiés de l'Ordre et qui souhaitent y être réadmis ;
— les plaintes relatives, par exemple, aux manquements à l'éthique de la profession ou au non-respect des règles mentionnées ci-dessus ;
— les demandes émanant de la **Law Society** et visant à s'opposer à ce qu'un **solicitor** emploie, sans l'autorisation de la **Law Society**, un clerc qui a été condamné pour certains délits pénaux.

In dealing with complaints against solicitors, the Tribunal may order:
— that the solicitor's name be struck off the roll;
— that he be suspended from practice;
— that he pay a penalty of up to 750 pounds, to be forfeited to Her Majesty;
— that he pay costs.

In addition to his liability to disciplinary proceedings and, in particular, in so far as a solicitor is an officer of the Supreme Court, he is liable:
— to be committed for contempt of court, for instance for breach of an undertaking;
— to be ordered to pay personally costs incurred improperly or wasted through his neglect.

• The solicitor-client relationship

The solicitor owes a contractual duty of care to his client, for breach of which he is liable to an action for damages. The solicitor-client relationship is regarded in equity as a fiduciary one, so that:
— there is a presumption of undue influence in the case of gifts "inter vivos" to the solicitor by his client;
— the presumption of undue influence applies to purchases by a solicitor from his client. The presumption is rebuttable by showing that the bargain is as good as the client could have obtained elsewhere.

• Remuneration

In contentious business, the bill of costs is taxed on a "solicitor and own client" basis.

In all non-contentious business, the solicitor may ask for a lump sum which is fair and reasonable having regard to the complexity of the matter, the specialised knowledge and responsibility involved, the time expended, the amount of money involved...

The client may require a bill delivered in respect of non-contentious business to be taxed or he may require the solicitor to obtain a certificate from the Law Society that the sum charged is fair and reasonable.

3

1. Les conseils et notaires *(suite)*

Lorsqu'il statue sur des plaintes à l'encontre d'un **solicitor**, le Tribunal a le pouvoir discrétionnaire de condamner le **solicitor** à :

— être radié de l'Ordre ;

— être suspendu dans sa pratique ;

— payer, au profit de la Couronne, une amende dont le montant peut s'élever à 750 livres ;

— payer les frais de justice de son client.

Outre le fait qu'un **solicitor** est passible de poursuites disciplinaires, et, en particulier, dans la mesure où il fait partie du personnel de la Cour suprême de justice, il sera passible :

— d'être poursuivi pour outrage à magistrat, par exemple pour manquement à ses obligations ;

— de payer de ses deniers les dépenses et les frais inutilement occasionnés par sa négligence.

• Rapports entre le « solicitor » et son client

Le **solicitor** a une obligation contractuelle de diligence envers son client. En cas de manquement à cette obligation, il est passible de dommages et intérêts. La relation qui lie le **solicitor** à son client est considérée comme une relation fiduciaire, de sorte que :

— il y aura une présomption de violence morale en cas de donations entre vifs faites par le client au profit de son **solicitor** ;

— la présomption de violence morale s'applique aux ventes consenties par le client à son **solicitor**. La présomption est réfutable s'il est prouvé que le client n'aurait pas pu trouver un meilleur prix sur le marché.

• Honoraires

Pour les affaires contentieuses, la note d'honoraires est le fruit d'un accord personnel entre le **solicitor** et son client.

Pour toutes les affaires non contentieuses, le **solicitor** peut demander une somme forfaitaire juste et raisonnable, eu égard à la complexité de l'affaire, à l'expertise et aux responsabilités afférentes, au temps passé, aux sommes d'argent en jeu...

Le client peut demander à ce qu'une note d'honoraires pour une affaire non contentieuse soit taxée et il peut demander au **solicitor** de lui fournir un certificat signé par la **Law Society** comme quoi la somme demandée est juste et raisonnable.

3

2. Barristers

Persons may practice as counsels only if they have been "called to the Bar" by one of the four Inns of Court. The Inns of Court have absolute control over the admission of students and the call of barristers.

Advocacy is the primary function of a barrister, though he may do extensive "paper work". Barristers have a right of audience in almost all judicial proceedings. In the House of Lords, the Judicial Committee of the Privy Council and the Court of Appeal, the right is exclusive, except in bankruptcy matters and in chambers, where solicitors have a concurrent right.

The relationship between a barrister and his client is not a contractual one. Thus a barrister cannot sue for his fees. In addition it appears that the barrister has an immunity from actions in negligence at the suit of his clients.

Unlike solicitors, who are subject both to statute and to their code of professional etiquette, barristers are subject only to the rules of professional etiquette, many of which are laid down by the Bar Council. Among these rules, counsel may (subject to certain exceptions) accept instructions only from a solicitor.

3. Judges

• **Appointment**

Except in the case of the Lord Chancellor (who, as well as being head of the judiciary, is a Cabinet Minister and the Speaker of the House of Lords), political considerations play no part in the appointment of judges. Full-time judges are recruited from among other judges or practising lawyers. For instance, to qualify as a judge of the Court of Appeal, or for appointment to the office of Lord Chief Justice, Master of the Rolls or President of the Family Division, a candidate must either be a High Court judge or have had fifteen years' practice as a barrister; a High Court or circuit judge must have been a barrister for ten years or a recorder (part-time judge) for five years; and a recorder must have been a barrister or a solicitor for five years. The office of stipendiary magistrate (professional and paid magistrate) is open to solicitors and barristers of at least seven years' standing.

3

2. Les avocats

Une personne ne peut exercer la profession d'avocat qu'après avoir été admise au barreau par l'une des quatre Écoles de Droit. Les Écoles de Droit exercent un contrôle absolu sur l'admission des étudiants et l'admission au barreau.

La fonction première d'un avocat est de plaider, même s'il doit par ailleurs faire une quantité importante d'écritures. Les avocats sont admis à plaider dans presque tous les types d'affaires. Devant la Chambre des lords, la Commission judiciaire du Conseil privé et la Cour d'appel, ils ont un monopole de plaidoirie, sauf pour les problèmes de faillites et en référé, où les **solicitors** sont également admis à plaider.

Les rapports entre un avocat et son client ne sont pas de nature contractuelle. Ainsi, un avocat n'est pas autorisé à poursuivre son client pour recouvrer ses honoraires. En outre, il appert qu'un avocat jouit d'immunité contre les poursuites pour négligence qu'engageraient ses clients.

Contrairement aux **solicitors**, qui sont soumis aussi bien aux dispositions légales qu'au code de l'étiquette professionnelle, les avocats sont uniquement soumis aux règles de l'étiquette professionnelle, dont la plupart sont édictées par le Conseil du barreau. L'une de ces règles veut que, sauf exceptions, un avocat ne doit recevoir d'instructions que d'un **solicitor**.

3. Les juges

• **Nomination**

Sauf pour le **Lord Chancellor** (qui, parallèlement à ses fonctions de chef de la magistrature, est également ministre de la Justice et membre du Cabinet, et président de la Chambre des lords), les considérations d'ordre politique ne jouent aucun rôle dans la nomination des juges. Les juges à temps plein sont recrutés soit parmi les juges déjà en place, soit parmi les praticiens. Par exemple, pour être nommé juge de la Cour d'appel, ou **Lord Chief Justice** (président de la Division du Banc de la Reine), ou **Master of the Rolls** (président de la Division de la Chancellerie), ou président de la Division de la Famille, au sein de la Haute Cour de justice, il faut, soit être déjà juge de la Haute Cour, soit justifier de quinze ans de pratique comme avocat devant la Haute Cour ; pour être juge de la Haute Cour ou juge itinérant, il faut justifier de dix ans de pratique comme avocat ou avoir été juge à temps partiel pendant au moins cinq ans ; enfin, pour exercer les fonctions de juge à temps partiel, il faut avoir exercé en tant qu'avocat ou en tant que **solicitor** pendant cinq ans. Les fonctions de juge de paix rémunéré (juge professionnel, nommé et payé, d'une **magistrates' court**) sont ouvertes aux avocats et aux **solicitors** justifiant d'au moins sept ans de pratique.

3. Judges *(ctd)*

The Queen on the advice of the Prime Minister appoints:
— the Lord Chancellor,
— the Lord Chief Justice (President of the Queen's Bench Division),
— the Master of the Rolls (President of the Chancery Division),
— the President of the Family Division,
— the Lords of Appeal in Ordinary (or Law Lords),
— the Lords Justices of Appeal.
The Queen on the advice of the Lord Chancellor appoints:
— puisne judges, i.e. judges of the High Court,
— circuit judges,
— recorders (solicitors/barristers who are part-time judges).

• Independence of the Judiciary

Since the Judiciary may often be required to act as "referee" between the Executive and the individual, especially where the individual is seeking judicial review of administrative action, it is of great importance that the Judiciary should be independent from executive control. In Britain this independence rests not on formal constitutional guarantees but on a mixture of statutory and common law rules, constitutional conventions and parliamentary practice, fortified by professional tradition and public opinion.

• Functions

Judges' work is judicial in that they have to adjudicate on disputes. However, their primary tasks are to determine the intention of the legislature, and to apply the doctrine of precedent. In theory, they cannot create new law. However, when there is no pre-existing rule of law to cover a situation, or where a judge is given a discretion, judges create new law in that they lay down precedents for future use.

• Contempt of court

Judges have an inherent power to punish conduct which interferes with the process of the law. Contempt of court covers a variety of offences, such as positive acts of interference with the course of justice or negative acts such as failure to comply with a court order.

3. Les juges *(suite)*

Sur avis du Premier ministre, la Reine nomme :
— le **Lord Chancellor**, ministre de la Justice,
— le **Lord Chief Justice** (président de la Division du Banc de la Reine de la Haute Cour de justice),
— le **Master of the Rolls** (président de la Division de la Chancellerie de la Haute Cour),
— le président de la Division de la Famille de la Haute Cour,
— les juges de la Chambre des lords,
— les juges de la Cour d'appel.
Sur avis du **Lord Chancellor**, ministre de la Justice, la Reine nomme :
— les juges de la Haute Cour de justice,
— les juges itinérants, ou juges de tournée,
— les juges à temps partiel.

• **Indépendance du judiciaire**

Dans la mesure où le pouvoir judiciaire se voit souvent contraint d'arbitrer des différends entre les citoyens et l'exécutif, en particulier lorsque des citoyens introduisent des recours contre des décisions administratives, il est essentiel que le pouvoir judiciaire échappe au contrôle de l'exécutif. En Grande-Bretagne, l'indépendance du judiciaire repose non pas tant sur des garanties constitutionnelles que sur un mélange de règles légales et de règles de **common law**, de conventions constitutionnelles et de pratique parlementaire, consolidées par la tradition et l'opinion publique.

• **Fonctions**

Le travail des juges est judiciaire, en ce sens qu'ils doivent trancher des litiges. Cependant, leur tâche première est de définir les intentions du législateur et d'appliquer la jurisprudence. En théorie, ils ne peuvent créer le droit. Cependant, lorsqu'il n'y a pas de règle de droit préexistante pour résoudre une situation donnée, ou lorsque la décision est laissée à la discrétion du juge, les juges doivent établir de nouvelles règles, qui constitueront des précédents à l'avenir : dans de tels cas, on peut dire qu'ils créent le droit.

• **Entrave au bon fonctionnement de la justice**

Les juges ont un pouvoir inhérent de punir toute conduite qui entrave le bon fonctionnement de la justice. Sont considérées comme entraves au bon fonctionnement de la justice diverses sortes d'agissements, que ce soient des agissements positifs entravant le cours normal de la justice ou des agissements négatifs comme de refuser d'exécuter des ordonnances de justice.

Contempt of court can be punished by imprisonment or fine. At common law neither innocence nor mistake provided a defence. However, section 11 of the **Administration of Justice Act 1960** provides a defence when:

— a person has published matter which is in contempt of court, but he did not know and had no reason to suspect that proceedings were pending or imminent;

— he was an innocent distributor of such matter.

• Judicial review

The courts may hold subordinate legislation (i.e. legislation issuing from bodies forming part of the Executive, for instance Ministers, local authorities..., to which Parliament has delegated its legislative powers) to be invalid if it is "ultra vires", i.e. in excess of powers. The courts apply certain presumptions when interpreting the **Statutory Instruments Act 1946** to determine whether the legislation is "ultra vires", for instance that Parliament did not intend to exclude the citizen from access to the ordinary courts.

• Salaries

Before the **Act of Settlement 1701** which provided that judges' salaries should be "ascertained and established", the King exercised considerable control over his judges through their purses. The salaries of superior judges are now fixed by statute and charged on the Consolidated Fund.

• Security of tenure

Superior judges (of the High Court, Court of Appeal and House of Lords) hold office during good behaviour; they may be dismissed by the Crown following an address of both Houses of Parliament (**Act of Settlement 1701**, s. 12 of the Judicature Act 1925, s. 6 of the Appellate Jurisdiction Act 1876). Before 1689, judges held office at the King's pleasure. Under s. 12 of the **Administration of Justice Act 1973**, the Lord Chancellor may declare vacant the office of a superior judge who is subject to permanent incapacity and is unable to resign. Circuit judges and recorders (part-time judges) are removable by the Lord Chancellor for incapacity or misbehaviour (Courts Act 1971). Magistrates have no legal security of tenure.

3

3. Les juges *(suite)*

Les entraves au bon fonctionnement de la justice peuvent être punies de peines de prison ou d'amendes. Selon la **common law**, la bonne foi et l'erreur ne constituaient pas des excuses valables. Cependant, l'article 11 de la loi de 1960 sur l'administration de la justice excuse une personne :

— qui a publié des documents dont la publication entrave le bon fonctionnement de la justice, mais qui ignorait et n'avait aucune raison de soupçonner qu'un procès était en cours ou imminent ;

— qui a diffusé de tels documents de bonne foi.

• Recours administratifs

Les juges peuvent annuler la validité de certains textes administratifs constituant ce que l'on appelle la législation déléguée (c'est-à-dire la législation émanant d'organismes appartenant à l'exécutif, comme les ministres, les autorités locales..., auxquels le Parlement a délégué ses pouvoirs législatifs si ces textes s'avèrent *ultra vires* (au-delà des pouvoirs). Les cours partent de certaines présomptions lorsqu'elles interprètent la loi de 1946 sur les instruments législatifs aux fins de déterminer si la législation concernée est *ultra vires* : par exemple, elles présument que le Parlement n'avait pas l'intention de priver les citoyens de l'accès aux tribunaux ordinaires.

• Salaires

Avant la loi constitutionnelle de 1701, qui a institué que les salaires des juges devaient être « fixes et assurés », le roi exerçait un contrôle important sur ses juges par le biais de pressions financières. Les salaires des juges des cours supérieures sont désormais fixés par la loi et prélevés sur le budget de l'État.

• Inamovibilité

Les juges des cours supérieures (de la Haute Cour, de la Cour d'appel et de la Chambre des lords) sont inamovibles, sauf faute de conduite grave. Ils peuvent cependant être démis de leurs fonctions sur requête des deux Chambres du Parlement (loi constitutionnelle de 1701, loi judiciaire de 1925, art. 12 ; loi sur les juridictions d'appel de 1876, art. 6). Jusqu'en 1689, les juges tenaient leurs fonctions du bon vouloir du roi. Aux termes de l'article 12 de la loi de 1973 sur l'administration de la justice, le **Lord Chancellor**, ministre de la Justice, peut déclarer vacant le poste d'un juge des cours supérieures qui est atteint d'incapacité permanente et n'est pas en mesure de démissionner. Les juges itinérants et les juges à temps partiel peuvent être démis de leurs fonctions par le **Lord Chancellor** pour incapacité ou pour mauvaise conduite (loi de 1971 sur les tribunaux). La loi n'accorde aux « juges de paix » des **magistrates' courts** aucune sécurité dans leurs fonctions.

3. Judges *(ctd)*

• **Other rules protecting the Judiciary**

Judges are insulated from politics by disqualification from membership of the House of Commons and the obligation to abstain from politically partisan activities.

There is a reciprocal restraint between the Executive and the Judiciary when commenting each other's activities.

The courts disclaim jurisdiction to inquire into proceedings in Parliament.

No action will lie against a judge for any words spoken or acts done while acting judicially and in the honest belief that he was acting within his jurisdiction.

4. Law Officers of the Crown

• **The Law Officers**, legal advisers to the Crown, are the Attorney-General and Solicitor-General. They are assisted by Junior Counsel for the Treasury. The Law Officers of the Crown are members of the Government but are not Cabinet Ministers.

— **The Attorney-General** :

- is principal legal adviser to the Government Departments,

- scrutinises drafts of Bills,

- also has non-political functions : for instance, he may institute civil proceedings in the High Court to vindicate public rights and may lend his name to relator actions,

- can institute criminal proceedings or enter a "nolle prosequi" to stop any trial,

- is politically answerable for and can give directions to the Director of Public Prosecutions.

— **The Solicitor-General** can discharge some of the functions of the Attorney-General.

• **The Director of Public Prosecutions** is not strictly a "Law Officer". He is a barrister or solicitor appointed by the Home Secretary but working under the supervision of the Attorney-General. He instructs solicitors and counsels to prosecute in cases referred to him by Government Departments. He advises the police, at their request, whether or not to prosecute.

3

3. Les juges *(suite)*

• **Autres règles protégeant les juges**

Ils sont isolés de la politique par le fait qu'ils ne peuvent ni être députés à la Chambre des communes ni faire de propagande en faveur d'un parti politique.

L'exécutif et le judiciaire s'abstiennent de commentaires sur leurs activités réciproques.

Les tribunaux ne revendiquent aucune compétence pour juger de la régularité des procédures parlementaires.

Les juges sont protégés contre toute action en justice pour les discours prononcés ou les actes commis dans l'exercice de leurs fonctions et alors qu'ils croyaient sincèrement agir dans le cadre de leur juridiction.

4. Les conseillers juridiques de la Couronne

• **Les Officiers de Justice**, conseillers juridiques de la Couronne, sont l'**Attorney-General** et le **Solicitor-General**. Ils sont assistés du Conseiller financier de la Couronne. Les conseillers juridiques de la Couronne sont membres du Gouvernement mais ne font pas partie du Cabinet.

— L'**Attorney-General** :

- est le principal conseiller juridique des différents ministères,

- vérifie le texte des projets de loi,

- exerce également des fonctions non politiques : par exemple, il peut engager des poursuites au civil devant la Haute Cour pour défendre des droits publics et peut prêter son nom pour des actions intentées par des particuliers contre des organismes publics,

- peut engager des poursuites au pénal ou peut ordonner un non-lieu et mettre un terme à tout procès,

- est politiquement responsable des agissements du procureur général (**Director of Public Prosecutions**) et habilité à lui donner des ordres.

— Le **Solicitor-General** peut remplacer l'**Attorney-General** dans certaines de ces fonctions.

• **Le procureur général** (Director of Public Prosecutions) n'est pas un conseiller juridique de la Couronne à proprement parler. C'est un avocat ou un **solicitor** nommé par le ministre de l'Intérieur mais qui travaille sous les ordres de l'**Attorney-General**. Il charge des **solicitors** et des avocats de poursuivre au pénal dans les affaires que lui confient les différents ministères. Il conseille la police, lorsqu'elle le lui demande, sur l'opportunité d'engager des poursuites.

5. Document

COURTS AND LEGAL SERVICES ACT 1990
Provision of conveyancing services by authorised practitioners

S. 36 - (1) The restriction imposed by section 22 of the Solicitors Act 1974 (which has the effect of limiting the categories of persons who may provide conveyancing services) shall not apply to any act done in connection with the provision of conveyancing services:

a. by an individual at any time when he is an authorised practitioner ;

b. by a body corporate at any time when it is an authorised practitioner;

c. by an officer or employee of a body corporate at any time when that body is an authorised practitioner;

d. by a member or employee of an unincorporated association at any time when that association is an authorised practitioner;
[...]

(3) Any rule (however described) which is imposed by a professional or other body and which would, but for this subsection, result in restricting or preventing a qualified person from:

a. providing any conveyancing services as an authorised practitioner;

b. acting as an employee of an authorised practitioner in connection with the providing of such services; or

c. acting on behalf of an authorised practitioner in connection with the provision of any such services,

shall be of no effect unless it is given partial effect by subsection (4a) or full effect by subsection (4b).
[...]

(6) In this section ''qualified person'' means:

a. any barrister, solicitor, duly certificated notary public or licensed conveyancer;

b. any body recognized under section 9 of the Administration of Justice Act 1985 (incorporated practices); or

c. any body recognized under section 32 of the Act of 1985 (incorporated bodies carrying on business of provision of conveyancing services).

5. Document

LOI DE 1990 SUR LES TRIBUNAUX ET LES SERVICES JURIDIQUES

Prestation de services translatifs de propriété par des praticiens autorisés

Art. 36 - (1) Les restrictions imposées par l'article 22 de la loi de 1974 relative aux **solicitors** (qui a pour effet de limiter les catégories de personnes autorisées à effectuer des translations de propriété) ne s'appliqueront à aucun acte accompli en relation avec la prestation de services translatifs de propriété :

a. par une personne à quelque moment que ce soit, lorsque cette personne est un praticien autorisé ;

b. par une personne morale à quelque moment que ce soit, lorsque cette personne morale est un praticien autorisé ;

c. par un officier ou employé d'un corps constitué dès lors que cet organisme est un praticien autorisé ;

d. par un membre ou un employé d'une association non constituée en personne morale, lorsque cette association est un praticien autorisé ;

[...]

(3) Toute règle (de toute nature) imposée par un organisme professionnel ou autre et qui, en l'absence du présent alinéa, aboutirait à restreindre ou à empêcher une personne qualifiée de :

a. procéder à des translations de propriété en sa qualité de praticien autorisé ;

b. agir en sa qualité d'employé d'un praticien autorisé pour dispenser de tels services ; ou

c. agir pour le compte d'un praticien autorisé pour dispenser de tels services,

sera réputée sans effet à moins qu'elle ne bénéficie d'un effet partiel en application de l'alinéa (4a) ou d'un plein effet en application de l'alinéa (4b).

[...]

(6) Dans le cadre du présent article, le terme « personne qualifiée » signifie :

a. tout avocat, **solicitor**, notaire public dûment certifié ou agent immobilier agréé ; ou

b. tout organisme reconnu par l'article 9 de la loi de 1985 sur l'administration de la justice (pratique des personnes morales) ;

c. tout organisme reconnu par l'article 32 de la loi de 1985 (organismes constitués dont l'activité consiste en prestations de services translatifs de propriété).

6. Key sentences

1. Judges have a discretionary power to create new rules of law when none exists to solve the case.

2. The Director of Public Prosecutions supervises prosecutions in the name of the Crown.

3. The Treasury said recently that it wanted to put a cap on legal aid.

4. The Law Society handles complaints against solicitors.

5. Under the 1990 Act solicitors have lost their near-monopoly of conveyancing.

6. Superior judges only hear important cases or appeals.

7. Solicitors' functions include a lot of non-contentious business, such as advice to clients, conveyancing of property and probate matters.

8. It is an offence punishable by fine or imprisonment to interfere with the process of the law.

9. As there are very few judges in England and Wales, recorders are appointed to help them cope with their tasks.

10. The Judiciary in Britain is totally independent of the Executive.

11. The solicitor owes a contractual duty of care to his client, for breach of which he is liable to an action for damages.

12. The presumption of undue influence applies to purchases by a solicitor from his client.

13. Judges' primary tasks are to determine the intention of the legislature and to apply the doctrine of precedent.

14. Superior courts can punish contempts whether committed in or out of court by imprisonment or fine.

15. The Director of Public Prosecutions advises the police, at their request, whether or not to prosecute.

6. Phrases types

1. *Les juges ont le pouvoir discrétionnaire de créer de nouvelles règles de droit lorsque aucune n'existe pour résoudre le cas d'espèce.*

2. *Le procureur général supervise les poursuites pénales instituées au nom de la Couronne.*

3. *Le ministère des Finances a fait savoir récemment qu'il souhaitait limiter l'assistance judiciaire.*

4. *La **Law Society** traite les plaintes portées à l'encontre des **solicitors**.*

5. *Aux termes de la loi de 1990, les **solicitors** ont perdu leur quasi-monopole en matière de translations de propriété.*

6. *Les juges des cours supérieures statuent uniquement sur des affaires importantes ou des appels.*

7. *Le travail des **solicitors** inclut une importante partie non contentieuse, comme conseiller leurs clients, effectuer des translations de propriété et régler des successions.*

8. *Faire obstacle au cours normal de la justice constitue un délit passible d'amende ou de peine de prison.*

9. *Étant donné le nombre restreint de juges en Angleterre et au pays de Galles, on nomme des juges à temps partiel pour les aider dans leur tâche.*

10. *La magistrature, en Grande-Bretagne, jouit d'une totale indépendance vis-à-vis de l'exécutif.*

11. *Le **solicitor** a une obligation contractuelle de diligence envers son client ; en cas de manquement à celle-ci, il est passible de dommages et intérêts.*

12. *La présomption de violence morale s'applique aux ventes consenties par le client à son **solicitor**.*

13. *La tâche première des juges est de définir les intentions du législateur et d'appliquer la jurisprudence.*

14. *Les cours supérieures peuvent sanctionner toute entrave au bon fonctionnement de la justice, que celle-ci ait été commise en présence de la cour ou en dehors, par une peine de prison ou une amende.*

15. *Le procureur général conseille la police, lorsqu'elle le lui demande, sur l'opportunité d'engager des poursuites.*

3

7. Vocabulary (see chapter 5)

act : *loi, texte de loi*
action : *poursuites*
adjective law : *procédure* (≠ substantive law)
advocacy : *plaidoirie, fait de plaider*
appeal : *appel*
  Lords Justices of Appeal : *juges de la Cour d'appel*
  Lords of Appeal in Ordinary : *juges de la Chambre des lords* (pour
  des appels tout à fait extraordinaires)
appellate juge : *juge d'appel*
appellate court : *juridiction d'appel*

the Bar : *le barreau*
  to be called to the Bar : *être admis au Barreau*
barrister : *avocat*
bill : *projet de loi*
bill of costs : *mémoire, note de frais, note d'honoraires*
  taxed bill of costs : *note d'honoraires taxée*

care : *diligence*
  duty of care : *devoir de diligence*
chambers (in) : *en référé*
circuit judge : *juge itinérant, juge en tournée*
contempt of court : *obstruction du cours normal de la justice,
  outrage à magistrat*
contentious business : *affaires contentieuses*
  non-contentious business : *affaires non contentieuses*
counsel : *avocat* (= barrister)
court : *cour de justice, tribunal*

Director of Public Prosecutions (DPP) : *procureur général*

Green Paper : *avant-avant-projet de loi* (voir White Paper)

judge : *juge, magistrat*
the Judiciary : *la magistrature, le pouvoir judiciaire*
Justice of the Peace (voir magistrat)

the Law Society : *l'Ordre des solicitors*
lawyer : *juriste*
legislation : *la législation*
the legislature : *le législateur*
the Lord Chancellor : *le Lord Chancellor, ministre de la Justice*

magistrate : *juge de paix, juge non professionel*

precedents : *la jurisprudence* (= case-law)
proceedings : *poursuites*
  to take proceedings against someone : *poursuivre quelqu'un
  devant les tribunaux, engager des poursuites contre quelqu'un*
to prosecute : *poursuivre au pénal*
prosecution : *poursuites pénales*
  public prosecution : *poursuites du ministère public*

7. Vocabulaire (voir chapitre 5)

to rebut : *réfuter* (une preuve)
rebuttable : *réfutable*
rebutting evidence : *preuve contraire*
recorder : *juge à temps partiel*
regulations : *règlements*
relator : *particulier qui engage des poursuites contre un organisme public*
rule : *règle*
  rule of law : *règle de droit*
  professional rules : *règles de la profession*

solicitor : *notaire et conseil juridique*
statute : *loi, texte législatif*
substantive law : *droit positif, fond* (≠ adjective law)
to summon : *citer, convoquer*
summons : *citation, assignation*
  to issue a summons : *lancer une citation*

to tax : *taxer* (un mémoire)
taxing master : *juge taxateur*
tribunal : *tribunal administratif*

undue influence : *violence morale, intimidation, pressions*

White Paper : *avant-projet de loi*

8. Document

In January 1989 the Lord Chancellor published his now famous Green Paper proposing fundamental changes in the work and organization of the legal profession in England and Wales... The next stage was the introduction of the Courts and Legal Services Bill into the House of Lords last December... The statutory objective is that legal services — particularly advocacy, litigation, conveyancing, and probate — should be available in new ways and from a wider range of persons... The Government has stuck to its decision that banks, building societies, insurance companies or estate agencies should be allowed to provide conveyancing services...

John YOUNG, *International Legal Practitioner*,
June 1990.

En janvier 1989, le ministre de la Justice publiait son désormais célèbre avant-projet de loi, dans lequel il proposait des changements fondamentaux dans le travail et l'organisation des professions juridiques en Angleterre et au pays de Galles... L'étape suivante fut la présentation du projet de loi sur les Cours et les Services juridiques devant la Chambre des lords en décembre 1989... L'objectif de la loi est de modifier la nature des services juridiques offerts — notamment en matière de plaidoirie, de poursuites, de transferts de propriété et de successions — et de permettre à plus de personnes d'en être prestataires... Le gouvernement a maintenu sa décision selon laquelle des organismes comme les banques, les sociétés immobilières, les compagnies d'assurances ou les agences immobilières devraient être autorisés à effectuer des translations de propriété...

John YOUNG, International Legal Practitioner,
juin 1990.

4

THE LEGAL PROFESSION IN THE UNITED STATES
LES PROFESSIONS JURIDIQUES AUX ÉTATS-UNIS

4

1. Legal education

The American Bar Association (ABA) founded in 1878 set up the Association of American Law Schools (AALS) in 1890. Both bodies play an important role in legal education: accredited law schools must have been approved by the ABA and their membership accepted under certain conditions by the AALS.

Law students, after graduating in liberal arts, attend law school for three or more years, taking professional subjects such as contracts, torts, real and personal property, trusts, evidence, procedure, equity, criminal law, commercial law, corporation law, bankruptcy, taxation, trade regulation, constitutional law, administrative law, labor law, family law, agency, partnership, and conflict of laws, as well as jurisprudence, comparative law and legal history.

Accordingly, the courses lead to a degree of LL.B. (Bachelor of Laws) or LL.M. (Master of Laws), J.S.D. or S.J.D. (Juris Doctor, i.e. doctor of the science of law). Graduates may be prepared for "local" or "national" jobs, depending on the school of law they attend: some concentrate on local law and regional problems, others (Harvard, Yale and Stanford to name the most prominent) give students opportunities to practice in any state.

2. Lawyers and their fields of activities

The legal profession is regulated by each state which sets its own requirements for admission to practice, i.e. relatively uniform examinations whose quality has been upheld by the National Conference of Bar Examiners since 1931. A lawyer will practice in the state where he has been admitted; he will be allowed to practice in any other state if he has a three- to five-year experience. If he is entitled to practice before the highest state court, he will be admitted before the federal courts.

1. Les études juridiques

L'**American Bar Association** (ordre des avocats), créée en 1878, fonda, en 1890, l'**Association of American Law Schools** (association des écoles de droit américaines). Ces deux organismes jouent un rôle important dans la formation juridique : les écoles de droit habilitées doivent avoir été approuvées par l'ABA et admises, avec certaines réserves, comme membres de l'AALS.

Après l'obtention d'un diplôme en sciences humaines, les étudiants en droit suivent des cours pendant trois ans ou plus dans une école de droit ; ils y étudient des matières professionnelles, comme les contrats, la responsabilité civile, le droit de la propriété, les fidéicommis, le droit des preuves, la procédure, l'**equity**, le droit pénal, le droit commercial, le droit des sociétés, les faillites, la fiscalité, la réglementation commerciale, le droit constitutionnel, le droit administratif, le droit du travail, le droit de la famille, les mandats, le droit des sociétés de personnes, les conflits de droits, la philosophie du droit, le droit comparé et l'histoire du droit.

Selon le cas, les cours conduisent au diplôme de LL.B. (licence de droit), LL.M. (maîtrise de droit), J.S.D. ou S.J.D. (doctorat en droit). Les diplômés seront préparés à des emplois « locaux » ou « nationaux » selon les cours qu'ils auront suivis. Certaines écoles mettent l'accent sur le droit local et les problèmes de la région, d'autres (Harvard, Yale et Stanford, pour nommer les plus importantes) offrent aux étudiants la possibilité d'exercer dans n'importe quel État.

2. Les avocats et leurs fonctions

Chaque État possède son propre règlement et pose ses propres conditions avant de permettre l'exercice de la profession juridique, à savoir des examens relativement uniformes dont la qualité est maintenue, depuis 1931, par l'Association nationale des examinateurs du barreau. Un avocat exerce dans l'État où il a été admis à exercer ; il sera autorisé à exercer dans n'importe quel autre État après trois à cinq ans d'expérience professionnelle. S'il a le droit d'exercer devant la cour suprême d'un État, il sera admis à plaider devant les tribunaux fédéraux.

A lawyer's job may be wide ranging; he is permitted to take up any position, sit on boards of directors, embark upon a business career, take an active part in public affairs, while having clients whose cases he is free to accept or to reject. He is still a member of the bar when, for a certain time, he becomes a judge (justice), works for the government or a private business concern, or is a law faculty and, after this interruption, he may resume his legal activities, advocacy, counselling and the drafting of legal documents.

There is no demarcation line among these last two fields of activity as this is the case in England (barristers and solicitors, cf. supra). Yet, lawyers only, or, since they go by such other names, attorneys, attorneys-at-law, counsels, counsellors, counsellors-at-law, may represent others in court. Some lawyers will specialize in litigation while others will concentrate on advising clients and preparing legal documents; others will keep the three functions abreast. It should be stressed that French "*notaires*" have no counterparts in the United States where notaries (public) are public officers authorized to administer oaths, affidavits, certify certain types of documents and authenticate signatures; in some jurisdictions an attorney may act as a notary public, in many others private persons are permitted to take this office in order to witness documents, to wit bank officers, insurance and real estate agents, small town grocery clerks, drugstore clerks, hotel managers.

4

2. Les avocats et leurs fonctions *(suite)*

Les activités de l'avocat touchent à de nombreux domaines : il a le droit d'occuper n'importe quel emploi, de siéger dans un conseil d'administration, d'embrasser une carrière dans les affaires, de gérer des affaires publiques tout en ayant une clientèle qu'il est libre d'accepter ou de refuser. Il demeure membre du barreau lorsque, pendant un certain temps, il devient juge, travaille pour le gouvernement ou pour une entreprise privée, ou bien enseigne le droit ; il peut, après cette interruption, reprendre ses activités de juriste, redevenir avocat et conseil et dresser des actes juridiques.

Il n'existe pas de séparation entre ces deux derniers secteurs d'activité, comme c'est le cas en Angleterre (voir ci-dessus). Cependant les avocats ou, comme on les appelle aussi, les **attorneys, attorneys-at-law, counsels, counsellors, counsellors-at-law**, peuvent représenter d'autres personnes devant les tribunaux. Certains avocats se spécialisent dans les plaidoiries ; d'autres choisissent de conseiller leurs clients ou de dresser des actes juridiques ; d'autres mènent ces trois activités de front. Il faut noter que les notaires français n'ont pas d'homologues aux États-Unis où les **notaries** (publics) sont des employés d'État autorisés à faire prêter serment, à recevoir des dépositions sous serment, à certifier certains types de documents et à authentifier les signatures. Dans certaines juridictions, l'avocat peut agir en tant que notaire ; dans un grand nombre d'autres juridictions, de simples particuliers sont habilités à jouer ce rôle afin d'authentifier des documents. Il s'agit d'employés de banque, d'agents d'assurances, de marchands de biens, de vendeurs dans des épiceries de petites villes, d'employés de **drugstores**, de directeurs d'hôtel.

4

3. Lawyers in private practice

The number of American lawyers per head, about 1 for 500, is the highest in the world.

In 1980 nearly half of the lawyers in private practice (who were 70% of all lawyers) were single practitioners (down from 75% in 1950). Among the rest, half were partners with only one or two colleagues; this end of the profession is thought to be badly overcrowded. Personal prestige and influence within the firm count for everything and becoming a partner is an arduous journey : green recruits have to work long hours and wait a long time as associates (six-ten years) before being admitted to the partnership although their salaries are quite high. The business portion of a law firm's practice, such as transactions involving securities and real estate, has been shrinking.

4. Corporate or house counsels

Some 10-12% of lawyers practice in the legal department of a corporation instead of an independent firm. These departments have grown faster than the law firms and many are themselves grand legal establishments: AT&T's legal department has 900 lawyers, EXXON's nearly 400.

Two important professional organizations should be mentioned: the American Judicature Society, established in 1913 to promote the efficient administration of justice, and the American Law Institute, organized in 1923 to overcome the uncertainty and complexity of American law. The latter in collaboration with the American Bar Association has provided for the continuing legal education of the profession.

3. Avocats exerçant dans des cabinets privés

Le nombre d'avocats américains par tête d'habitant, soit environ un pour cinq cents, est le plus élevé au monde.

En 1980, près de la moitié des avocats exerçant dans des cabinets privés, soit 70 % de tous les avocats, étaient indépendants (en 1950, ils étaient 75 %). Parmi les autres, la moitié travaillait en association avec un ou deux collègues ; on estime que cette catégorie de la profession est très encombrée. Le prestige et l'aura au sein de la société jouent un grand rôle et on devient associé après de dures années. Les stagiaires, sans expérience, doivent faire de longues journées et demeurer longtemps adjoints (six à dix ans) avant d'être admis au rang d'associé bien que leurs salaires soient déjà fort élevés. Ont diminué, dans ces sociétés, les affaires impliquant des valeurs mobilières et l'immobilier.

4. Les avocats de sociétés

Environ 10 à 12 % des avocats travaillent dans les services juridiques de sociétés commerciales et industrielles et non dans un cabinet d'avocats. Ces services de contentieux se sont développés plus rapidement que les cabinets d'avocats et sont en fait de grands établissements juridiques : le contentieux de la société AT&T comprend 900 avocats, Exxon en emploie presque 400.

Il faut mentionner deux organisations professionnelles : l'**American Judicature Society**, créée en 1913 pour la promotion d'une justice efficace, et l'**American Law Institute**, organisé en 1923 afin de venir à bout des points obscurs du droit américain ainsi que de sa complexité. Cette dernière organisation, en collaboration avec l'**American Bar Association**, prévoit la formation permanente de la profession juridique.

**MODEL RULES
OF PROFESSIONAL COUNDUCT (1989)**

a) A lawyer who has formerly represented a client in a matter shall not thereafter represent another person in the same or a substantially related matter in which that person's interests are materially adverse to the interests of the former client unless the former client consents after consultation.

b) A lawyer shall not knowingly represent a person in the same or a substantially related matter in which a firm with which the lawyer formerly was associated had previously represented a client,

1) whose interests are materially adverse to that person;
2) about whom the lawyer had acquired information protected by Rules 1.6 and 1.9(c) that is material to the matter;

unless the former client consents after consultation.

c) A lawyer who has formerly represented a client in a matter or whose present or former firm has formerly represented a client in a matter shall not thereafter:

1) use information relating to the representation to the disadvantage of the former client except as Rule 1.6 or Rule 3.3 would permit or require with respect to a client, or when the information has become generally known; or
2) reveal information relating to the representation except as Rule 1.6 or Rule 3.3 would permit or require with respect to a client.

4
5. Document

RÈGLES DE DÉONTOLOGIE
DE LA PROFESSION JURIDIQUE (1989)

a) L'avocat qui a auparavant représenté un client dans une affaire devra s'abstenir de représenter ensuite une autre personne dans une affaire identique ou de nature apparentée et où les intérêts de cette personne s'opposent matériellement à ceux du précédent client, à moins que ce dernier n'y consente après avoir été consulté.

b) L'avocat devra s'abstenir de représenter sciemment une personne dans une affaire identique ou de nature apparentée pour laquelle le cabinet où l'avocat était auparavant un associé avait représenté un client,

    1) dont les intérêts s'opposent matériellement à cette personne,

    2) au sujet de laquelle l'avocat a obtenu des renseignements protégés par les règles 1.6 et 1.9(c) et matériels en l'espèce,

à moins que le client précédent n'y consente après consultation.

c) L'avocat qui a représenté auparavant un client dans une affaire ou dont l'actuel ou l'ancien cabinet a autrefois représenté ce client dans une affaire devra s'abstenir ensuite :

    1) de faire usage d'informations liées à la représentation au détriment du client précédent sauf dans le cas où les règles 1.6 et 3.3 le permettent ou l'exigent dans l'intérêt d'un client ou lorsque les informations ont été divulguées ; ou

    2) de révéler des informations liées à la représentation sauf dans le cas où les règles 1.6 et 3.3 le permettent ou l'exigent dans l'intérêt du client.

4

6. Key sentences

1. Legal clinics provide mass-produced legal services.

2. Each state sets its own requirements for admission of lawyers to the bar.

3. A lawyer normally practices in the state where he has been admitted.

4. An American notary is a public officer but not necessarily a lawyer.

5. Only lawyers may represent others in court.

6. Before being accepted as a partner, a young lawyer must be an associate.

7. American corporations have huge legal departments.

8. Only students who have graduated in other subjects are admitted to a law school.

9. An American lawyer can at the same time have clients and be a businessman.

10. American judges are chosen among practicing lawyers.

11. Lawyers may represent others in courts; some will specialize in litigation, others will concentrate on advising clients and preparing legal documents.

12. Private persons, such as bank officers, insurance and real estate agents, drugstore clerks, may act as notaries public.

13. A lawyer is permitted to take up any position, sit on a board of directors, embark on a business career, take an active part in public affairs while having clients.

14. After being a judge, a law faculty or a businessman, any lawyer may resume his legal activities.

15. Lawyers' fees may be quite high.

4

1. *Les cabinets d'aide juridique offrent des services juridiques stéréotypés.*

2. *Chaque État définit ses conditions pour admettre les avocats à son barreau.*

3. *L'avocat pratique normalement dans l'État où il a été admis.*

4. *Le notaire américain est un employé d'État mais pas obligatoirement un avocat.*

5. *Les avocats ont seuls le droit de représenter des tiers devant un tribunal.*

6. *Avant de devenir membre d'un cabinet, le jeune avocat doit être associé.*

7. *Les sociétés américaines possèdent d'énormes services de contentieux.*

8. *Seuls les étudiants qui ont obtenu leur diplôme après quatre ans d'études dans d'autres matières sont admis à la faculté de droit.*

9. *L'avocat américain peut à la fois avoir des clients et être homme d'affaires.*

10. *On choisit les juges parmi les avocats en exercice.*

11. *Les avocats peuvent représenter d'autres personnes devant les tribunaux. Certains se spécialisent dans les plaidoiries, d'autres choisissent de conseiller leurs clients ou de dresser des actes juridiques.*

12. *De simples particuliers, tels que des employés de banque, des agents d'assurances ou immobiliers, des employés de* **drugstores***, peuvent agir en tant que* **notaires***.*

13. *Les avocats ont le droit de : prendre un emploi quel qu'il soit, siéger dans un conseil d'administration, faire carrière dans les affaires, gérer les affaires publiques, tout en ayant des clients.*

14. *Après avoir été juge, professeur de droit ou homme d'affaires, tout avocat peut reprendre ses activités de juriste.*

15. *Les honoraires d'avocats peuvent être très élevés.*

4

7. Vocabulary

AALS (Association of American Law Schools) : *association des écoles de droit américaines*
ABA (American Bar Association) : *barreau américain*
accredited : *accrédité*
adverse (to) : *contraire (à)*
advice : *avis, conseil*
  to give advice : *conseiller*
to advise : *conseiller*
advocacy : *plaidoirie*
affidavit : *attestation par écrit*
agency : *mandat*
ambulance chaser : *« chasseur de primes »*, avocat à la recherche d'une victime d'accident pour empocher des honoraires proportionnels aux dommages et intérêts accordés après règlement
associate : *associé débutant*
attorney/attorney-at-law : *avocat*
to authenticate (a signature) : *authentifier (une signature)* (= to witness)

bank : *banque*
  bank officer : *employé de banque*
bar : *barreau*

case : *affaire* (= matter)
case-law : *jurisprudence*
to certify (a document) : *certifier (un document)*
client : *client*
consultation : *consultation*
contingent (fee) : *honoraires proportionnels aux dommages et intérêts perçus*
corporation : *société*
  corporation counsel : *avocat de société*
counsel/counsellor/counsellor-at-law : *avocat*
counselling : *conseil juridique*
crooked (lawyer) : *(avocat) marron*

defendant : *défendeur*
to disbar : *rayer, radier du barreau*
disbarment : *radiation du barreau*
to draft (legal documents) : *dresser (des actes juridiques)*

evidence : *preuve*
  law of evidence : *droit des preuves*
ex parte : *pour le compte de*

faculty (to be a ...) : *(être) professeur de droit, enseigner le droit*
fee : *honoraires*

graduate : *diplômé*

jurisdiction : *juridiction ; compétence*
jurisprudence : *philosophie du droit, théorie du droit*

knowingly : *sciemment*

law : *droit substantif*
  law school : *école de droit*
  law firm/law office : *cabinet d'avocats*
lawyer : *juriste*
legal : *juridique*
  legal department : *service juridique* (d'une société)
  legal education : *études de droit, études juridiques*
  legal history : *histoire du droit*
  legal profession : *profession juridique*
litigant : *plaideur*
litigation : *procès*

matter : *affaire* (= case)
  related matter : *affaire apparentée*
moot case : *litige fictif, affaire fictive* (à la faculté de droit)
moot court : *tribunal fictif* (à la faculté de droit)

notary public : *notaire*

oath : *serment*
  to administer an oath : *faire prêter serment*
  to take an oath : *prêter serment* (= to be sworn)

partner : *associé*
partners : *cabinet d'avocats* ; *juristes travaillant en cabinet, en association*
pettifogger : *avocat traitant de petites affaires* ; *avocat malhonnête*
plaintiff : *demandeur, plaignant*
position : *situation*
power of attorney : *procuration écrite, mandat*
practice : *exercice d'une profession juridique* ; *clientèle, volume des affaires*
to practice : *exercer*
practitioner : *praticien*
  legal practitioner : *praticien du droit, juriste en exercice*
  single practitioner (to be ...) : *avocat, juriste indépendant*
private practice : *cabinet privé* (to be in ...)
public officer : *fonctionnaire*

recruit : *stagiaire* ; *recrue*
to represent (a client) : *représenter* (un client)
rule : *règle*
  rule of law : *règle de droit, principe juridique*
  rules of professional conduct : *règles de déontologie, code de déontologie*

shyster : *avocat marron*
to swear : *jurer*

tort : *responsabilité civile*
trust : *fidéicommis*
trustee : *fidéicommissaire*

witness : *témoin*
to witness (a document) : *authentifier* (un document)

Lawyers are turning to actors to polish their court performances

The emphasis on unemotional analysis inculcated in law school can actually work against the attorney who is trying to convince ordinary human beings. "As a whole, we don't use our bodies or voices well," admits Attorney Jerry Coughlan. [...] The point is not to have the barristers chewing the scenery but to help them get their points across...

Time, August 1, 1988.

Les avocats font appel aux acteurs pour améliorer leur prestation devant les tribunaux

L'accent mis sur l'analyse objective que prônent les facultés de droit peut en fait défavoriser l'avocat qui s'efforce de convaincre des êtres humains ordinaires. « Dans l'ensemble, nous ne nous servons bien ni de notre corps ni de notre voix », reconnaît l'avocat Jerry Coughlan. [...] L'objet n'est pas d'amener les avocats à déclamer pour la galerie mais de les aider à faire passer leurs arguments.

Time, *1er août 1988.*

5

THE PROCEDURE
LA PROCÉDURE

A. English Procedure
   La procédure anglaise

B. American Procedure
   La procédure américaine

A - ENGLISH PROCEDURE

1. Historical introduction

English law is primarily based on case-law and gives great importance to procedural rules. The common law was originally made up of a number of procedures or forms of action, which had to be carried to their completion before a judgment could be rendered. But the substantive principle upon which the decision was grounded was often uncertain. The main thing for the plaintiff was to select the right form of action, or writ, by which the court could be seized and to convince the court that it had jurisdiction in the matter.

The procedure thus began by a writ, which, in medieval times, was a summons sent to the defendant ordering him to appear before the judge. To obtain a writ was not an easy thing: it was a privilege and not a right. In order to obtain a writ from the Lord Chancellor against the payment of fees, the plaintiff first had to prove that the facts of the case corresponded to a typical case (*breve*) listed on a list of typical cases (*brevia de cursu*) for which it was possible to obtain a writ. If the case did not coincide with one of the established cases, the plaintiff was left remediless. Once he had obtained the writ, the plaintiff had to follow a very rigid and formalistic procedure: the slightest error in the procedure, the slightest mistake, resulted in the action being dismissed.

Today, English procedure is more flexible and less complicated. The issue of a writ has become a mere formality and nowadays anybody can obtain a writ, or initial form of action, for any case: the modern writ is but a standard form. Nevertheless, procedure still plays an important part in English law.

A - LA PROCÉDURE ANGLAISE

1. Introduction historique

Le droit anglais est essentiellement un droit jurisprudentiel et accorde à la procédure un rôle primordial. La **common law**, à l'origine, consistait en un ensemble de procédures ou formes d'action, qui devaient être menées à terme pour qu'un jugement puisse être rendu. Mais la règle de fond qui sous-tendait la décision demeurait parfois incertaine. L'essentiel, pour le demandeur, était de choisir la forme d'action qui convenait, c'est-à-dire le **writ** par lequel la cour pouvait être saisie et de convaincre la cour qu'elle était compétente en l'espèce.

La procédure commençait donc par un **writ**, qui, au Moyen Âge, consistait en une assignation à comparaître adressée au défendeur. Obtenir un **writ** était un privilège et non un droit : pour pouvoir obtenir un **writ** du **Lord Chancellor** moyennant le paiement de droits, le plaignant devait d'abord prouver que les faits de l'espèce correspondaient à un cas type prévu et consigné sur une liste de cas types donnant lieu à l'octroi d'un **writ**. Si l'affaire ne correspondait à aucun des cas prévus, le demandeur n'avait aucun recours. Une fois le **writ** obtenu, il fallait ensuite suivre une procédure très rigide et très formaliste. La moindre erreur de procédure, le moindre vice de forme, entraînait le rejet de l'affaire.

De nos jours, la procédure s'est assouplie et allégée. L'octroi d'un **writ** n'est plus qu'une simple formalité. Pour n'importe quel litige, n'importe qui peut désormais obtenir un **writ**, ou acte introductif d'instance : il s'agit d'un simple formulaire type. Il demeure que la procédure continue de jouer un rôle important en droit anglais.

5

2. Stages of civil procedure

● **The writ of summons**

The writ of summons simply summons the defendant in the name of the Crown to come and answer allegations made by the plaintiff.

● **Indorsements on the writ**

When the plaintiff's solicitor has filled the gaps in the otherwise formal writ — the date, the parties' names, and the defendant's address — he drafts the indorsements. The writ is indorsed with:

a) a concise statement of the plaintiff's claim or the relief he requires,

b) the address of the plaintiff and the name or firm and place of business of his solicitor.

● **Issue of the writ**

The plaintiff's solicitor takes two copies of the writ either to the Action Department of the Central Office of the Supreme Court in London, or to the appropriate District Registry. He signs one copy and pays the fee. The Court Officer stamps and files the signed copy, then seals the other copy and marks it with the year, the initial letter of the plaintiff's name, and a number. The sealed and numbered copy is known as the original writ.

● **Service of the writ**

The plaintiff's solicitor serves the writ personally on the defendant's solicitor. Personal service means showing him the original writ and leaving him with a copy.

● **Appearance**

The defendant may enter an appearance in person or by a solicitor either (a) by handing in the appropriate forms, duly completed, at the Central Office, Royal Courts of Justice, in London, or (b) by sending them to that office by post. (The appropriate forms may be obtained by mail.) Entry of appearance indicates that the defendant wishes to defend the action, and that he recognizes the jurisdiction of the court. If the defendant does not enter an appearance within fourteen days after service of the writ, the plaintiff may enter judgment against the defendant in default of appearance.

● **L'acte introductif d'instance**

L'acte introductif d'instance assigne simplement le défendeur, au nom de la Couronne, à venir répondre aux allégations du demandeur.

● **Mentions portées sur l'acte introductif d'instance**

Après que l'homme de loi du demandeur a rempli les blancs sur le formulaire type (date, nom des parties et adresse du défendeur), il rédige les « mentions ». L'acte introductif portera les mentions suivantes :

a) un exposé succinct de la requête du demandeur ou de la réparation qu'il demande,

b) l'adresse du demandeur, ainsi que le nom et l'adresse professionnelle de son homme de loi.

● **Délivrance de l'acte introductif d'instance**

L'homme de loi du demandeur dépose deux exemplaires de l'acte, soit au Service des instances du Bureau central de la Cour suprême de justice à Londres, soit au Bureau local des enregistrements. Il signe un des exemplaires et paye les droits. L'officier de justice appose un timbre sur l'exemplaire signé et le classe ; il scelle ensuite l'autre exemplaire et y inscrit l'année, l'initiale du nom du demandeur et un numéro. L'exemplaire scellé et numéroté constitue l'original de l'acte introductif d'instance.

● **Signification de l'acte introductif d'instance**

L'homme de loi du demandeur remet l'acte introductif d'instance en mains propres à l'homme de loi du défendeur. Remettre en mains propres signifie montrer l'original de l'acte et en donner copie.

● **Comparution du défendeur**

Le défendeur peut comparaître en personne ou se faire représenter par un homme de loi. Il doit, pour cela : (a) remettre les formulaires appropriés, dûment remplis, au Bureau central des cours royales de justice, à Londres, ou (b) envoyer ces formulaires par courrier audit Bureau. (Les formulaires peuvent être obtenus par courrier.) La comparution du défendeur indique qu'il souhaite se défendre et qu'il reconnaît la compétence du tribunal. Si, dans un délai de quatorze jours après réception de l'acte introductif d'instance, le défendeur ne signifie pas son intention de comparaître, le demandeur peut obtenir un jugement aux torts du défendeur par défaut.

2. Stages of civil procedure *(ctd)*

● Pleadings

The next stage in the proceedings is the exchange of the pleadings: the statement of claim, the defence, the reply and any subsequent pleadings.

● Statement of claim

The plaintiff's statement of claim must be served either with the writ or within fourteen days after. It sets out in concise form the facts on which the plaintiff bases his cause of action, the damage he has suffered and the relief which he claims.

● Defence

Within fourteen days after delivery of the statement of claim, the defendant must serve his defence. The defendant must deal with every material fact alleged: he is deemed to admit every fact which he does not traverse. The defendant may also make a claim against the plaintiff, known as a counterclaim, and serve it with the defence.

● Other pleadings

The plaintiff may make a reply to the defence, answering any new facts raised by the defendant. Subsequent pleadings are very rare.

● Summons for directions

Within one month after the close of the pleadings the plaintiff takes out a summons for directions. If he fails to do so, the defendant can apply to have the action dismissed. The summons for directions is the occasion when the court decides whether further pleadings are necessary, whether an order should be made for the further discovery of documents and whether interrogatories shall be served, and orders the location for trial.

● Setting down

After the summons for directions the plaintiff sets down the case for trial and notifies the defendant. The case is set down in a succession of lists until finally it goes into the daily cause list. Judgment can then take place.

A - LA PROCÉDURE ANGLAISE

2. Étapes de la procédure civile *(suite)*

● **Conclusions des parties**

L'étape suivante de la procédure consiste en l'échange des conclusions : exposé de la requête, conclusions de la défense, réplique du demandeur et toutes les conclusions ultérieures.

● **Exposé de la requête**

L'exposé de la requête du demandeur doit être notifié en même temps que l'acte introductif d'instance ou dans les quatorze jours qui suivent. Il établit sous forme concise les faits sur lesquels le demandeur fonde son action, le préjudice qu'il a subi et les réparations qu'il demande.

● **La défense**

Le défendeur doit notifier ses conclusions dans les quatorze jours qui suivent la notification de l'exposé de la requête. Il doit répondre à chacun des faits matériels avancés : il est présumé reconnaître chacun des faits qu'il ne conteste pas. Le défendeur peut également déposer une requête à l'encontre du demandeur, appelée demande reconventionnelle, qui sera notifiée en même temps que ses conclusions.

● **Autres conclusions**

Le demandeur peut envoyer une réplique à la défense, dans laquelle il répond à tous les faits nouveaux soulevés par le défendeur. Les conclusions supplémentaires sont très rares.

● **Assignation pour instructions**

Dans le mois qui suit le dépôt des conclusions, le demandeur doit solliciter une assignation pour instructions, faute de quoi le défendeur peut demander le rejet de l'affaire. Lors de l'assignation pour instructions, la cour décide si des conclusions supplémentaires s'imposent, s'il convient d'exiger que des documents complémentaires soient fournis et s'il est nécessaire de procéder à des interrogatoires, et elle fixe le lieu du procès.

● **Inscription pour audience**

Après l'assignation pour instructions, le demandeur inscrit l'affaire en vue du jugement et notifie l'inscription au défendeur. L'affaire est inscrite sur une série de listes successives, jusqu'à ce qu'elle arrive sur la liste des causes quotidiennes. Le jugement peut alors avoir lieu.

3. Criminal procedure

● Summary offences

Over the years there has been an increasing tendency to pass the responsibility for trying criminal cases of a less serious nature to the lay magistrates.

A summary case is usually begun by an information being laid before a justice of the peace for him to issue a summons to the person accused. Most informations are laid by the police, but it is possible for any citizen to lay an information.

When the accused appears before the court, the court will state the substance of the information and ask the accused if he pleads guilty or not guilty. If he pleads guilty, he may be convicted and sentenced without more ado; otherwise, a plea of not guilty will be entered, and the prosecutor, i.e. the person, or his legal representative, responsible for the laying of the information, will outline the facts. The prosecutor then calls the prosecution witnesses to substantiate those facts. As in all criminal trials in England, the onus of proof is on the prosecution.

If the magistrates are left with a reasonable doubt they must acquit the defendant, since he is entitled to the benefit of any doubt. Otherwise defence witnesses will be called, and the magistrates will finally be left to decide whether or not the evidence is sufficient for them to convict. If they decide to convict they proceed to sentence the defendant; if they decide not to convict the case is dismissed.

● Indictable offences

When an individual is charged with a more serious crime — an indictable offence — process may be begun (as with summary offences) by laying an information before a magistrate who will then issue either a summons or a warrant for arrest. If the person concerned has been arrested, he must be brought before a magistrate within twenty-four hours so that he may then either be granted bail or remanded in custody. If the magistrate decides to remand him in custody the maximum limit for a remand is eight clear days.

(Statutory provisions relating to bail and custody are contained respectively in the Bail Act 1976, the Magistrates' Courts Act 1980 and the Police and Criminal Evidence Act 1984.)

3. La procédure pénale

● **Délits mineurs**

Au fil des ans, on constate une tendance croissante à confier la charge de juger les affaires criminelles de moindre importance à des juges non professionnels.

Une affaire mineure commence d'ordinaire par une plainte déposée devant un juge de paix, ou juge d'instruction, lui demandant de convoquer la personne accusée. La plupart des plaintes sont déposées par la police, mais tout citoyen peut porter plainte.

Lors de la comparution de l'accusé, le tribunal résume la plainte et demande à l'accusé s'il plaide coupable ou non coupable. S'il plaide coupable, il peut être jugé et condamné sur-le-champ ; s'il plaide non coupable, l'accusation, c'est-à-dire la personne qui a porté plainte (ou son représentant légal), précisera les faits. Ensuite, l'accusation demande à ses témoins de corroborer les faits. Comme dans toutes les affaires criminelles en Angleterre, la charge de la preuve incombe à l'accusation.

Si les juges ont un doute quelconque, ils doivent acquitter le prévenu, dans la mesure où il peut faire valoir le bénéfice du doute. Sinon, la défense fait comparaître ses témoins. Les juges de paix devront enfin décider si les preuves leur paraissent suffisantes pour statuer. S'ils déclarent l'accusé coupable, ils doivent ensuite fixer la peine ; s'ils le déclarent non coupable, l'affaire est classée.

● **Délits majeurs**

Lorsqu'un individu est accusé d'un crime grave — ou « délit majeur » —, la procédure peut commencer (comme dans le cas des délits mineurs) par une plainte déposée devant un juge de paix ou juge d'instruction, qui délivrera alors une assignation à comparaître ou un mandat d'arrêt. Si le suspect a été arrêté, il doit être traduit devant un juge de paix dans les vingt-quatre heures, afin qu'il puisse soit obtenir sa mise en liberté sous caution, soit être placé en garde à vue. Si le juge d'instruction choisit la seconde solution, la durée maximale de la garde à vue est de huit jours francs.

(Les dispositions légales relatives à la mise en liberté sous caution et à la garde à vue sont contenues respectivement dans la loi de 1976 sur la liberté sous caution, la loi de 1980 sur les tribunaux d'instruction et la loi de 1984 sur la police et les preuves pénales.)

The first stage in the procedure is for the magistrates to hold their preliminary inquiry, also known as committal proceedings. The examining magistrates hear all the prosecution witnesses and then decide whether or not there is a prima facie case to warrant putting the accused person on trial. In the vast majority of cases the examining magistrates are satisfied that the prosecution have a case and so commit the accused person for trial. This invariably means trial by jury at the Crown Court of the locality where the alleged criminal act took place. The accused person receives a written statement of the charge — an "indictment".

At the Crown Court the accused is arraigned before the court: that is, he is asked whether he pleads guilty or not guilty. If his plea is "guilty", he will be sentenced by the court as soon as the facts have been outlined and his plea in mitigation has been heard. If the plea is "not guilty", the court proceeds to swear in twelve jurors, who will be responsible at the end of the trial for deciding whether the accused is guilty or not guilty. The prosecution will open the case by outlining the facts and then calling the prosecution witnesses to give evidence. At the close of the prosecution case the defence counsel presents his case and calls witnesses for the defence.

When the final speeches by the prosecution and defence counsel have been made, the judge "sums up" for the benefit of the jury. Although a unanimous verdict is preferred, as a result of a change introduced by the **Criminal Justice Act 1967**, it is possible for the judge to accept a majority verdict of the jury. If the verdict is "not guilty" the accused is immediately discharged; if the verdict is "guilty" he will be sentenced by the judge.

A - LA PROCÉDURE ANGLAISE

3. La procédure pénale *(suite)*

La première étape de la procédure est l'enquête préliminaire conduite par les juges d'instruction, également connue sous le nom de procédure de mise en accusation. Les juges d'instruction entendent tous les témoins de l'accusation et décident ensuite s'il y a lieu, à première vue, d'instruire le procès du prévenu, ou non. Dans la grande majorité des cas, les juges d'instruction estiment que l'accusation est fondée à engager des poursuites et instruisent le procès de l'accusé. Cela signifie toujours que l'accusé sera jugé par un jury devant la **Crown Court** de la localité où le crime présumé a été commis. L'accusé reçoit une déclaration écrite précisant l'accusation — « accusation formelle ».

Devant la **Crown Court**, l'accusé est officiellement inculpé : on lui demande s'il plaide coupable ou non coupable. S'il plaide coupable, il sera condamné par la cour dès que les faits auront été précisés et que les circonstances atténuantes auront été entendues. S'il plaide non coupable, la cour fait alors prêter serment à douze jurés, qui auront la responsabilité de décider de la culpabilité de l'accusé à l'issue du procès. L'accusation ouvre l'affaire en exposant les faits, avant d'appeler les témoins à charge à comparaître. Lorsque l'accusation a terminé son réquisitoire, l'avocat de la défense présente sa version des faits et fait comparaître les témoins à décharge.

Après les plaidoiries des avocats de l'accusation et de la défense, le juge « résume » les faits à l'intention du jury. Bien qu'un verdict à l'unanimité soit préférable, aux termes de la loi de 1967 sur la justice criminelle, le juge peut désormais accepter un verdict à la majorité du jury. Si l'accusé est déclaré non coupable, il est immédiatement acquitté ; s'il est déclaré coupable, le juge prononce sa sentence.

Ordinary Writ
(Unliquidated Demand)

IN THE HIGH COURT OF JUSTICE
Queen's Bench Division

1979 — B — N° 219

Between

JOHN SMITH

Plaintiff

and

DAVID BROWN

Defendant

Elizabeth the Second by the Grace of God, of the United Kingdom of Great Britain and Northern Ireland and of Our other Realms and Territories Queen, Head of the Commonwealth, Defender of the Faith :

To   DAVID BROWN

of   40, FISHERMAN'S ROAD, WILMSLOW
in the   COUNTY OF CHESHIRE

WE COMMAND YOU that within 14 days after the service of this Writ on you, inclusive of the day of service, you do cause an appearance to be entered for you in an action at the suit of

JOHN SMITH
52, ORCHARD ROAD,
SOUTHAMPTON

and take notice that in default of your so doing the Plaintiff may proceed therein, and judgment may be given in your absence.

Witness,   , Lord High Chancellor of Great Britain,
the   12th   day of   JUNE   1979.

THE PLAINTIFF'S CLAIM is for

DAMAGES FOR LOSS AND INJURY TO THE PLAINTIFF CAUSED BY THE NEGLIGENCE OF THE DEFENDANT IN DRIVING A MOTOR CAR IN WILMSLOW ON THE FIRST DAY OF MAY 1978.

This Writ was issued by

of

[Agents for

of

Solicitor for the said Plaintiff, whose address is

Indorsement as to service

This Writ was served by me at

on the Defendant

on   , the   day of   19 .
Indorsed the   day of   19 .

(Signed)

(Address)

Acte introductif d'instance ordinaire
(Action en dommages et intérêts de montant incertain)
HAUTE COUR DE JUSTICE
Division du Banc de la Reine

Entre   1979 — B — N° 219

   JOHN SMITH   Demandeur

                  et

   DAVID BROWN   Défendeur

Elizabeth II, par la grâce de Dieu Reine du Royaume-Uni de Grande-Bretagne et d'Irlande du Nord et de nos autres Royaumes et Territoires, Chef du Commonwealth, Défenderesse de la Foi :

À   DAVID BROWN

demeurant   40, FISHERMAN'S ROAD, WILMSLOW
dans le   COMTÉ DE CHESHIRE

NOUS VOUS ORDONNONS, dans les 14 jours suivant la signification du présent document, y compris le jour de la signification, de constituer avocat et de vous faire représenter dans l'action qui a été engagé contre vous à la requête de

JOHN SMITH
52, ORCHARD ROAD,
SOUTHAMPTON

et de prendre note qu'à défaut de ce faire, le demandeur sera autorisé à poursuivre la procédure et qu'un jugement pourra être rendu contre vous par défaut.

Témoin,   , Grand Chancelier de Grande-Bretagne,
le   12ᵉ   jour de   JUIN   1979.

LE DEMANDEUR DEMANDE

DES DOMMAGES ET INTÉRÊTS POUR LES PERTES ET BLESSURES SUBIES PAR LE DEMANDEUR À LA SUITE DE LA NÉGLIGENCE DU DÉFENDEUR ALORS QUE CELUI-CI CONDUISAIT UNE AUTO-MOBILE À WILMSLOW LE 1ᵉʳ JOUR DE MAI 1978.

Le présent acte introductif d'instance a été rédigé par

demeurant

[Employés de

demeurant

Représentant légal dudit demandeur, dont l'adresse est

Endossement de la signification

Le présent acte introductif d'instance a été signifié par moi au Défendeur

à   , le   jour de   19 .

      endossé le   jour de   19 .

            (Signature)

            (Adresse)

1. Civil procedure

In American civil procedure, there is a marked distinction between the proceedings which precede the trial and the trial itself. In the pre-trial proceedings the issues of fact are defined and the adversaries are given notice of them. At the trial these issues are heard by the court and determined. The rulings before trial are made by a judge without a jury. The trial, at which the judge sits with or without a jury, consists in one continuous hearing in open court. The parties to litigation are almost always represented by lawyers.

● **Pre-trial proceedings**

An action begins with the pleadings. The first step is the complaint. The complaint states the nature of the plaintiff's claim and his demand for relief. Then a summons is sent to the defendant, informing him that an action is entered against him and calling him to answer the complaint. If he does not want to be judged by default, the defendant must enter an appearance by sending an answer, or response to the complaint. The plaintiff can send a reply to the answer. The aim of the pleadings is that the parties should themselves develop a single precise issue of fact and of law. If they fail to do so, the judge may call a pre-trial conference, at which both sides are present, to try and limit the issues and obtain admissions that will avoid unnecessary proof. Many pre-trial conferences result in the settlement of the case without trial, the court deciding that the case is a clear one which needs no trial. If the case is not settled before trial, the plaintiff requests the clerk of the court to put the case on a list, called a calendar or docket, to await trial. Because of the congestion of the courts, it may sometimes take a year before the case comes to trial.

B - LA PROCÉDURE AMÉRICAINE
1. La procédure civile

La procédure civile américaine établit une nette distinction entre la procédure préliminaire au procès et le procès lui-même. Pendant la procédure préliminaire au procès, les questions de fait sont définies et notifiées aux deux parties. Lors du procès, ces questions sont présentées à la cour et tranchées. Les décisions prises avant le procès le sont par un juge qui siège sans jury. Le procès, pour lequel le juge siège soit avec un jury, soit sans jury, consiste en une audience continue à huis ouverts. Les parties au litige se font presque toujours représenter par un homme de loi.

● La procédure préliminaire au procès

L'action commence par les conclusions des parties. La première étape est la plainte, dans laquelle le demandeur expose la nature de sa requête et les réparations qu'il demande. Ensuite, une assignation est envoyée au défendeur, l'informant qu'une action est intentée contre lui et lui intimant de répondre à la plainte. S'il ne veut pas être jugé par défaut, le défendeur doit faire savoir son intention de comparaître en envoyant une réponse à la plainte. Le demandeur peut envoyer une réplique à la réponse. L'échange des conclusions a pour but de permettre aux parties de définir de manière précise les faits litigieux et le point de droit en jeu. Si elles n'y parviennent pas, le juge peut convoquer une réunion préliminaire au procès, à laquelle assistent les deux parties, pour tenter de limiter les questions et obtenir l'admission de certains faits, de manière à éviter des preuves inutiles. Très fréquemment, l'affaire est réglée à l'issue de la réunion préliminaire au procès : la cour décide que l'affaire est claire et ne nécessite pas un procès. Si elle n'est pas réglée avant le procès, le plaignant demande au greffier d'inscrire l'affaire sur la liste, appelée « calendrier » ou « registre », des causes pendantes. Étant donné l'encombrement des cours, il s'écoule parfois un an avant que l'affaire ne soit jugée.

1. Civil procedure *(ctd)*

● **Trial**

The trial is held before a single judge, who may sit with or without a jury. Where the plaintiff seeks money damages, there is a right to jury trial, but usually both parties prefer a judgment by a judge, because jurors are often unable to cope with complex business transactions.

The first step in the trial consists in the statement by both parties of their side of the case. Then the plaintiff must present evidence (which may be both oral and written) in support of his claim. The defendant's lawyer is permitted to cross-examine the witnesses for the plaintiff. The defendant then presents his evidence in the same manner, and his witnesses can be cross-examined by the plaintiff's lawyer. Then both parties make their closing arguments before the court. Then the judgment (by the jury and the judge, or by the judge alone) takes place. The judgment assesses the amount of damages to be paid by the losing party and ordinarily requires the losing party to pay the costs of justice.

Either party may appeal from the judgment to the Court of Appeal. There is no new trial, no jury, no witnesses, in the appellate court. The appellate judges simply examine the minutes of the case in the first instance court and the briefs written by the appellant and the respondent in support of their cases. The appellate court usually examines only problems of law, and does not question the issues of fact as established by the jury or judge of the lower court. If the appellate judges find there was no error by the first instance judge, or that the error was harmless, i.e. does not affect the judgment, they affirm the judgment. If they find an error, they can reverse the judgment in favour of the appellant, or they can order a new trial by the lower court.

● **Le procès**

Le procès a lieu devant un juge unique, avec ou sans participation d'un jury. Lorsque le plaignant demande des réparations financières, l'affaire peut être jugée par un jury, mais d'ordinaire les deux parties préfèrent ne pas faire appel à un jury, dans la mesure où les jurés s'avèrent souvent incapables de résoudre des transactions commerciales complexes.

La première étape du procès consiste en l'exposé par les parties de leur version respective de l'affaire. Ensuite le demandeur doit fournir des preuves (qui peuvent être orales ou écrites) à l'appui de sa requête. L'avocat du défendeur est autorisé à procéder à un contre-interrogatoire des témoins du demandeur. Le défendeur présente ensuite, de la même manière, ses preuves, et ses témoins peuvent être soumis à un contre-interrogatoire par l'avocat du demandeur. Les deux parties présentent ensuite leur plaidoirie à la cour. Le jugement est ensuite prononcé (par le jury et le juge, ou par le juge seul). Le jugement fixe le montant des dommages et intérêts que doit payer la partie perdante et exige d'ordinaire que cette partie paie les frais de justice.

Chacune des parties peut faire appel de la décision devant la cour d'appel. Celle-ci ne procède pas à un nouveau procès, ne fait pas appel à un jury, n'entend pas de témoins. Elle se contente d'étudier les minutes du procès en première instance et les mémoires rédigés par l'appelant et l'intimé à l'appui de leurs prétentions. La cour d'appel examine d'ordinaire uniquement des questions de droit et ne remet pas en cause les questions de faits déjà tranchées en première instance. Si les juges d'appel estiment que le juge de première instance n'a pas fait d'erreur, ou que l'erreur est sans portée, c'est-à-dire n'affecte pas la décision, ils confirment le jugement. S'ils découvrent une erreur, ils peuvent réformer le jugement en faveur de l'appelant, ou ils peuvent ordonner que l'affaire repasse en jugement devant la cour inférieure.

5

2. Criminal procedure

The law of criminal procedure is largely statutory in form and varies considerably from one state to the next. The procedure varies not only with the jurisdiction, but also with the seriousness of the crime. Petty offences are tried by a summary procedure; but serious crimes, such as felony, involve formal proceedings.

Like in English law, American criminal procedure for the more serious crimes is essentially accusatory: the prosecutor takes the leading role (as opposed to an inquisitorial procedure, with the judge taking the leading role). The prosecutor is an elected official or a political appointee: he has extraordinary powers and almost entire discretion. The accused is nevertheless protected against abuses on the part of the prosecutor or the police by constitutional safeguards, which entitle him to demand the reversal of a conviction for the slightest departure from the requirements of due process.

An American criminal procedure follows the same steps as an English procedure and also involves trial by a judge sitting with a jury (grand jury). The verdict of guilty or not guilty is rendered by the jury and the sentence is imposed by the judge. The sentence may vary from a simple fine to imprisonment or even death. Whereas in Britain the death penalty has been abolished, in most states of America, death can be imposed for the most serious crimes.

2. La procédure pénale

Le droit de la procédure pénale est dans une large mesure le produit de codifications et varie considérablement d'un État à l'autre. La procédure varie non seulement selon la juridiction, mais également selon la gravité du délit. Les délits mineurs sont jugés selon une procédure rapide ; mais les délits graves, ou infractions majeures, entraînent une procédure rigide.

Comme en droit anglais, la procédure pénale américaine pour les infractions les plus graves est essentiellement une procédure accusatoire : l'accusation joue un rôle primordial (par opposition à une procédure inquisitoriale, où le juge jouerait le premier rôle). Le ministère public est un fonctionnaire élu ou nommé par le gouvernement : il dispose de pouvoirs extraordinaires et jouit d'une discrétion presque totale. L'accusé est cependant protégé contre les abus éventuels du ministère public ou de la police par des sauvegardes constitutionnelles, qui l'autorisent à demander l'annulation d'une condamnation pour le plus léger manquement aux règles fixées pour la procédure.

La procédure pénale américaine suit les mêmes étapes que la procédure anglaise et impose également que l'affaire soit jugée par un juge assisté d'un jury (grand jury). Le jury rend son verdict quant à la culpabilité ou non-culpabilité de l'accusé, et le juge fixe ensuite la peine. Celle-ci peut aller d'une simple amende à la prison ou même à la peine de mort. Tandis qu'en Grande-Bretagne cette dernière a été abolie, en Amérique la majorité des États sanctionnent les crimes les plus graves par la peine de mort.

5

1. The writ summons the defendant to appear before the court.

2. The writ contains a statement of the plaintiff's claim.

3. The plaintiff's solicitor serves the writ personally on the defendant's solicitor.

4. If he does not enter an appearance, the defendant shall be judged by default.

5. The pleadings consist in an exchange of documents by the parties.

6. At the end of the pleadings the court issues the summons for instructions.

7. The burden of the proof lies with the prosecution.

8. The defendant's lawyer is permitted to cross-examine the plaintiff's witnesses.

9. The appellate court usually examines only problems of law, and does not review the issues of fact.

10. The verdict of guilty or not guilty is rendered by the jury.

11. A party dissatisfied with the decision of the first instance court can appeal.

12. Recently the criminal justice system of Britain had to admit a major miscarriage of justice.

13. Investigating police officers were shown to have tampered with confession evidence and altered interview notes.

14. The victims of this miscarriage of justice were given compensation for the injustice they had endured.

15. A Royal Commission on criminal justice was appointed: its report was followed by a bill to reform criminal proceedings.

1. *L'acte introductif d'instance cite le défendeur à comparaître devant le tribunal.*

2. *L'acte introductif d'instance contient l'exposé de la requête du demandeur.*

3. *L'homme de loi du demandeur remet l'acte introductif d'instance en mains propres à l'homme de loi du défendeur.*

4. *S'il ne fait pas savoir son intention de comparaître, le défendeur sera jugé par défaut.*

5. *Les conclusions consistent en un échange de documents par les parties.*

6. *Après le dépôt des conclusions, le tribunal envoie une convocation pour instruction de l'affaire / pour jugement.*

7. *La charge de la preuve incombe à l'accusation.*

8. *L'avocat du défendeur est autorisé à procéder au contre-inter- rogatoire des témoins du demandeur.*

9. *La cour d'appel n'étudie d'ordinaire que les questions de droit et ne reconsidère pas les questions de faits.*

10. *Il appartient au jury de rendre le verdict de la culpabilité ou de la non-culpabilité de l'accusé.*

11. *Une partie mécontente du jugement de première instance peut faire appel.*

12. *Récemment, le système judiciaire pénal de Grande-Bretagne s'est vu contraint de reconnaître une erreur judiciaire grave.*

13. *Il est apparu que les officiers de police chargés de l'enquête avaient influencé les témoins oraux et falsifié les procès-verbaux des interrogatoires.*

14. *Les victimes de cette erreur judiciaire ont reçu des dommages et intérêts pour l'injustice qu'elles avaient subie.*

15. *Une commission royale chargée d'enquêter sur la justice crimi- nelle a été mise en place : son rapport a donné lieu à un projet de loi visant à réformer la procédure pénale.*

accused : *prévenu, accusé*
to affirm : *confirmer* (un jugement)
appeal : *appel*
  to appeal from a judgment : *interjeter appel, faire appel d'une décision*
appearance : *comparution*
  to enter an appearance : *faire savoir son intention de comparaître*
appellant : *appelant*
appellate court : *cour d'appel*
arraigned : *inculpé, traduit en justice*

bail : *mise en liberté sous caution*
  to grant bail : *libérer sous caution*
burden of the proof : *charge de la preuve*

camera : *cabinet du juge*
  in camera : *à huis clos*
case stated : *exposé motivé*
  appeal by way of case stated : *appel sur exposé motivé*
claim (GB) : *requête du demandeur*
to commit : *instruire le procès de quelqu'un*
committal proceedings : *procédure de mise en accusation*
complaint (US) : *plainte, requête du demandeur*
conviction : *condamnation*
counterclaim : *demande reconventionnelle*
court : *cour de justice, tribunal*
  in open court : *à huis ouverts, en audience publique*
cross-examination : *contre-interrogatoire*
custody : *garde à vue*
  to remand custody : *mettre en garde à vue*

death penalty : *peine de mort*
decision : *décision, jugement*
default : *défaut*
  to be judged by default : *être jugé par défaut*
defence : *la défense* (pénal) ; *la réponse du défendeur* (civil)
to deny : *nier, récuser*
to dismiss : *rejeter, débouter* ; *classer* (une affaire)
docket : *registre* (des jugements)

evidence : *preuves*

felony : *infraction majeure, délit pénal grave*
fine : *amende*

to hear : *entendre* (les témoins, etc.)
hearing : *audience*

imprisonment : *peine de prison*
indictment : *mise en accusation formelle*
issue (**of a writ**) : *délivrance d'une assignation*

joinder of issues : *jonction d'instances*
judgment : *jugement, décision de justice*
juror : *juré*
jury : *jury*

magistrate : *juge de paix, d'instruction* (non professionnel)
  examining magistrate : *juge d'instruction*
mitigation/mitigating circumstances : *circonstances atténuantes*

onus of proof : *charge de la preuve*

plank : *argument ; programme* (électoral)
plea : *cause, procès ; demande, aveu*
  plea of guilty : *aveu de culpabilité*
procedure : *procédure*
proceedings : *procédure*
prosecution : *accusation*
  Director of Public Prosecutions (GB) : *le ministère public*

to quash : *annuler, réformer un jugement*

rebutter : *duplique*
  surrebutter : *réponse à la duplique*
rejoinder : *réplique du défendeur*
  surrejoinder : *réponse à la réplique du défendeur*
relief : *remèdes*
reply : *la réplique* (civil, GB)
respondent (= appellee) : *intimé* (en appel)
reversal : *revirement*
to reverse : *réformer, révoquer un jugement*
review : *révision judiciaire*
ruling : *décision* (sur un point de droit)

to serve : *notifier, signifier*
service (of writ) : *notification, signification* (de l'assignation)
summary (judgment) : *procédure rapide*
to summon : *convoquer*
summons for instructions : *convocation pour jugement / à l'audience*

to traverse : *récuser*
trial : *procès, jugement*

to uphold : *confirmer* (un jugement)

verdict : *verdict*

witness : *témoin*
  prosecution witness : *témoin à charge*
  defence witness : *témoin à décharge*
to witness : *porter témoignage*
writ : *acte introductif d'instance, assignation*

Successful appeal prompts review of British justice

Britain set up a Royal Commission to investigate its criminal justice system after six men who had been jailed for life in 1975 had their convictions quashed. The release of the six, who had spent sixteen years in prison for the November 1974 pub bombings in Birmingham in which 21 people were killed and 162 injured, brings to a close one of the most disputed cases in British legal history... Lord Justice Lloyd, presiding over the Court of Appeal hearing at the Old Bailey, London, said that in the light of fresh evidence [...] their appeals would be allowed and they were free to go.

The Financial Times, March 15, 1991.

Remise en cause du système judiciaire britannique à la suite de la recevabilité d'un appel

La Grande-Bretagne a nommé une commission royale chargée d'enquêter sur le système judiciaire pénal, après l'annulation du jugement qui avait condamné six hommes à la réclusion perpétuelle en 1975. La libération des six prisonniers, qui ont passé seize années en prison pour avoir prétendument posé une bombe en novembre 1974 dans un pub de Birmingham, bombe qui tua 21 personnes et en blessa 162, met un terme à une des affaires les plus controversées de l'histoire juridique britannique... Le juge Lloyd, qui présidait l'audience devant la Cour d'appel à la Cour criminelle centrale de Londres, a déclaré qu'à la lumière de nouvelles preuves [...] leurs appels seraient reçus et qu'ils seraient libérés.

The Financial Times, *15 mars 1991.*

6

CIVIL LIBERTIES
LES LIBERTÉS PUBLIQUES

A. Britain
   En Grande-Bretagne

B. The United States
   Aux États-Unis

6

Introduction

Civil liberties in Britain are not protected by any official declaration of the rights of the individual or by any specific statute. They are protected by tradition and case-law.

England (Britain did not exist yet) was the first country in Europe to establish protections for individual rights against the arbitrariness of the monarchy. As early as **Magna Carta** (1215), various social categories imposed limits to the royal power to guarantee their liberties; but these guarantees concerned only "freemen", i.e. noblemen and burgesses, at a time when 8/9 of the population were serfs or bondsmen.

But Magna Carta is the exception: no other text was passed afterwards to repeat and enlarge its provisions. The famous Bill of Rights of 1689 is only a constitutional document governing the extent of the royal prerogative and organizing the succession to the English throne. And one looks in vain for a text equivalent to the ten Amendments of the American Constitution, or Bill of Rights, stating the guaranteed rights of the citizen.

Civil liberties in Britain may be defined negatively: if the British citizen does not know the extent of his rights, he knows at least what is expressly forbidden. He knows that he can do what he pleases and go where he pleases as long as he does not contravene the law, i.e. as long as he does not trespass on someone else's property, does not make a nuisance, and behaves like a social being, not disturbing public order.

The main liberties of the individual in Britain are: personal freedom (which includes freedom from arbitrary arrest and arbitrary imprisonment), freedom of expression, freedom of assembly and association, and freedom of thought (including religious freedom).

1. Personal freedom (or freedom of the person)

From the XVIIIth century onwards and until the **Police and Criminal Evidence Act 1984**, no one could be arrested without a warrant of arrest. Under the Police and Criminal Evidence Act, the police have been granted extensive powers of arrest, even without warrant, for what the Act defines as "arrestable offences".

Introduction

Les libertés civiles en Grande-Bretagne ne sont protégées par aucune déclaration officielle des droits des citoyens ni par aucun texte de loi spécifique. Elles sont protégées par la tradition et la jurisprudence.

L'Angleterre (à l'époque, la Grande-Bretagne n'existait pas) fut le premier pays d'Europe à instituer une protection des droits individuels contre l'arbitraire royal. Dès la Grande Charte (1215), différentes catégories sociales imposèrent des limites au pouvoir royal afin de garantir leurs libertés. Mais ces garanties ne concernaient que les seuls « hommes libres », c'est-à-dire la noblesse et la bourgeoisie, en un temps où les 8/9 de la population étaient des serfs.

Mais la Grande Charte constitue l'exception : aucun autre texte ne fut voté par la suite pour réitérer et étendre ses dispositions. La célèbre « Déclaration des Droits » de 1689 n'est qu'un texte constitutionnel régissant les limites de la prérogative royale et fixant les règles de succession au trône d'Angleterre. On cherche en vain un texte équivalent aux dix Amendements de la Constitution américaine, ou Déclaration des Droits, qui préciserait les droits garantis du citoyen.

Les libertés publiques en Grande-Bretagne ne peuvent être appréhendées que de manière négative : si le citoyen britannique ne connaît pas l'étendue de ses droits, il sait du moins ce qui lui est expressément interdit. Il sait qu'il peut faire ce qui lui plaît et aller où il veut tant qu'il ne viole pas le droit, c'est-à-dire tant qu'il ne porte pas atteinte au fonds d'autrui, qu'il ne cause pas de nuisances et tant qu'il se conduit en être social et ne trouble pas l'ordre public.

Les principales libertés publiques en Grande-Bretagne sont : la liberté individuelle (ce qui exclut les arrestations et les emprisonnements arbitraires), la liberté d'expression, la liberté de réunion et d'association, et la liberté de pensée (notamment la liberté religieuse).

1. La liberté individuelle

À partir du XVIIIe siècle et jusqu'à la loi de 1984 sur la police et les preuves criminelles, nul ne pouvait être arrêté sans mandat d'arrêt. Aux termes de la loi de 1984, la police s'est vu accorder des pouvoirs d'arrestation étendus, même sans mandat d'arrêt, pour ce que la loi appelle des « infractions entraînant arrestation ».

● Habeas Corpus

Once a person has been arrested, he/she can resort to a procedure of Habeas Corpus if he/she thinks he/she has been imprisoned arbitrarily. The **Habeas Corpus Act 1679**, amended by the **Habeas Corpus Act 1816**, provided the already existing procedure of the writ of Habeas Corpus with efficient means to protect individual freedom. Under these Acts: anybody (the prisoner himself, a relative or a friend) may request a writ of Habeas Corpus in favour of the prisoner; such a writ may be obtained from any judge of the High Court; a request for a writ of Habeas Corpus has priority over any other judicial case: if there are reasonable grounds, suggesting that the prisoner has been arrested abusively, the judge must grant a writ of Habeas Corpus without delay. Once the writ is issued, the gaolers must come to court and produce the prisoner ("habeas corpus") within three days and explain why they detain him. If the explanations appear unsatisfactory, the prisoner must be released immediately.

Nowadays, due to the fact that public opinion would not allow arbitrary imprisonments, the procedure of Habeas Corpus is seldom resorted to.

● Bail

When a person has been arrested arbitrarily, for example when the police arrested him without warrant, the prisoner may apply for bail. If the police refuse to grant bail, they must take the prisoner to a magistrates' court, where he can apply for bail, within twenty-four hours of the arrest. It the magistrates' court refuses to grant bail, the magistrates must inform the prisoner of his right to appeal and apply for bail in the High Court. Usually judges refuse to grant bail only in major criminal cases, if there is a risk that the criminal shall perpetrate other crimes or that he may try to evade justice and flee from the country.

1. La liberté individuelle (*suite*)

● L'Habeas Corpus

Une fois qu'une personne a été arrêtée, elle peut utiliser la procédure d'Habeas Corpus si elle pense faire l'objet d'un emprisonnement arbitraire. La loi de 1679 relative à l'Habeas Corpus, amendée par la loi de 1816, a doté la procédure d'Habeas Corpus déjà existante de moyens efficaces pour protéger la liberté individuelle. Aux termes de ces deux lois, n'importe qui (le prisonnier lui-même, un parent ou un ami du prisonnier) peut demander une ordonnance d'Habeas Corpus en faveur du prisonnier ; cette ordonnance peut être demandée à un juge de la Haute Cour ; une demande d'Habeas Corpus est prioritaire sur toute autre affaire ; s'il existe des motifs raisonnables de croire que le prisonnier a été arrêté abusivement, le juge doit octroyer sans tarder une ordonnance d'Habeas Corpus. Une fois l'ordonnance prise, les geôliers doivent comparaître, en amenant avec eux le prisonnier, sous trois jours, et expliquer les raisons pour lesquelles ils le privent de sa liberté. En l'absence d'explications convaincantes, le prisonnier doit être libéré immédiatement.

De nos jours, étant donné que l'opinion publique ne permet plus d'emprisonnements arbitraires, la procédure d'Habeas Corpus est peu utilisée.

● La liberté sous caution

Lorsqu'une personne a été arrêtée arbitrairement, par exemple lorsque la police l'a arrêtée sans mandat, le prisonnier peut demander à être libéré sous caution. Si la police refuse, le prisonnier doit être amené sous vingt-quatre heures devant un tribunal de première instance, auquel il peut demander sa mise en liberté sous caution. Si les juges du tribunal de première instance lui opposent un refus, ils doivent l'informer de son droit de demander sa mise en liberté sous caution auprès de la Haute Cour. D'ordinaire, les juges ne refusent de libérer un prisonnier sous caution que dans le cas d'infractions majeures, s'il existe un risque que le criminel commette d'autres forfaits ou cherche à quitter le territoire et à se soustraire à la justice.

2. Freedom of expression

A British citizen is free to express any opinions, provided these are not defamation or libel, prejudicial to another person (in which case he is liable for defamation or libel), and provided they do not contravene the law relative to sedition, racial hatred and obscenity (in which case he will be prosecuted).

3. Freedom of assembly, of association

Similarly, provided they do not contravene the law, British citizens may assemble and form associations. The only limitation to freedom of assembly is that assemblies must be peaceful and must not result in trespassing, obstruction of public ways or breach of the peace. The **Public Order Act 1986** lists five main crimes for which the organizers of public meetings may be prosecuted: rioting, violent disorder, affray, threatening behaviour and disorderly conduct.

Citizens may associate freely, provided the aims of the association are not illegal, provided the association is not paramilitary and does not involve wearing of uniforms, and provided it does not imply membership of IRA or giving support to IRA (**Prevention of Terrorism Act 1976**).

4. Freedom of thought, of religion

Toleration was accepted only belatedly in England and Britain. The **Test Act 1673** excluded all those who did not belong to the Church of England, especially Catholics and Dissenters or non-Conformists, from all official functions, whether civil or military, and from all participation in the political life of the country. It was only in 1828 that the Test Act and other Acts disqualifying dissenting Protestants were repealed. In 1829 the **Catholic Emancipation Act** gave back to Catholics full citizenship. (The only discrimination against Catholics that survived was that, under the Act of Settlement 1701, only a Protestant prince can ascend the throne of England.) In 1860, the **Jewish Emancipation Act** extended full citizenship to Jews, who could henceforward become Members of Parliament. This Act was complemented in 1866 by the **Parliamentary Oaths Act**, which simplified the oath requested from Members of Parliament and made it possible for non-Christians to become members of either House of Parliament.

6

2. La liberté d'expression

Un citoyen britannique est libre d'exprimer toutes les opinions, à condition que celles-ci ne relèvent pas de la diffamation, orale ou écrite, et qu'elles ne violent pas les lois relatives à la sédition, la haine raciale et l'obscénité (auquel cas il serait passible de poursuites pénales).

3. La liberté de réunion, d'association

De même, à condition de ne pas violer la loi, les citoyens britanniques peuvent se réunir et constituer des associations. La seule limite à la liberté de réunion est que les réunions doivent être paisibles et ne doivent pas porter atteinte au bien d'autrui, ni obstruer la voie publique, ni troubler l'ordre public. La loi de 1986 relative à l'ordre public énumère cinq crimes principaux entraînant des poursuites contre ceux qui les commettent : l'émeute, le désordre assorti de violence, l'usage de violence à l'égard d'autrui, une conduite menaçante et un comportement préjudiciable à autrui.

Les citoyens peuvent s'associer librement, à condition que leur association n'ait pas pour but de commettre des actes illégaux, qu'elle n'ait pas un caractère paramilitaire et n'implique pas le port d'un uniforme, et qu'elle n'implique pas d'appartenir à l'IRA ou de financer l'IRA (loi de 1976 sur la prévention du terrorisme).

4. La liberté de pensée, de religion

La tolérance ne devint la règle en Angleterre et en Grande-Bretagne que tardivement. Le Test Act de 1673 excluait tous ceux qui n'appartenaient pas à l'Église d'Angleterre, en particulier les catholiques et les non-conformistes, de toutes les charges officielles, civiles ou militaires, et de toute participation à la vie politique. C'est seulement en 1828 que cette loi et les autres textes excluant les protestants de la vie publique furent abrogés. En 1829, la loi sur l'émancipation des catholiques redonna à ces derniers la pleine citoyenneté. (L'unique élément discriminatoire qui subsiste contre les catholiques est que, aux termes de la loi de succession de 1701, seul un prince protestant peut monter sur le trône d'Angleterre.) En 1860, la loi sur l'émancipation des juifs a étendu la pleine citoyenneté aux juifs, qui purent désormais devenir membres du Parlement. Cette loi fut complétée en 1866 par la loi sur les serments parlementaires, qui simplifia le serment exigé des députés et qui permit à des non-chrétiens de siéger dans l'une ou l'autre Chambre du Parlement.

Historical introduction

The **Constitution** of the United States, signed in 1787, contained no guarantees of basic human rights. So that in 1789 Congress proposed the first **ten Amendments** to the Constitution, familiarly called the **Bill of Rights** because most of them are concerned with the rights of the individual against the federal government. These amendments were ratified in 1791.

Under the Fourteenth Amendment (one of the three amendments passed immediately after the Civil War with a view to abolishing slavery and ensure the freedom of **Blacks**), the federal Constitution afforded extra protection to the individual against the states. Amendment 14 provides that no state shall "deprive any person of life, liberty, or property, without due process of law", and that no state shall "deny to any person within its jurisdiction the equal protection of the laws". "Due process of law" implies not only a fair procedure, but also that the legislation enacted by the states relative to the powers of the police should be reasonable. Amendment 14 also protects freedom of speech, freedom of assembly, freedom of expression, and religious freedom, and prohibits the establishment of state religions. It also prohibits the police to detain a suspect after his arrest: the suspect must be brought without unnecessary delay before a magistrate, who will conduct the preliminary investigation, to determine whether there are sufficient grounds to detain the suspect. If there is a prima facie case against him, most of the time, the suspect will be released on bail pending the trial. Finally, Amendment 14 has been interpreted by the Supreme Court as also protecting the rights of minority groups and forbidding racial segregation by the states in public schools and other public facilities.

Introduction historique

La Constitution des États-Unis, ratifiée en 1787, ne contenait aucune garantie relative aux droits de l'homme les plus fondamentaux. De sorte qu'en 1789 le Congrès proposa les dix premiers Amendements de la Constitution, appelés familièrement Déclaration des Droits, du fait que la plupart d'entre eux concernent les droits de l'individu face au gouvernement fédéral. Ces amendements furent ratifiés en 1791.

Aux termes du 14e Amendement (l'un des amendements votés immédiatement après la guerre de Sécession aux fins d'abolir l'esclavage et d'assurer aux Noirs la liberté), la Constitution fédérale a accordé une protection accrue à l'individu contre le pouvoir des États. L'Amendement 14 dispose qu'aucun État ne peut « priver une personne de sa vie, de sa liberté ou de ses biens, sans jugement en bonne et due forme » et qu'aucun État ne peut « refuser à une personne relevant de sa juridiction la protection égale de la loi ». « Jugement en bonne et due forme » signifie non seulement une procédure équitable, mais aussi que les lois des États relatives aux pouvoirs de la police doivent être raisonnables. L'Amendement 14 protège également la liberté de parole, la liberté de réunion, la liberté d'expression, et la liberté religieuse, et interdit d'instituer des religions d'État. Il interdit aussi à la police de détenir un suspect après son arrestation : le suspect doit être conduit sans délai inutile devant un juge de première instance, qui mènera l'enquête préliminaire et déterminera s'il y a des raisons suffisantes pour le mettre en garde à vue. S'il apparaît qu'il y a des raisons de l'inculper, la plupart du temps le prévenu sera mis en liberté sous caution jusqu'au procès. Enfin, l'Amendement 14 a été interprété par la Cour suprême comme protégeant également les droits des minorités et interdisant aux États de pratiquer une discrimination raciale dans les écoles et institutions publiques.

HABEAS CORPUS ACT 1679

s. 1. Whensoever any person or persons shall bring any habeas corpus directed unto any sheriff [...] or other person whatsoever for any person in his [...] custody and the said writ shall be served upon the said officer [...], the said officer [...] shall within three days after the service thereof [...] (unless the commitment aforesaid were for treason or felony [...]) [...] make return of such writ or bring or cause to be brought the body of the party so committed or restrained unto or before the lord chancellor or lord keeper of the great seal of England [...] or the judges or barons of the said court from whence the said writ shall issue [...] and shall likewise then certify the true causes of his detainer or imprisonment [...].

s. 2. [...] And if any person or persons shall be or stand committed or detained [...] for any crime unless for treason or felony [...] in the vacation time and out of term, it shall and may be lawful to and for the person or persons so committed or detained [...] or any one in his or their behalf, to appeal or complain to the lord chancellor or lord keeper or any one of his Majesty's justices [...] and the said lord chancellor etc. are hereby authorized and required [...] to award and grant an habeas corpus [...] and upon service thereof [...] the officer [...] in whose custody the party is so committed or detained shall within the times respectively before limited bring such prisoner or prisoners before the lord chancelor or lord keeper [...] and thereupon, within two days after the party shall be brought before them, the said lord chancellor or lord keeper [...] *shall grant bail in accordance with the Bail Act 1976 to the said prisoner subject to a duty to appear before the Crown Court* [...] unless it shall appear [...] that the party so committed is detained [...] for such matters or offences for the which by the law the prisoner is not baileable.

(The words in italics were substituted by the Bail Act 1976 and the Courts Act 1971.)

LOI DE 1679 SUR L'HABEAS CORPUS

Art. 1. Chaque fois qu'une personne ou des personnes apporteront une ordonnance adressée à un officier royal [...] ou à toute autre personne, lui enjoignant d'amener la personne du prisonnier qu'il détient, et que cette ordonnance sera signifiée à cet officier [...], ledit officier [...] devra, dans les trois jours suivant la signification de l'ordonnance [...] (sauf dans le cas d'emprisonnement pour trahison ou haute trahison [...]) [...] faire un rapport en réponse à l'ordonnance ou amener ou faire amener la personne du prisonnier qu'il détient devant le lord Grand Chancelier ou le garde du Grand Sceau d'Angleterre [...] ou devant les juges ou les barons de la cour qui a délivré l'ordonnance [...] et devra alors certifier les véritables motifs pour lesquels il détient le prisonnier [...].

Art. 2. [...] Si une personne ou des personnes se trouvent détenues ou emprisonnées [...] pour un crime autre que la trahison ou la haute trahison [...] pendant une période de vacance des tribunaux ou en dehors des sessions, il sera licite à cette personne ou ces personnes, ou à toute personne agissant en leur nom, de faire appel et de se plaindre devant le lord Grand Chancelier, ou le garde du Grand Sceau, ou devant l'un quelconque des juges de Sa Majesté [...] ; le Grand Chancelier etc. pourra et devra [...] accorder et octroyer une ordonnance d'habeas corpus [...] : lorsque celle-ci lui aura été signifiée [...], l'officier [...] à la garde duquel le détenu a été confié devra, dans les délais prévus ci-dessus, amener le ou les prisonniers devant le Grand Chancelier ou le garde du Grand Sceau [...] ; à la suite de quoi, dans les deux jours suivant la comparution du prisonnier, ledit Grand Chancelier ou garde du Grand Sceau [...] *devra libérer ledit prisonnier sur parole conformément à la loi de 1976 sur la mise en liberté sous caution, sous réserve qu'il s'engage à se présenter devant la cour criminelle* [...] sauf s'il s'avère [...] que le prisonnier est détenu [...] pour des crimes ou délits pour lesquels la loi n'autorise pas la mise en liberté sous caution.

(Les mots en italiques ont été substitués aux termes d'origine en application de la loi de 1971 sur les tribunaux et de la loi de 1976 sur la mise en liberté sous caution.)

1. The police cannot hold a person in custody without bringing him/her before a magistrates' court.

2. After his arrest, a prisoner may apply for bail.

3. In Britain, public demonstrations are not allowed without first asking permission to demonstrate.

4. A British citizen may do anything which is not expressly forbidden by law.

5. The American Bill of Rights is contained in the first Ten Amendments to the Constitution.

6. Whereas in England the jury is used only for criminal cases in the Crown Court, in the United States juries exist both in civil and criminal cases.

7. The same qualifications are required from jurors in English law and American law.

8. Britain still has no Bill of Rights protecting the rights of the individual against the state.

9. The Fourteenth Amendment to the American Constitution protects ethnic minorities against racial discrimination.

10. In Britain, discrimination on religious grounds came to an end only in the xixth century.

11. As far as the administration of justice is concerned in England and Wales, citizens take part in two institutions, the jury, dating from Norman times, and the magistrates' courts.

12. Should the jurors disagree and not be able to reach a majority verdict, the judge must order a new trial, with a new jury.

13. Lay magistrates or justices of the peace are part-time judges, unpaid volunteers, who intervene in minor and some major offences.

14. Tribunals were created to judge disputes between individuals and the state.

15. An indictment is an accusation framed by the prosecutor and found by a grand jury.

1. *La police ne peut garder une personne à vue sans la conduire devant un tribunal de première instance.*

2. *Après son arrestation, le détenu peut demander sa mise en liberté sous caution.*

3. *En Grande-Bretagne, les manifestations sur la voie publique ne sont autorisées que si on a d'abord obtenu l'autorisation de manifester.*

4. *Le citoyen britannique peut faire tout ce qui n'est pas expressément interdit par la loi.*

5. *La Déclaration des Droits américaine est contenue dans les dix premiers Amendements de la Constitution.*

6. *Alors qu'en Angleterre on n'a recours au jury que pour des affaires criminelles, aux États-Unis le système du jury est utilisé aussi bien pour des affaires civiles que pour des affaires criminelles.*

7. *Les jurés anglais et américains sont soumis aux mêmes critères de sélection.*

8. *La Grande-Bretagne n'a pas de Déclaration des Droits protégeant les droits des individus contre l'État.*

9. *Le quatorzième Amendement de la Constitution américaine protège les minorités ethniques contre la discrimination raciale.*

10. *En Grande-Bretagne, la discrimination religieuse n'a pris fin qu'au XIXᵉ siècle.*

11. *En ce qui concerne l'administration de la justice en Angleterre et au pays de Galles, les citoyens participent à deux institutions : le jury, qui date de l'époque normande, et les tribunaux de première instance.*

12. *Si les jurés ne parviennent pas à tomber d'accord et à rendre un verdict à la majorité, le juge doit ordonner un nouveau procès, avec un nouveau jury.*

13. *Les juges non professionnels ou « juges de paix » sont des juges à temps partiel, volontaires bénévoles, qui interviennent dans le cas d'infractions mineures et de certaines infractions majeures.*

14. *Les tribunaux administratifs furent créés pour trancher les litiges entre les particuliers et l'État.*

15. *La mise en accusation formelle est une accusation formulée par le demandeur et soumise au verdict d'un grand jury.*

Vocabulary

abolitionist : *anti-esclavagiste*
affray : *usage de violence à l'égard d'autrui*
amendment : *amendement*
  The Ten Amendments : *la Déclaration des Droits américaine*
arrest : *arrestation*
  warrant of arrest : *mandat d'arrestation*
to arrest : *arrêter, mettre en état d'arrestation*
  to arrest without warrant : *arrêter sans mandat*
assembly : *réunion*

bail : *caution, mise en liberté sous caution*
  to apply for bail : *demander à être libéré sous caution*
  to bail someone out : *cautionner quelqu'un*
  to grant bail : *accorder la mise en liberté sous caution*
  to refuse to grant bail : *refuser de libérer sous caution*
Bill of Rights : *Déclaration des Droits*
breach : *manquement, rupture* (de contrat), *atteinte à*
  breach of the peace : *atteinte à l'ordre public*

challenge : *objection, récusation, défi*
to challenge : *récuser* (un juré)
charge : *accusation, chef d'accusation*
citizen : *citoyen*
civil liberties : *les libertés publiques*
constable : *officier de police*

Declaration of Rights : *Déclaration des Droits*
to demonstrate : *manifester*
demonstration : *manifestation*
discrimination : *la discrimination*
  antidiscrimination laws : *lois contre la discrimination*
disorder : *désordre*
  violent disorder : *désordre assorti de violence*
disorderly conduct : *comportement anormal préjudiciable à autrui*

freedom : *la liberté*
  freedom of assembly : *liberté de réunion*
  freedom of association : *liberté d'association*
  freedom of expression : *liberté d'expression*
  freedom of speech : *liberté de parole*
  freedom of the person : *liberté individuelle*
  freedom of thought : *liberté de pensée*
  personal freedom : *liberté individuelle*

to guarantee : *garantir*
guarantee/guaranty : *garantie ; caution, cautionnement*

information : *renseignements*
information service : *service de renseignements*

juror : *juré*
jury : *jury*
juvenile : *juvénile ; de mineurs*
  juvenile court : *tribunal de mineurs*
  juvenile delinquency : *délinquance juvénile*

layman : *non-juriste*
liberties : *les libertés*

meeting : *réunion*

obscenity : *l'obscénité*
obstruction : *obstruction de la voie publique*
offender : *criminel, personne coupable d'un délit pénal*
order : *l'ordre*
  to maintain order : *maintenir l'ordre*

peace : *la paix*
peaceful : *paisible, non violent*
peacefully : *pacifiquement*
the police : *la police, les forces de l'ordre*
policeman : *policier*
pornography : *la pornographie*
procession : *défilé*

a representative : *un représentant*
representative of (adj.) : *représentatif de*
rights : *droits*
  human rights : *les droits de l'homme*
riot, rioting : *émeute*

segregation : *la ségrégation*
slavery : *l'esclavage*
  antislavery laws : *les lois contre l'esclavage*
to swear in : *faire prêter serment*
sworn in : *qui a prêté serment*

toleration : *la tolérance*
trespass : *atteinte au bien d'autrui*
tribunal : *tribunal administratif*

verdict : *verdict*
  unanimous verdict : *verdict à l'unanimité*
  majority verdict : *verdict à la majorité*

warrant : *mandat*
  warrant of arrest : *mandat d'arrestation*
  warrant of search : *mandat de perquisition*

Judge warns on private dossiers

A Senior Judge warned yesterday of the grave risk to individual freedom if confidential information obtained by the police and other state agencies was collected together.

Declaring that "the dossier of private information is the badge of the totalitarian state", Vice-Chancellor Sir Nicholas Browne-Wilkinson, the senior judge in the High Court Chancery Division, said that Parliament had given numerous state agencies the power compulsorily to obtain information from private citizen.

If one agency did not communicate this information to another, no great harm was done, he said.

By Raymond HUGHES, Law Courts Correspondent,
The Financial Times, December 1/2, 1990.

Mise en garde d'un juge contre les enquêtes privées

Un juge des cours supérieures a attiré l'attention hier sur les risques graves d'atteinte à la liberté individuelle si les renseignements confidentiels obtenus par la police et d'autres organismes d'État étaient regroupés.

Ayant déclaré que « les fiches de renseignements privés sont l'apanage d'un État totalitaire », le vice-chancelier Sir Nicholas Browne-Wilkinson, juge supérieur du Tribunal de la Chancellerie de la Haute Cour, a dit que le Parlement avait donné à plusieurs organismes d'État le pouvoir et l'obligation d'obtenir des renseignements auprès des particuliers.

Si l'un de ces organismes ne communique pas ces renseignements à un autre, le danger n'est pas grand, selon lui.

Par Raymond HUGHES, Correspondant à la cour de justice,
The Financial Times, *1er/2 décembre 1990.*

7

LAW OF TORTS
LE DROIT DE LA RESPONSABILITÉ CIVILE EXTRA-CONTRACTUELLE

A. English Law
   Droit anglais

B. American Law
   Droit américain

7 Introduction

The word "tort" derives from the Latin "*tortus*", meaning crooked or twisted, and the Norman French "*tort*", meaning wrong. In English law, the word "tort" is used to denote certain civil wrongs as distinct from criminal wrongs.

1. The nature of torts

To understand what a tort is, torts must be distinguished from crimes, breaches of contract, and breaches of trust.

● Crimes

The object of criminal proceedings is primarily punishment of the offender. Although a private person may prosecute another for a criminal offence, the police are most of the time the prosecutors. If the accused is found guilty, the court will award the proper punishment. The object of proceedings in tort is not punishment, but compensation or reparation to the plaintiff for the loss or injury caused by the defendant, i.e. damages. The same facts may sometimes include a crime and a tort.

● Breaches of contract

In contracts, the duties are imposed by the parties themselves. In tort, on the other hand, the duties are fixed by law (common law or statute law) and arise by the operation of the law itself. Again, the same facts may cover both a breach of contract and a tort.

● Breaches of trust

For historical reasons, trusts are dealt with in equity by the Chancery Division (see chap. 1 and 2), even though a breach of trust may give rise to compensation for damage suffered.

2. Definition of a tort

Prof. P.H. Winfield, in his *Law of Torts*, wrote : "Tortious liability arises from the breach of a duty primarily fixed by law; such duty is towards persons generally, and its breach is redressible by an action for unliquidated damages."

Introduction

Le mot **tort** dérive du latin *tortus*, qui signifie tordu ou faussé, et du normand *tort*, qui signifie un tort. En droit anglais, le mot **tort** s'emploie pour désigner certains délits civils, par opposition aux délits pénaux.

1. Nature des délits civils

Pour comprendre ce qu'est un délit civil, il convient de distinguer entre délits civils et délits pénaux, ruptures de contrat, et non-respect de fidéicommis.

● **Délits pénaux**

Les poursuites au pénal ont surtout pour objet de punir le criminel. Bien qu'il soit possible à un particulier d'en poursuivre un autre pour un délit pénal, c'est le plus souvent la police qui engage des poursuites au pénal. Si l'accusé est déclaré coupable, le tribunal fixera la peine qui convient. Le but des poursuites pour un délit civil n'est pas de punir son auteur, mais de donner au demandeur une compensation ou une réparation pour les pertes ou les dommages corporels qu'il a subis du fait du défendeur, c'est-à-dire des dommages et intérêts. Les mêmes faits constituent parfois un crime et un délit civil.

● **Ruptures de contrat**

Dans un contrat, les obligations des parties sont fixées par elles-mêmes. Dans le cas d'un délit civil, en revanche, les obligations sont fixées par la loi (**common law** ou législation) et découlent uniquement de l'application de la loi. Là encore, les mêmes faits peuvent constituer à la fois une rupture de contrat et un délit civil.

● **Manquement aux engagements d'un fidéicommis**

Pour des raisons historiques, les fidéicommis sont du ressort de l'**equity** et du Tribunal de la Chancellerie (voir chap. 1 et 2), même si le non-respect d'un fidéicommis peut donner lieu à des compensations financières pour le préjudice subi.

2. Définition d'un délit civil

Le Pr P.-H. Winfield, dans son ouvrage sur la responsabilité civile, a écrit : « La responsabilité civile découle du non-respect d'une obligation prévue à l'origine par la loi ; tout manquement à ce type d'obligation, due à tout un chacun, peut faire l'objet de poursuites en dommages et intérêts non liquidés (à la discrétion du tribunal). »

7

3. Damage and liability

As a general rule, when one person suffers unlawful harm at the hands of another, an action in tort for that damage or injury arises. For instance, if A by his negligence collides with B's car parked on a road and causes damage to it, B may take an action in tort.

The law of tort does not regard the motives of an act: it is merely concerned with the effects of injurious conduct; thus a good motive will not be a lawful excuse for the commission of a tort; conversely, a bad or malicious motive will not make a lawful act unlawful.

In some cases harm may be done by one person to another but the law provides no remedy: this is *damnum sine injuria* (damage without legal wrong). On the contrary, there may be a wrong without loss or damage (*injuria sine damno*). Such cases are exceptions to the rule that there must be damage or injury in order to bring an action. Thus, in case of trespass or libel, even though there is no loss or injury, the plaintiff has a case to take action.

4. General defences in tort

The person who is sued for a tort may resort to various types of defence:

— he may deny the facts alleged by the plaintiff;

— he may argue that the victim was consenting and cannot sue on the tort; this argument is called *volenti non fit injuria* (no injury can be done to a willing person);

— but mistake, either of law or fact, is no defence in tort: for a mistake of law, the maxim *ignorantia legis non excusat* (ignorance of the law is no excuse) applies; for a mistake of facts, there are exceptions to the rule: some reasonable mistakes of facts may be accepted as an excuse. But for trespass, the trespasser may be sued even though he sincerely believed that the land he entered belonged to him or that he had a right of entry;

— in some cases, damage done intentionally may be excused if it was done out of necessity, e.g. when a person causes damage to another person's property to prevent fire from spreading;

7

3. Préjudice et responsabilité

En règle générale, lorsqu'une personne inflige illégalement un préjudice à autrui, il y a lieu d'engager des poursuites en responsabilité civile pour le préjudice ou les dommages corporels subis. Par exemple, si A, par suite de sa négligence, emboutit la voiture de B garée au bord de la route et l'endommage, B peut poursuivre A en responsabilité civile.

Le droit de la responsabilité civile ne prend pas en considération les motifs de l'acte : il ne s'occupe que des effets de la conduite dommageable ; ainsi, un bon motif ne constituera pas une défense acceptable en droit pour un délit civil ; inversement, un mauvais motif ou l'intention de nuire ne rendront pas illégale une action qui est légale.

Dans certains cas, même si une personne fait tort à une autre, le droit ne prévoit pas de remède : on parle alors de préjudice sans délit légal. À l'inverse, il peut y avoir délit sans qu'il y ait perte ou préjudice. De tels cas constituent des exceptions à la règle selon laquelle pour pouvoir engager des poursuites il doit y avoir préjudice ou dommage corporel. Ainsi, dans le cas d'atteinte au bien d'autrui ou de diffamation écrite, même s'il n'y a pas préjudice ou dommage corporel, le demandeur peut engager des poursuites.

4. Moyens de défense en responsabilité

Une personne qui fait l'objet de poursuites en responsabilité civile peut invoquer divers moyens de défense :

— elle peut nier les faits allégués par le demandeur ;

— elle peut arguer que la victime était consentante et n'est pas fondée à engager des poursuites en responsabilité civile ; un tel argument est appelé *volenti non fit injuria* (aucun tort ne peut être fait à une personne consentante) ;

— en revanche, l'erreur, qu'elle porte sur les faits ou sur le droit, n'est pas une défense acceptable : dans le cas d'une erreur de droit, la maxime *ignorantia legis non excusat* (nul n'est censé ignorer la loi) s'applique ; dans le cas d'une erreur de fait, la règle admet certaines exceptions : certaines erreurs de fait, si elles sont raisonnables, peuvent être acceptées comme justification. Mais dans le cas d'atteinte à la personne ou au bien d'autrui, l'auteur du délit peut être poursuivi, même s'il croyait sincèrement que la terre dont il prenait possession lui appartenait ou qu'il avait un droit d'entrée ;

— dans certains cas, le préjudice infligé intentionnellement sera excusé s'il a été commis par nécessité, par exemple lorsqu'une personne cause des dommages à la propriété d'autrui pour circonscrire un incendie ;

4. General defences in tort *(ctd)*

— an accident that could not be avoided by taking all the ordinary precautions cannot give rise to an action in tort;

— it is also a defence to an action in tort to show that a statute authorizes the alleged wrong;

— last, if damage or injury was done by a person trying to defend himself or another person against unlawful force, the defendant shall not be liable provided he used force in proportion to the harm threatened.

5. Capacity of the parties in a tort action

Anyone of full age can sue and be sued in tort. The common law maxim "the King can do no wrong" no longer applies. The **Crown Proceedings Act 1947** provides that the Crown may be sued for torts committed by its servants or agents. Corporations can sue and be sued for tort committed by themselves, their servants or agents. Infants and minors, although they are not liable for breach of contract (in so far as they have no capacity to contract), can nevertheless be sued for tort: minority is no defence in tort. Persons of unsound mind are, in general, liable for the torts they commit; yet, if a person is so insane that his actions are involuntary, he will escape liability. Formerly, spouses could not sue each other in tort, except for the protection of their own property; the **Law Reform (Husband and Wife) Act 1962** has changed the rule and now "each of the parties to a marriage shall have the like right of action in tort against the other as if they were not married".

Some categories of persons are immune against being sued in tort: judges for acts done in their judicial capacity, and foreign sovereigns and diplomats during their terms of office.

6. Limits to liability for tort

The defendant shall only be liable in tort if the damage is not too remote from the original wrong. Under the "test of directness", a defendant is liable for all damage which is the direct consequence of his act, whether such damage is or is not foreseeable by a reasonable man.

4. Moyens de défense en responsabilité *(suite)*

— un accident qui ne pouvait être évité en prenant toutes les précautions normales ne peut donner lieu à des poursuites ;

— si l'on peut prouver qu'un texte de loi autorise un prétendu délit civil, cela constituera une défense valable ;

— enfin, si les dégâts ou les dommages corporels résultent de la légitime défense contre les attaques illégales d'une autre personne, le défendeur sera dégagé de responsabilité s'il a fait usage de la force de manière proportionnée au danger.

5. Capacité des parties dans un procès

Tout majeur peut engager des poursuites ou faire l'objet de poursuites en responsabilité civile. La maxime de **common law** « le roi ne peut mal faire » ne s'applique plus. La loi de 1947 sur les poursuites contre la Couronne dispose que la Couronne peut être poursuivie pour les délits civils commis par ses serviteurs et ses représentants. Les personnes morales peuvent poursuivre et être poursuivies pour les délits civils commis par elles-mêmes, leurs employés et leurs représentants. Les enfants et les mineurs, bien qu'ils ne puissent pas faire l'objet de poursuites pour rupture de contrat (dans la mesure où ils n'ont pas la capacité contractuelle), sont cependant passibles de poursuites pour des délits civils : le fait d'être mineur ne constitue pas une défense valable en droit de la responsabilité civile. Les handicapés mentaux sont, de manière générale, tenus pour responsables des délits qu'ils commettent ; cependant, si une personne est folle au point de ne pas être consciente de ses actes, elle ne sera pas tenue pour responsable. Jadis, un conjoint ne pouvait engager des poursuites contre l'autre conjoint, sauf pour protéger les biens qu'il possédait en propre ; la réforme législative de 1962 relative aux personnes mariées a changé la règle et désormais « chacun des époux a le droit de poursuivre l'autre en responsabilité civile, comme s'ils n'étaient pas mariés ».

Certaines catégories de personnes jouissent d'immunité en matière de responsabilité civile : les juges ne peuvent être poursuivis pour les actes qu'ils accomplissent dans l'exercice de leurs fonctions ; les souverains étrangers et les diplomates en poste ne peuvent faire l'objet de poursuites.

6. Limites à la responsabilité civile

Le défendeur ne sera tenu pour civilement responsable que si les liens entre le préjudice et le délit originel ne sont pas trop ténus. Le critère de « relation directe » veut qu'un défendeur soit civilement responsable de tout préjudice qui est la conséquence directe de son acte, que le préjudice ait été ou non prévisible par une personne raisonnable.

6. Limits to liability for tort *(ctd)*

Under the test of reasonable foresight, the defendant is only liable for the damage which a reasonable man should have foreseen. Intended damage is regarded as never too remote.

7. Vicarious liability

In some cases, a person who did not commit the tort himself shall be held liable for the torts of another. This is the case for masters and servants: the master is vicariously liable for the torts committed by his servant in the course of his employment. The term "servant" includes all persons employed under a contract of service: domestic servants, chauffeurs, clerks, and labourers, in so far as such persons are not only given work to perform by their master, but are also subject to control on the part of their master as to the manner in which the work is done. On the contrary, independent contractors, who are under the control of an employer as to what they must do, but not as to the manner in which the work is performed, are not regarded as servants.

8. Trespass

Trespass is the most ancient and the most common type of tort. There are three types of trespass:

a) **Trespass to the person** takes three forms: assault, battery and false imprisonment. **Assault** is the fact of using or threatening unlawful personal violence against another person, even though the victim does not suffer actual injury. Words do not constitute assault. **Battery** is the fact of using force against the person of another hostilely. The charge of battery is usually combined with that of assault and known as "assault and battery". **False imprisonment** is the fact of inflicting bodily restraint on another unlawfully, even though there is no actual damage.

b) **Trespass to land** may also take three forms: entry on the land of another; remaining on the land of another; and placing or throwing a material object on the land of another. There need not be any actual damage to the land for the plaintiff to take action.

152

6. Limites à la responsabilité civile *(suite)*

Le critère de « prévision raisonnable » veut qu'un défendeur ne soit responsable que d'un préjudice qu'il aurait pu raisonnablement prévoir. Un préjudice intentionnel n'est jamais considéré comme étant trop indirect.

7. Responsabilité substituée

Dans certains cas, une personne qui n'a pas commis de délit civil elle-même sera tenue pour responsable des délits civils commis par une autre personne. C'est le cas pour les personnes qui emploient des serviteurs : le maître est le responsable substitué des délits civils que commet son serviteur dans le cadre de son service, que le maître ait autorisé lesdits délits ou non. Le terme « serviteur » comprend : les domestiques, chauffeurs, secrétaires ou employés aux écritures, ouvriers agricoles, dans la mesure où le travail confié à ces personnes est non seulement déterminé par leur employeur, mais est contrôlé par ce dernier quant aux modalités d'exécution. À l'inverse, les personnes sous contrat, qui reçoivent des instructions de leur employeur quant au travail qu'elles doivent faire, mais non quant à la manière dont ce travail doit être effectué, ne sont pas considérées comme « serviteurs ».

8. Atteinte à la personne ou au bien d'autrui

L'atteinte à autrui est la forme de délit civil la plus ancienne, et aussi la plus commune. Il existe trois sortes d'atteinte à autrui :

a) *L'atteinte à la personne d'autrui* peut revêtir trois formes : agression, voies de fait, détention arbitraire. *L'agression* est le fait d'user de violence illégale contre une autre personne ou de l'en menacer, même si la victime de l'agression ne subit pas de dommages corporels. Des paroles ne constituent pas une agression. Il y a *voies de fait* lorsqu'une personne fait usage de la force contre une autre personne dans une intention hostile. Voies de fait et agression constituent d'ordinaire une seule accusation, appelée « agression et voies de fait ». *La détention arbitraire* consiste à priver quelqu'un de sa liberté sans motif légal, même si le prisonnier ne subit aucun préjudice réel.

b) *L'atteinte à la propriété foncière d'autrui* peut aussi revêtir trois formes : intrusion sur la terre d'autrui ; occupation de la terre d'autrui ; dépôt d'objets matériels sur la terre d'autrui. Là encore, le demandeur peut engager des poursuites même si la propriété n'a pas subi de préjudice réel.

8. Trespass *(ctd)*

c) **Trespass to goods** covers three things: detinue, conversion and wrongful interference with goods. Detention of goods is now regarded as conversion.

9. Nuisances

— A **public nuisance** is an unlawful act which endangers or interferes with the lives, safety or comfort of the public generally or of a section of the public, or by which the public, or a section of the public, is obstructed in the exercise of a common right. A public nuisance is a crime, punishable at common law on indictment in the Crown Court.

— A **private nuisance** is an unlawful interference with a man's use of his property, or with his comfort or convenience. Nuisance is not actionable *per se*: some damage must have occurred to the plaintiff to enable him to sue. The basic rule is that one should "live and let live" and use his property so as to cause no harm to others.

10. Negligence

Negligence is one of the most common torts. Negligence means two things: a state of mind in which a particular tort was committed (for instance, trespass committed out of carelessness); or an independent tort.

For the second type of negligence, the plaintiff must prove that the defendant was under a duty of care to him, that there has been a breach of that duty, and that the plaintiff has suffered damage. The most important duties of care are: duty of care as to highways (this applies to railways, shipping at sea and canal navigation); employers' liability (employees must be provided with reasonably safe machinery...); duty of care of professional persons (doctors, dentists, solicitors, etc.); duty of care of carriers to passengers and goods; duty of care of schools to children; duty of care of the police to the public. Formerly, negligence applied to acts, but not to words. Under the **Misrepresentation Act 1967** and the **Unfair Contract Terms Act 1977**, professional people who make a negligent statement, which is acted on by the plaintiff to his loss, may be sued for negligent misrepresentation.

c) *L'atteinte aux biens meubles* peut prendre trois formes : saisie abusive, rétention abusive et ingérence dans les biens d'autrui. De nos jours, la saisie abusive est considérée comme équivalant à la rétention abusive.

9. Les nuisances

— *Une nuisance publique* est un acte illégal qui met en danger la vie, la sécurité ou la tranquillité du public en général, ou d'une catégorie de la population, ou un acte par lequel le public, ou une catégorie de la population, est privé de l'exercice d'un droit commun. Une nuisance publique constitue un délit pénal, passible des sanctions prévues par la **common law** après mise en accusation formelle devant un tribunal de la Couronne assisté d'un jury.

— *Une nuisance privée* est une ingérence illégale, qui prive une personne de la jouissance paisible de ses biens, de sa tranquillité ou de certaines facilités. La nuisance n'autorise pas automatiquement à engager des poursuites : le demandeur doit avoir subi un préjudice. La règle de base est que l'on doit « vivre et laisser vivre » et faire usage de son bien de manière à ne point nuire au bien d'autrui.

10. La négligence

La négligence est le délit civil le plus courant. Le concept de négligence recouvre deux choses : l'état d'esprit dans lequel un délit civil donné a été commis (par exemple, une atteinte à autrui commise par manque de soin) ; ou un délit civil indépendant.

Le second type de négligence obligera le demandeur à prouver que le défendeur avait une obligation de soin envers lui, que le défendeur n'a pas respecté cette obligation, et qu'en conséquence le demandeur a subi un préjudice. Les obligations de soin les plus importantes sont : obligation de soin relative à l'état des voies de transport (chemins de fer, voies maritimes et canaux) ; responsabilité des employeurs (un employeur doit fournir à ses employés des machines en bon état...) ; obligation de soin des professionnels (médecins, dentistes, notaires et conseils juridiques, etc.) ; obligation de soin des transporteurs envers les passagers et les marchandises ; obligation de soin des écoles envers les enfants ; obligation de soin de la police envers la population.

Auparavant, la négligence concernait les actes commis par négligence, mais pas les paroles. Depuis la loi de 1967 sur les déclarations erronées et la loi de 1977 sur les clauses contractuelles abusives, les professionnels qui, par négligence, font des déclarations erronées sur la foi desquelles le demandeur agit et subit un préjudice, peuvent être poursuivis.

155

Introduction

Torts cover a variety of civil wrongs, other than breach of contract, which interfere with person, property, reputation, and commercial or social advantage. Some acts, such as assault, may be both a crime punishable by the state in a criminal prosecution and a tort for which the victim can sue the defendant in damages before the civil courts.

Tort law is mainly state law and consequently varies from state to state. It is predominantly case-law, but most states have a few statutes dealing with special problems.

1. Categories of torts

Torts can be divided into two main categories, depending on whether the result was intended or was caused by negligence. But some injuries, resulting from defamation and from highly dangerous activities, involve absolute liability, whether they were intentional or negligent.

Intentional torts causing interference with person or property include the classical torts which were adopted from English law: assault, battery, conversion, false imprisonment, and trespass. Intentional torts, where the interference is less tangible, such as infliction of mental anguish, injurious falsehood, malicious prosecution, invasion of the right of privacy... have recently given rise to increased protection by the courts. However, most tort litigation concerns claims for injuries inflicted through negligence, most of the time in automobile accidents involving personal injuries.

2. Procedure and prevailing rules

The jury is almost universally employed in tort damage actions, especially in personal injury litigation. Although in the United States the rule of contributory negligence prevails, which allows the defendant to avoid all liability, even though he has been negligent, by proving that the plaintiff's own negligence contributed to his loss, in practice, there is nothing to prevent the jury from allowing recovery then calculating damages on the basis of the amount of negligence of each party.

Introduction

La responsabilité civile englobe de nombreux délits civils (autres que le manquement à des obligations contractuelles) qui constituent une ingérence contre la personne, la propriété, la réputation et les avantages commerciaux ou sociaux d'autrui. Certaines actions, comme l'agression, peuvent être à la fois un délit pénal passible des sanctions de l'État lors de poursuites criminelles, et un délit civil pour lequel le défendeur peut être poursuivi en dommages et intérêts devant les tribunaux civils.

Le droit de la responsabilité civile est principalement droit des États et varie d'État à État. Il consiste principalement en jurisprudence, mais la plupart des États ont des textes législatifs régissant certains problèmes spécifiques.

1. Différentes sortes de délits civils

Les délits civils peuvent être divisés en deux grandes catégories, selon qu'ils sont intentionnels ou qu'ils résultent de la négligence. Cependant, certains dommages personnels, résultant de la diffamation et d'activités à hauts risques, entraînent la pleine responsabilité, qu'ils soient intentionnels ou qu'ils résultent de la négligence.

Les délits civils intentionnels qui portent atteinte à la personne ou à la propriété incluent les délits civils classiques qui ont été repris du droit anglais : l'agression, les voies de fait, la rétention abusive de biens, la détention illégale, et les atteintes à la personne ou au bien d'autrui. Les délits civils intentionnels, pour lesquels l'ingérence est moins tangible, comme la cruauté mentale, le mensonge dommageable, des poursuites pénales abusives aux fins de nuire, des atteintes à la vie privée, ont ces dernières années donné lieu à une protection accrue de la part des tribunaux. Cependant, la majeure partie des poursuites en responsabilité civile ont trait aux dommages personnels résultant de la négligence, la plupart du temps dans le cadre d'accidents de la route ayant entraîné des blessures corporelles.

2. Procédure et règles applicables

Les actions en responsabilité civile impliquent presque toujours la participation d'un jury, spécialement lorsqu'il y a litige sur des dommages corporels. Bien qu'aux États-Unis la règle de la part de responsabilité de la victime prévale et permette au défendeur de dégager sa responsabilité, même s'il a été lui-même négligent, en prouvant que la propre négligence du demandeur a contribué au préjudice, dans la pratique, rien n'empêche le jury d'accorder les dommages et intérêts et ensuite de calculer leur montant sur la base de la part de négligence de chacune des parties.

The Law Reform
(Married Women and Tortfeasors) Act 1935

s. 6. (1) Where damage is suffered by any person as a result of a tort (whether a crime or not),

a) judgment recovered against any tort-feasor liable in respect of that damage shall not be a bar to an action against any other person who would, if sued, have been liable as a joint tort-feasor in respect of the same damage;

b) if more than one action is brought in respect of that damage by or on behalf of the person by whom it was suffered, or for the benefit of the estate, or of the dependants, of that person, against tort-feasors liable in respect of the damage (whether as joint tort-feasors or otherwise) the sums recoverable under the judgments given in those actions by way of damages shall not in the aggregate exceed the amount of the damages awarded by the judgment first given; and in any of those actions, other than that in which judgment is first given, the plaintiff shall not be entitled to costs unless the court is of opinion that there was reasonable ground for bringing the action;

c) any tort-feasor liable in respect of that damage may recover contribution from any other tort-feasor who is, or would if sued have been, liable in respect of the same damage, whether as a joint tort-feasor or otherwise, so, however, that no person shall be entitled to recover contribution under this section from any person entitled to be indemnified by him in respect of the liability in respect of which the contribution is sought.

[The 1935 Act was complemented by the Civil Liability (Contribution) Act 1978, defined in its long title as "An Act to make new provision for contribution between persons who are jointly or severally, or both jointly and severally, liable for the same damage and in certain other similar cases where two or more persons have paid or may be required to pay compensation for the same damage".]

Loi de 1935 sur la réforme du statut des femmes mariées et des auteurs de délits civils

Art. 6, al. 1. Lorsqu'une personne subit un préjudice à la suite d'un délit (pénal ou civil),

a) la décision prise à l'encontre de l'auteur du délit déclaré responsable dudit préjudice n'empêchera pas la victime d'engager des poursuites contre une autre personne qui aurait, en cas de poursuites, été déclarée responsable en tant que coauteur du délit eu égard à ce même préjudice ;

b) si plusieurs actions en justice sont engagées eu égard audit préjudice par, ou au nom de, la personne victime du préjudice, ou au profit du patrimoine, ou des personnes à la charge, de cette personne, à l'encontre des auteurs du délit déclarés responsables au titre dudit préjudice (que ce soit comme coauteurs d'un délit ou autrement), les sommes recouvrables au titre de dommages et intérêts en application des décisions prononcées à l'issue de ces actions en justice ne devront pas excéder, au total, le montant des dommages et intérêts octroyés par le premier jugement rendu ; dans toutes ces actions, autres que celle ayant donné lieu au premier jugement, le demandeur ne sera pas autorisé à recouvrer les frais de justice, sauf si le juge estime qu'il était raisonnablement fondé à engager des poursuites ;

c) tout auteur de délit déclaré responsable dudit préjudice pourra recouvrer une partie des sommes à verser, ou contribution, auprès d'un autre auteur de délit qui est, ou qui aurait été si des poursuites avaient été engagées contre lui, déclaré responsable de ce même préjudice, soit comme coauteur du délit, soit autrement ; cependant, aux termes du présent article, nul ne sera autorisé à réclamer une contribution à une personne elle-même fondée à lui réclamer une indemnisation au titre de la responsabilité sur laquelle il se fonde pour chercher à obtenir cette contribution.

[La loi de 1935 a été complétée par la loi de 1978 sur les sommes recouvrables au titre de la responsabilité civile, que son sous-titre définit comme « Loi contenant de nouvelles dispositions relatives aux contributions que doivent verser les personnes qui sont coresponsables, conjointement ou séparément, du même préjudice, ou à certaines affaires dans lesquelles deux ou plusieurs personnes ont payé ou peuvent se voir contraintes de payer des dommages et intérêts pour le même préjudice ».]

Key sentences

1. Certain relationships, such as the relation between doctor and patient or between solicitor and client, give rise to a legal duty of care.

2. Battery is the direct and intentional application of physical force to the person of another without lawful justification.

3. A careless statement upon which the plaintiff relies and which causes either personal injury or damage to property is a tort.

4. If the defendant can prove the plaintiff's contributory negligence, he can avoid liability or obtain a revaluation of the damages.

5. An employer's liability to his employees includes the provision of safe machinery, adequate safety devices and competent staff.

6. In the United States, most tort actions are decided by a jury.

7. The maxim *volenti non fit injuria* means that a person who expressly agreed to run a risk cannot thereafter sue in respect of damage suffered as a result of the materialisation of that risk.

8. US defamation law gives free speech the benefit of the doubt and obliges the plaintiff to prove the falsity of the incriminated statement.

9. Under the Animals Act 1971, the keeper of an animal belonging to a dangerous species (i.e. an animal which is not commonly domesticated in the British Islands) is liable for any damage caused by it.

10. A master is vicariously liable for the torts committed by his servant, i.e. a person whom he employs under a contract of service.

11. Absolute liability is involved in some injuries when they result from defamation and highly dangerous activities, be they intentional or negligent.

12. Though in the US the rule of contributory negligence prevails, by which the defendant may avoid all liability in spite of his negligence, after proving the plaintiff's own negligence contributed to his loss, it has been evaded by many juries.

13. In the US tort law is mainly state law and consequently varies from state to state; it is predominantly case-law and is also based on a few statutes enacted in some states.

7

Phrases types

1. *Certaines relations, comme celles du médecin avec son malade ou du notaire et conseil juridique avec son client, entraînent une obligation légale de soin.*

2. *Les voies de fait consistent en un usage direct et intentionnel de la force physique contre autrui sans motif légal.*

3. *Une déclaration négligente sur la foi de laquelle le demandeur agit et qui lui cause un préjudice corporel ou matériel constitue un délit civil.*

4. *Si le défendeur peut prouver que le demandeur a, par sa négligence, contribué à l'accident, il pourra être dégagé de responsabilité ou obtenir une révision des dommages et intérêts.*

5. *La responsabilité d'un employeur envers ses employés implique de leur fournir des machines en bon état, un dispositif de sécurité et un personnel compétent.*

6. *Aux États-Unis, la majeure partie des litiges relatifs à la responsabilité civile extra-contractuelle sont jugés par un jury.*

7. *La maxime* volenti non fit injuria *signifie qu'une personne qui a expressément donné son accord pour courir un risque ne peut ensuite engager des poursuites sur le fondement du préjudice subi en conséquence de la matérialisation de ce risque.*

8. *Le droit américain de la diffamation donne à la libre expression le bénéfice du doute et oblige le demandeur à prouver l'inexactitude de la déclaration incriminée.*

9. *Aux termes de la loi de 1971 sur les animaux, le propriétaire d'un animal qui appartient à une espèce dangereuse (c'est-à-dire un animal qui n'est pas normalement domestiqué dans les îles Britanniques) est responsable de tous les dégâts que peut causer cet animal.*

10. *Un employeur est tenu pour responsable par substitution des délits civils commis par son serviteur, c'est-à-dire par la personne qu'il emploie aux termes d'un contrat de service.*

11. *La pleine responsabilité est implicite dans certains dommages personnels résultant de la diffamation et d'activités à hauts risques, que ceux-ci soient intentionnels ou qu'ils résultent de la négligence.*

12. *Bien qu'aux États-Unis la règle de la part de responsabilité de la victime prévale, ce qui permet au défendeur de dégager sa responsabilité en dépit de sa propre négligence après avoir prouvé que la négligence du demandeur a contribué au préjudice, cette règle n'est pas suivie par de nombreux jurys.*

13. *Aux États-Unis le droit de la responsabilité civile est essentiellement droit des États et varie d'un État à l'autre ; il est avant tout fondé sur la jurisprudence et sur quelques lois promulguées dans certains États.*

Vocabulary

abatement : *interruption, suppression*
assault : *agression*
award : *octroi, attribution*
  damage awards : *octroi de dommages et intérêts*

battery : *voies de fait, coups et blessures*

care : *soin*
careless statement : *déclaration négligente*
chattel : *biens meubles, possessions*
to collide : *entrer en collision avec*
compensation : *dédommagement, compensation financière*
compensatory : *compensatoire*
consenting (victim) : *(victime) consentante*
conversion : *rétention du bien d'autrui*
corporation : *personne morale, entité dotée de la personnalité morale*

damage : *préjudice*
damages : *dommages et intérêts, compensation financière*
  unliquidated damages : *dommages non liquidés, dommages dont le montant est fixé par le jury ou le tribunal*
defamation : *diffamation*
defence : *défense, justification*
to deny (the facts) : *nier (les faits)*
detinue : *saisie abusive des biens d'autrui*
duty : *devoir, obligation*
  duty of care : *obligation de soin*
  legal duty : *obligation légale/imposée par la loi*

expense of (at the) : *au détriment de*

fair : *objectif, impartial, juste*
foreseeable : *prévisible*
foresight : *prévision, capacité de prévoir*

goods : *biens meubles, possessions, marchandises, produits*

harm : *mal, tort, dégât*

imprisonment : *emprisonnement*
  false imprisonment : *emprisonnement abusif/illégal*
injured person : *victime*
injurious : *nuisible, dommageable, préjudiciable*
injury : *blessures, préjudice corporel*
intentional : *intentionnel, délibéré, volontaire*
interference : *ingérence*
  wrongful interference : *ingérence illégale/abusive*

land : *terre, biens immeubles*
lawful : *légal*
liability : *responsabilité civile*
  to escape liability : *être dégagé de toute responsabilité*

LE DROIT DE LA RESPONSABILITÉ CIVILE
Vocabulaire

liable : *civilement responsable, passible de poursuites civiles*
　to hold liable : *tenir pour responsable*
libel : *diffamation écrite*
loss : *perte, préjudice*

misrepresentation : *déclaration erronée*
　negligent misrepresentation : *déclaration erronée faite par négligence*
mistake : *erreur*

negligence : *négligence*
　contributory negligence : *responsabilité partagée par suite de négligence mutuelle*
negligent : *négligent*
negligently : *par négligence*

privacy : *la vie privée*
private person : *particulier*
punitive : *punitif*

recovery : *recouvrement, restitution, compensation financière*
reparation : *réparation*
responsibility : *responsabilité*

slander : *calomnie, diffamation orale*
to slander (someone) : *calomnier (quelqu'un)*
statement : *déclaration*
　statement of opinion : *déclaration d'opinion*
to suffer (damage) : *subir (un préjudice)*

tort : *délit civil, responsabilité extra-contractuelle*
tortfeasor : *auteur d'un délit civil*
tortious : *délictueux*
trespass : *atteinte à la propriété privée*

Archaic law of defamation
is in need for reform

Rock singer Elton Jones, it was announced on Monday, settled his libel action against *The Sun*. The newspaper admitted that the stories printed about him were untrue. He will get 1 m. pounds sterling in damages. This confirms the sharply rising trend in libel damages [...]. Recent UK awards [...] are often larger than many made in serious personal injury cases, and this can be partly explained by the rule that libel damages need not be limited to actual, proved loss [...]. The US law of defamation is no better. It maintains the same archaic distinctions between libel and slander and the same inadequate choice of remedies. Damage awards are even more capricious than in England [...].

David A. ANDERSON and Basil S. MARKESINIS,
The Financial Times, December 15, 1988.

La loi sur la diffamation,
désormais archaïque, a besoin d'être révisée

On a annoncé lundi que le chanteur de rock Elton Jones a arrêté ses poursuites en diffamation contre le journal The Sun. *Le journal a reconnu que ce qu'il avait imprimé à son sujet était faux. Le chanteur va recevoir 1 million de livres de dommages et intérêts. Cette somme confirme la tendance à octroyer des dommages et intérêts de plus en plus élevés [...]. Les prestations compensatoires accordées par les tribunaux du Royaume-Uni [...] sont souvent plus importantes que les dommages et intérêts octroyés pour des dommages corporels graves. Ce phénomène s'explique en partie par la règle qui veut que, pour obtenir des dommages et intérêts pour diffamation écrite, il n'est pas nécessaire de prouver le préjudice réellement subi [...]. Le droit américain de la diffamation n'est guère meilleur. Il garde les mêmes distinctions archaïques entre diffamation écrite et diffamation orale et il offre le même choix de remèdes inadaptés. L'octroi de dommages et intérêts est encore plus fantaisiste qu'en Angleterre.*

David A. ANDERSON et Basil S. MARKESINIS,
The Financial Times, *15 décembre 1988.*

8

ENGLISH LAW OF CONTRACTS
LE DROIT ANGLAIS DES CONTRATS

8

Introduction

A contract is a legally binding agreement. An agreement occurs when two minds meet upon a common purpose. This "meeting of minds" is called *consensus ad idem*, i.e. consent to the matter.

1. Two main types of contracts

a) **Specialty contracts** (or contracts by deed or contracts under seal) are used for various transactions such as conveyances of land, a lease of property for more than three years, articles of partnership, settlements. The characteristics of a contract by deed are that it is 1) signed, 2) sealed and 3) delivered. A specialty must be registered by a solicitor.

b) **Simple contracts** or "parol" contracts are informal contracts. They may be made in any form, orally, in writing, by telephone, telegram, or by implication from conduct (a person who takes a seat in a bus is entering into an implied contract to pay his or her fare). They must include some consideration.

2. Formation of a valid simple contract

The following elements are necessary:

a) Intention to create legal relations (*animus contrahendi*).

b) Offer and acceptance: there must be an offer made by one party and an unreserved acceptance of that offer by the other party. Silence is not considered as an acceptance.

c) Consideration: or the price for which the promise of the other party is bought. Consideration must be present or future (executed or executory); it must not be previous to the contract itself (past consideration), except in the case of services rendered at the express request of the orther party.

d) Certainty of terms. There are two types of terms:

• Express terms (oral or written) must state clearly and precisely the rights and obligations of each party. Express terms are of two kinds:

— conditions which go to the root of the contract;

— warranties or terms of the contract which are collateral or subsidiary to the main purpose of the contract.

• Implied or innominate terms: the contents of a contract include general rules which are not formulated (commercial local usages, customs or statutes), but to which the courts will give as much importance as to the express terms.

LE DROIT ANGLAIS DES CONTRATS
Introduction

Un contrat est un engagement exécutoire. Il y a engagement lorsqu'il y a rencontre de deux volontés, lorsque les deux parties s'accordent sur un objet commun. On dit alors qu'il y a *consensus ad idem*, ou accord sur la chose.

1. Deux principaux types de contrats

a) **Les contrats formels ou spéciaux** (actes notariés ou actes authentiques) sont utilisés pour un certain nombre de transactions, tels les transferts de propriété, les baux de plus de trois ans, les contrats d'association et les donations. Un contrat formel doit être 1) signé, 2) revêtu d'un sceau et 3) remis en mains propres. Les contrats formels doivent être enregistrés (devant notaire).

b) **Les contrats ordinaires ou non formels** (de loin les plus nombreux) peuvent être conclus par écrit, verbalement, par téléphone, par télégramme ou simplement déductibles de la conduite des parties (quiconque s'assoit dans un autobus s'engage implicitement à payer son billet). Ce sont nécessairement des contrats à titre onéreux.

2. Formation d'un contrat ordinaire

Les conditions suivantes doivent être réunies :

a) Intention de créer un lien juridique de caractère obligatoire (*animus contrahendi*).

b) Existence d'une offre et d'une acceptation : le contrat n'est formé qu'après qu'une offre a été faite par l'une des parties et acceptée sans réserve par l'autre partie. Le silence ne vaut pas acceptation.

c) Existence d'une contrepartie, ou prix qu'une partie accepte de payer en échange de la promesse ou de l'engagement de l'autre partie. Il faut que la contrepartie soit présente ou future (exécutée ou exécutoire) ; elle ne doit pas être antérieure au contrat lui-même (contrepartie passée), sauf dans le cas de services rendus à la demande expresse de l'autre partie.

d) Existence de clauses suffisamment précises. Il existe deux sortes de clauses :

• Les clauses expresses (verbales ou écrites) doivent définir avec clarté et précision les droits et les obligations de chaque partie. On distingue, parmi les clauses expresses :

— les clauses fondamentales ou clauses vitales au contrat qui affectent l'existence même du contrat ;

— les clauses collatérales ou subsidiaires ou clauses secondaires à l'objet principal du contrat.

• Les clauses implicites : tout contrat contient des clauses implicites ou règles générales de droit qui ne sont pas formulées (usages commerciaux locaux, coutumes, droit écrit...). Le juge accordera à ces clauses autant d'importance qu'aux clauses expresses.

2. Formation of a valid contract *(ctd)*

e) Capacity of the parties: the general rule is that any person may enter into a binding contract. Yet special rules affect infants and minors, insane and drunken persons, enemy aliens and corporations.

f) Legality of the object: a contract is illegal if it contravenes a statute, or the common law, or morality.

g) Genuine consent: the following elements may vitiate consent, 1) mistake: the general rule of common law is that mistake does not affect the validity of a contract. However, some kinds of mistakes, known as "operative" mistakes, undermine the agreement so that there is no true consent and render the contract void; 2) misrepresentation: a misrepresentation makes the contract voidable: the aggrieved party will have to go to court to have the contract declared void. It has to be active: silence does not amount to misrepresentation. There are three kinds of misrepresentation: innocent (when the defendant, in good faith, is unaware that his statement is wrong), negligent (when the defendant is unaware that his statement is wrong but is liable for not controlling its authenticity), fraudulent (when the defendant intentionally makes false statements); 3) duress; 4) undue influence.

For a contract to be valid, all the above elements must be present. If one or more is absent the contract is void or voidable.

3. Privity of contract

As a general rule, a contract cannot be opposed to third parties. However, English law has admitted large exceptions to the principle which are known as agency and trust and necessarily imply third parties.

4. Discharged contract

A contract may be discharged by: a) agreement; b) performance; c) breach; d) frustration; e) operation of the law, for example, lapse of time; where it is entered into for a particular period of time a contract is discharged at the expiration of that period.

e) Capacité des parties à contracter : en règle générale, n'importe qui peut contracter. Des règles spéciales limitent cependant la capacité des mineurs, des aliénés, des personnes reconnues en état d'ivresse, des ressortissants de pays ennemis et des personnes morales.

f) Légalité de l'objet du contrat : un contrat est illicite s'il enfreint une loi écrite, les règles de la **common law** ou les règles de la morale.

g) Existence d'un consentement authentique : le consentement sera considéré comme vicié s'il y a eu, 1) erreur : la règle générale posée par la **common law** est que l'erreur n'affecte pas la validité d'un contrat. Cette règle connaît cependant un certain nombre d'exceptions, dans lesquelles l'erreur, dite « erreur-obstacle », rend le contrat nul ; 2) déclaration inexacte : une déclaration inexacte rend le contrat annulable ; la partie victime devra en demander l'annulation par un juge. Pour qu'il y ait déclaration inexacte, il doit y avoir déclaration explicite : le silence ne constitue pas une forme de déclaration inexacte. Il y a trois types de déclarations inexactes : innocente (lorsque le défendeur, de bonne foi, ignore que son affirmation est erronée), négligente (lorsque le défendeur ignore qu'il affirme une chose inexacte, mais aurait dû, pour des raisons professionnelles par exemple, en vérifier l'exactitude), frauduleuse (lorsque le défendeur a intentionnellement affirmé des choses inexactes) ; 3) violence physique ; 4) intimidation.

Pour qu'un contrat ordinaire soit valable, il faut que toutes les conditions énumérées ci-dessus soient réunies. Si l'une d'elles est absente, le contrat sera, selon le cas, nul ou annulable.

3. Effet relatif du contrat

En règle générale, un contrat n'est pas opposable à des tiers. À cette règle, le droit anglais admet cependant deux exceptions importantes, connues sous le nom de « représentation » et de « fidéicommis » (gestion des biens de A par B pour le bénéfice de C), qui impliquent nécessairement des tiers.

4. Contrat « résolu »

Un contrat peut prendre fin et être dit « résolu » : a) par convention entre les parties ; b) par exécution du contrat ; c) par rupture du contrat ; d) par impossibilité d'exécution ; e) par application de la loi, par exemple, par prescription extinctive : lorsque le contrat prévoit une limite dans le temps pour son exécution, il est résolu à l'expiration de la période prévue.

5. Document

Section 2

(1) A person cannot by reference to any contract term or to a notice [...] exclude or limit his liability for death or personal injury resulting from negligence.

(2) In the case of other loss or damage, a person cannot so exclude or restrict his liability for negligence except in so far as the term or notice satisfies the requirement of reasonableness.

(3) Where a contract term or notice purports to exclude or restrict liability for negligence a person's agreement to or awareness of it is not of itself to be taken as indicating his voluntary acceptance of any risk.

Section 3

(1) This section applies as between contracting parties where one of them deals as consumer or on the other's standard terms of business.

(2) As against that party, the other cannot by reference to any contract term

  a) when himself in breach of contract, exclude or restrict any liability of his in respect of the breach; or
  b) claim to be entitled:
    — to render a contractual performance substantially different from that which was reasonably expected of him, or
    — in respect of the whole or any part of his contractual obligation, to render no performance at all,
except in so far as (in any of the cases mentioned above in this subsection) the contract term satisfies the requirement of reasonableness.

Section 5

(1) In the case of goods of a type ordinarily supplied for private use or consumption, where loss or damage

  a) arises from the goods proving defective while in consumer use; and
  b) results from the negligence of a person concerned in the manufacture or distribution of the goods,
liability for the loss or damage cannot be excluded or restricted by reference to any contract term or notice contained in or operating by reference to a guarantee of the goods.

LOI DE 1977 RELATIVE AUX CLAUSES CONTRACTUELLES ABUSIVES

Article 2

al. 1. Une personne ne pourra se prévaloir d'une clause contractuelle ou d'un avis […] pour exclure ou limiter sa responsabilité en cas de mort ou de dommages corporels résultant de sa négligence.

al. 2. Dans le cas de perte ou de préjudice autre, une personne ne pourra exclure ou limiter sa responsabilité pour négligence de cette même manière, sauf dans la mesure où la clause contractuelle ou l'avis revêt un caractère raisonnable.

al. 3. Lorsqu'une clause contractuelle ou un avis vise à exclure ou à limiter la responsabilité pour négligence, le fait qu'une personne l'ait accepté(e) ou en ait eu connaissance ne signifie pas, en soi, que cette personne accepte volontairement tous les risques.

Article 3

al. 1. Le présent article s'applique aux parties à un contrat lorsque l'une d'entre elles agit en qualité de consommateur ou accepte le contrat type imposé par le cocontractant.

al. 2. Contre cette partie, le cocontractant ne peut se prévaloir d'une clause contractuelle

a) alors que lui-même a manqué à ses obligations, pour exclure ou limiter la responsabilité résultant d'un tel manquement ; ou

b) pour prétendre qu'il est en droit :
  — d'offrir une prestation contractuelle substantiellement différente de celle qu'on pouvait raisonnablement attendre de lui ; ou
  — de refuser d'exécuter le contrat, pour tout ou partie de ses obligations,

sauf dans la mesure où (et ceci s'applique à tous les types de cas mentionnés au présent alinéa) la clause contractuelle revêt un caractère raisonnable.

Article 5

al. 1. Dans le cas de marchandises du type habituellement fourni pour l'usage privé ou la consommation, lorsque la perte ou le préjudice

a) provient d'un défaut des marchandises qui est découvert lors de leur utilisation par le consommateur ; et

b) résulte de la négligence d'une personne impliquée dans la fabrication ou la distribution des marchandises,

la responsabilité pour la perte ou le préjudice ne pourra être exclue ou limitée par le biais d'une clause contractuelle ou d'un avis contenu dans, ou applicable par référence à, une garantie de ces marchandises.

171

1. Today, sealing a contract means that the solicitor affixes to the contract a paper wafer which is touched by the person making the deed.

2. Undue influence is a more subtle form of pressure than duress: it is exerted upon persons who are in a weaker position.

3. To be valid, a simple contract must include elements of written proof.

4. The terms of the contract determine the extent of the obligations that it creates.

5. Parties to a contract may agree on anything which does not contravene the law.

6. When a contract is enforceable the courts will lend their aid to the enforcement of the agreement.

7. Beware : an unenforceable contract is not necessarily invalid (void).

8. The contract is a specialty. (The contract was passed before a solicitor.)

9. The courts may declare that the contract is disclosed (discharged) by frustration.

10. Beyond a certain lapse of time, no party can bring any action on the contract.

11. Absence of consensus makes the contract void *ab initio*.

12. The contract was set aside at the request of the innocent party on the ground that consent was vitiated.

13. The plaintiff entered into a contract to buy a freehold house from the defendant.

14. Specialty contracts or contracts by deed or contracts under seal are used for various transactions, such as conveyances of land, a lease of property for more than three years, articles of partnership, settlements.

15. Some contracts must be made by deed, some in writing and some must be evidenced by writing to be enforceable.

16. An agreement will not be legally binding if the parties do not intend to create legal relations.

1. *De nos jours, « revêtir un contrat d'un sceau » signifie que le notaire y appose son timbre, que doit toucher l'auteur de l'acte.*

2. *La violence morale est une forme de pression plus subtile que la violence physique (elle s'exerce sur des personnes en position de faiblesse).*

3. *Pour être valable, un contrat simple doit comporter des éléments de preuve écrite.*

4. *Les clauses du contrat définissent l'étendue des obligations de chacune des parties.*

5. *Les parties à un contrat sont libres de convenir l'une avec l'autre de ce que bon leur semble dans le cadre de la loi.*

6. *Lorsqu'un contrat est exécutoire, le juge accordera le secours de la loi pour en imposer l'exécution.*

7. *Attention : un contrat non exécutoire n'est pas nécessairement nul.*

8. *Le contrat a été signé devant notaire.*

9. *Le juge peut déclarer un contrat résolu pour impossibilité d'exécution.*

10. *Au-delà d'un certain laps de temps, aucune des parties ne peut intenter une action portant sur le contrat.*

11. *S'il n'y a pas accord sur la chose, le contrat est nul de nullité absolue.*

12. *Le contrat a été écarté pour vice du consentement à la demande de la partie qui est de bonne foi.*

13. *Le demandeur conclut un contrat par lequel il achetait en pleine propriété au défendeur une maison.*

14. *Les contrats formels (actes notariés ou actes authentiques) sont utilisés pour un certain nombre de transactions, tels les transferts de propriété, les baux de plus de trois ans, les contrats d'association et les donations.*

15. *Certains contrats doivent être obligatoirement conclus par acte notarié, d'autres doivent être écrits, d'autres doivent comporter des éléments de preuve écrite pour être exécutoires.*

16. *Un engagement ne sera exécutoire que si les parties entendent lui donner un caractère juridique.*

acceptance : *acceptation*
  manifest acceptance : *acceptation active*
  unreserved acceptance : *acceptation sans réserve*
action : *procès*
  to bring an action : *intenter un procès au civil*
adequacy of consideration : *équivalence des prestations* ; le droit anglais ne la requiert pas dans un contrat
agreement : *convention, accord*
to avoid : *annuler* (un contrat)

to be bound : *s'obliger, s'engager*
breach (of contract) : *rupture (de contrat)*

co-contractant : *l'autre partie, le cocontractant*
condition : *clause fondamentale*
consensus (ad idem) : *accord sur la chose*
consent : *consentement*
  genuine consent : *consentement authentique, non vicié*
consideration : *cause, contrepartie, profit*
contract : *contrat*
to contract : *signer un contrat, contracter*
covenant : *contrat*

damages : *dommages et intérêts*
deed : *acte authentique, acte notarié*
defendant : *défendeur*
discharge : *résolution* (du contrat)
  discharge by agreement : *résolution par convention entre les parties*
  discharge by breach : *résolution par rupture de contrat*
  discharge by frustration : *résolution par impossibilité d'exécution*
  discharge by lapse of time : *résolution par prescription extinctive*
  discharge by performance : *résolution par exécution du contrat*
discharged : *résolu*
to disclose : *résoudre*
duress : *violence physique*

enforceable : *exécutoire*

to forbear : *s'abstenir*
frustration : *impossibilité d'exécution*

gentlemen's agreement : *accord de caractère amical*, sans valeur de contrat

illegal : *illicite*
invalid : *nul*

invitation to treat : *invitation à faire des offres, proposition à entrer en relation d'affaires sans conséquences juridiques* (envoi d'un catalogue...)

limitation : *prescription, limitation*
  limitation term : *clause prescriptive*

misrepresentation : *déclaration inexacte*
mistake : *erreur*
  operative mistake : *erreur opérante, erreur-obstacle*

obligation : *obligation*
offer : *offre*
offeree : *récipiendaire de l'offre*
offerer : *offrant*

party : *partie* (à un contrat)
plaintiff : *plaignant, demandeur*
privity (of contract) : *effet relatif du contrat*
promise : *promesse, engagement*
  definite promise : *promesse formelle*
proof : *preuve*
  written proof : *preuve écrite*

representation : *affirmation, déclaration*
to repudiate : *répudier* (un contrat)

seal : *sceau*
  contract under seal : *acte authentique, acte notarié*
to seal : *sceller, authentifier un contrat*
to set aside : *écarter* (un contrat)
settlement : *donation*
specialty : *contrat formel, acte authentique*

term : *clause*
  express term : *clause expresse*
  implied term : *clause implicite*
to terminate : *résilier*

undue influence : *violence morale, intimidation*

valid : *valable, exécutoire*
to vitiate : *vicier* (le consentement)
void : *nul*
  void *ab initio* : *nul de nullité absolue*
voidable : *annulable*

to waive : *renoncer à* (un droit, une requête)
waiver : *renonciation*
warranty : *clause collatérale, subsidiaire*

8. Document

Harbour Insurance Co (UK) Ltd
v. Kansa General International Insurance Co Ltd
and Others (October 1991)

The plaintiff claimed a declaration that it was not liable to the defendants under allegedly illegal retrocession agreements on the ground that they had carried on unauthorised insurance business in breach of the Insurance Companies Acts. The defendants contested the allegations and sought that the proceedings be stayed under s. 1 of the Arbitration Act 1975. They argued that the arbitration was a severable and self-contained agreement that survived the hypothetical illegality [...]. Held: the principle of separability did not extend to *ab initio* illegality of the contract in which the arbitration clause was embedded. The application for a stay of the illegality issue was dismissed.

The Financial Times (Law Reports),
January 3, 1992.

Harbour Insurance Co Ltd
c. Kansa General International Insurance Co Ltd
et d'autres (octobre 1991)

Le demandeur sollicitait une déclaration formelle du juge comme quoi il n'était pas responsable envers les défendeurs au titre d'accords de rétrocession prétendument illégaux au motif que ceux-ci avaient procédé à des réassurances non autorisées en violation des lois sur les compagnies d'assurances. Les défendeurs ont contesté ces allégations et ont demandé que la procédure soit arrêtée en application de l'article 1 de la loi de 1975 sur l'arbitrage. Ils ont avancé que l'arbitrage était un accord indépendant et autonome dont la validité n'était pas affectée par une illégalité hypothétique [...]. Pour le juge, le principe de la séparabilité ne s'étendait pas aux cas où le contrat contenant la clause d'arbitrage était entaché de nullité absolue pour illégalité. La demande d'arrêt de la procédure relative à l'illégalité a été rejetée.

The Financial Times, *3 janvier 1992.*

9

AMERICAN LAW OF CONTRACTS
LE DROIT AMÉRICAIN DES CONTRATS

9 1. Doctrine

The law of contracts deals with the enforcement of promissory obligations. Contractual liability derives from consent freely given in the form of a promise whether express or implied from the acts of the parties. The courts will sometimes imply a promise ("implied in law" or "quasi contract") to prevent unfair profit even in the absence of consent on the part of the party bound by it. Contract law applies to a wide range of agreements concerning employment, insurance, sale of goods, sale of land, services, etc., and to such varied parties as individuals, business organizations and governmental entities.

Contract law is more state than federal law although differences from state to state are generally notional. It is mainly case-law but more and more problems are now governed by statutes. Thus the **Uniform Commercial Code** provides for the formation of contracts for the sale of goods, and by the **Tucker Act 1887**, as amended, the United States government has waived its sovereign immunity in contract actions by accepting to appear in the federal courts.

A contract may be defined as a promise for the breach of which the law gives a remedy. Indeed the word "contract" applies to the series of acts by which the parties gave their agreement, to any executed document or to the legal relations which have resulted. For a promise to be enforceable (i.e. for the law to give a remedy) at least two criteria must be met: these are respectively the requirement of a writing and the requirement of a consideration.

The former derives from the **English Statute of Frauds of 1677**, enacted throughout the United States and providing that certain types of contracts must be evidenced by a writing, such as contracts to sell goods above a minimum value, sales of land, contracts to be liable for the debt of another and contracts to be performed after a one-year period.

However most contracts to furnish services do not come under these provisions and are enforceable without a writing. Although the greatest part of the English Statute of Frauds was repealed in 1954, its abolition is not yet foreseeable in the United States.

Le droit des contrats traite de l'exécution des promesses à caractère obligatoire. La responsabilité contractuelle trouve son origine dans l'accord librement consenti sous forme de promesse expresse ou déductible des actions des parties. Les tribunaux estiment parfois qu'il y a promesse (« implicite selon la loi » ou « quasi-contrat ») afin d'empêcher tout bénéfice illicite même en l'absence de consentement de la partie liée par cette promesse. Le droit des contrats s'applique à une vaste gamme d'accords sur l'emploi, les assurances, la vente de marchandises, les transactions immobilières, les services, etc., et à de nombreuses parties incluant les particuliers, les sociétés commerciales et industrielles et les organismes gouvernementaux.

Le droit des contrats est fondé plus sur la législation de chaque État que sur la législation fédérale bien que les différences d'un État à l'autre soient infimes. Il s'agit surtout de jurisprudence bien que de plus en plus de problèmes soient réglés par le législateur. Ainsi le Code général de commerce prévoit l'établissement de contrats de vente de marchandises et, par le biais de la loi Tucker de 1887 et de ses amendements, le gouvernement des États-Unis a renoncé à son immunité souveraine en matière d'actions contractuelles en acceptant de comparaître devant les tribunaux fédéraux.

Le contrat peut se définir comme la promesse pour laquelle la loi offre des recours en cas de manquement. En fait, le terme « contrat » s'applique à une série d'actions par lesquelles les parties ont exprimé leur accord, à n'importe quel document signé ou aux liens juridiques qui en ont résulté. Pour qu'une promesse soit exécutoire (c'est-à-dire pour qu'un recours en justice soit possible), au moins deux conditions doivent être remplies : ce sont respectivement l'existence d'un document écrit et l'existence d'une contrepartie.

La première exigence a son origine dans la législation anglaise sur les fraudes de 1677, qui a force de loi à travers tous les États-Unis et qui prévoit que certains types de contrats doivent être prouvés par écrit : vente de marchandises d'une valeur minimale, ventes immobilières, caution pour la dette d'un tiers, contrats dont l'exécution n'est exigée qu'après un délai d'un an.

Cependant, la plupart des contrats de prestation de services n'entrent pas dans ces catégories et sont exécutoires sans document écrit. Bien que la majeure partie des dispositions de la loi anglaise sur les fraudes ait été supprimée en 1954, l'abrogation de ce texte de loi n'est pas encore envisagée aux États-Unis.

9

1. Doctrine *(ctd)*

The latter (consideration) is first and foremost something for which the promisor has bargained and which he has received in exchange for his own promise; this may be either another promise given in return — the contract is then known as bilateral — or another act given in return — the contract is then unilateral. However, there are a few instances of business promises in which the requirement of consideration is not met: for instance, the promise to pay for goods or services which have already been furnished at the time the promise is made; or the device (called "option") by which the offeree holds the offeror to his promise by paying him a nominal sum as consideration, and thus turns the rule according to which the offeror can revoke his offer at any time before its acceptance by the offeree. In some cases, even though there is no consideration, the offeror may be estopped by the courts from coming back on his promise when the offeree has relied upon it to his detriment. Finally a number of states have enacted laws by which an offer is irrevocable, even without consideration, if it is contained in a signed writing stating that it is irrevocable. Thus, there has been a tendency to remedy the deficiencies of the doctrine of consideration rather than to discard it.

In the United States, contracts, like statutes, are characteristically detailed and prolix. Those prepared by lawyers are often compounded of standard clauses, popularly known as "boilerplate", taken from other agreements kept on file or from form books. Even when a lawyer is not directly involved, the parties may use or incorporate by reference a standard printed form which has been drafted by a lawyer, perhaps for a particular enterprise, perhaps for an association of enterprises, or perhaps for sale to the general public.

This attention to detail may be due to a number of causes, including the standardization of routine transactions, the frequent involvement of lawyers in all stages of exceptional transactions, the inclination to use language which has been tested in previous controversies, and the desire to avoid uncertainty when the law of more than one state may be involved. All of these add to the general disposition of the case-oriented American lawyer to provide expressly for specific disputes which have arisen in the past or which might be foreseen in the future.

La seconde exigence (la contrepartie) est avant tout ce qu'a obtenu le promettant par la négociation et ce qu'il a reçu en échange de sa promesse ; la contrepartie peut être soit un engagement donné en échange (il s'agit alors d'un contrat bilatéral) soit une action offerte en échange (le contrat est alors unilatéral). Il existe cependant des exemples d'engagements commerciaux dans lesquels l'exigence d'une contrepartie n'est pas satisfaite : il en va ainsi de l'engagement de payer les biens ou services déjà fournis au moment où la promesse est donnée ou bien du procédé (appelé « option ») par lequel le cocontractant empêche l'offrant de revenir sur sa promesse en lui versant une somme symbolique en contrepartie et ainsi contourne la règle selon laquelle l'offrant peut annuler son offre à n'importe quel moment avant son acceptation par le cocontractant. Dans certains cas, même s'il n'y a pas de contrepartie, l'offrant peut être empêché par les tribunaux de revenir sur sa promesse lorsque le récipiendaire de l'offre, agissant sur la foi de celle-ci, a subi un préjudice. En fin de compte, un certain nombre d'États ont promulgué des lois rendant l'offre irrévocable, même sans contrepartie, si elle est incluse dans un écrit signé déclarant son irrévocabilité. La tendance est donc de pallier les carences de la doctrine de la contrepartie plutôt que de la rejeter.

Les contrats, tout comme les textes de lois, présentent aux États-Unis un caractère détaillé et prolixe. Ceux que rédigent les avocats se réduisent souvent à des clauses types, communément appelées « jargon d'homme de loi », empruntées à d'autres contrats déjà archivés ou à des recueils de contrats types. Même si l'acte n'implique pas la participation directe d'un avocat, les parties contractantes peuvent utiliser ou inclure en s'y référant un contrat type déjà imprimé établi par un avocat soit pour une entreprise soit pour un groupe d'entreprises ou un contrat type destiné à être vendu au public.

L'attention prêtée au détail peut s'expliquer par un certain nombre de raisons, parmi lesquelles figurent l'uniformisation des opérations de routine, la participation fréquente d'avocats à toutes les étapes d'opérations exceptionnelles, la propension à utiliser la terminologie qui a servi au cours de litiges antérieurs et la volonté d'éviter l'imprécision lorsqu'on doit faire appel à la législation de deux États ou plus. Tous ces éléments s'ajoutent à la tendance qu'ont généralement les avocats américains à s'appuyer sur la jurisprudence afin de se prémunir expressément contre des conflits qui se sont produits auparavant ou qu'il est possible de prévoir.

A related phenomenon is the widespread use of standard form "contracts of adhesion", such as tickets, leases, and retail sales contract, which are forced upon one party with inferior bargaining power. In recent years, courts and legislatures have become increasingly concerned with the effects which unrestrained freedom of contract may have in such situations. Courts which had always refused to enforce agreements contemplating crimes, torts, or other acts which were clearly contrary to the public interest, began, under the guise of interpreting the contracts, to favor the weaker party and in extreme cases to deny effect to terms dictated by one party even where the subject of the agreement was not in itself unlawful.

Legislatures enacted statutes fixing terms, such as maximum hours and minimum wages for employment, or even prescribing entire contracts, such as insurance policies, and gave administrative bodies the power to determine rates and conditions for such essential services as transportation and electricity; nevertheless, in spite of the erosion of the doctrine of freedom of contracts in many areas, the doctrine is still the rule rather than the exception.

On peut mentionner sous cette même rubrique l'usage répandu de contrats types « d'adhésion ». tels que les billets de transport, les baux et les contrats de vente au détail qui sont imposés à la partie possédant le moins d'influence dans la négociation. Au cours des dernières années, les tribunaux et le législateur se sont montrés de plus en plus inquiets devant les effets que peut produire en de pareils cas une liberté de contracter sans restrictions. Des tribunaux qui s'étaient toujours refusés à donner effet à des contrats qui menaient à des crimes, à des délits civils ou à d'autres actes de toute évidence contraires à l'intérêt public, ont commencé, sous prétexte d'interpréter les contrats, à défendre la partie la plus faible et, dans des cas extrêmes, à refuser de donner effet à des clauses imposées par une partie même lorsque l'objet du contrat n'était pas en lui-même illicite.

Le législateur a promulgué des lois fixant certaines clauses, telles que l'horaire de travail maximum ainsi que le salaire minimum ou bien même prescrivant des contrats entiers comme dans le cas des polices d'assurance ; il a accordé à des organismes administratifs le pouvoir de fixer les barèmes et les conditions pour des services aussi essentiels que les transports et l'électricité. Néanmoins, en dépit de l'érosion de la doctrine de la liberté de contracter dans de nombreux secteurs, cette doctrine demeure la règle plutôt que l'exception.

UNIFORM COMMERCIAL CODE

2-314. Implied Warranty: Merchantability; Usage of Trade

(1) Unless excluded or modified (section 2-316), a warranty that the goods shall be merchantable is implied in a contract for their sale if the seller is a merchant with respect to goods of that kind. Under this section the serving for value of food or drink to be consumed either on the premises or elsewhere is a sale.

(2) Goods to be merchantable must be at least such as

a) pass without objection in the trade under the contract description; and

b) in the case of fungible goods, are of fair average quality within the description; and

c) are fit for the ordinary purposes for which such goods are used; and

d) run, within the variations permitted by the agreement, of even kind, quality and quantity within each unit and among all units involved; and

e) are adequately contained, packaged, and labeled as the agreement may require; and

f) conform to the promises or affirmations of fact made on the container or label if any.

(3) Unless excluded or modified (section 2-316) other implied warranties may arise from course of dealing or usage of trade.

2-315. Implied Warranty: Fitness for Particular Purpose

Where the seller at the time of contracting has reason to know any particular purpose for which the goods are required and that the buyer is relying on the seller's skill or judgment to select or furnish suitable goods, there is unless excluded or modified under the next section an implied warranty that the goods shall be fit for such purpose.

CODE GÉNÉRAL DE COMMERCE

2-314. Garantie implicite : commercialisabilité ; usages commerciaux

(1) Sauf exonération ou modification (article 2-316), une garantie comme quoi les marchandises sont commercialisables est implicite dans un contrat relatif à leur vente si le vendeur fait le commerce de marchandises de ce type. Aux termes du présent article, le fait de servir contre de l'argent de la nourriture ou de la boisson à consommer soit sur place soit ailleurs constitue une vente.

(2) Pour être commercialisables, les marchandises doivent au minimum

a) porter dans la profession le nom qui leur est donné dans le contrat ; et

b) dans le cas de marchandises fongibles, correspondre à une bonne qualité moyenne pour la catégorie ; et

c) être adaptées à l'utilisation qu'on fait habituellement de telles marchandises ; et

d) s'avérer de même nature, qualité et quantité à l'intérieur de chaque unité et pour toutes les unités concernées, avec les variations permises par le contrat ; et

e) être emballées, empaquetées et étiquetées de manière adéquate, en conformité avec le contrat ; et

f) s'avérer conformes aux promesses ou déclarations faites sur l'emballage ou l'étiquetage s'il y en a un.

(3) Sauf exonération ou modification (article 2-316), d'autres garanties implicites peuvent exister à la suite de relations commerciales ou d'usages commerciaux.

2-315. Garantie implicite : adéquation à un usage spécifique

Lorsque le vendeur, lors de la conclusion du contrat, se trouve connaître l'usage spécifique auquel les marchandises sont destinées, et que l'acheteur se fonde sur la compétence ou la capacité du vendeur à choisir ou à fournir des marchandises adéquates, il existe, sauf exonération ou modification prévue à l'article suivant, une garantie implicite comme quoi les marchandises seront adaptées à cet usage.

3. Key sentences

1. The United States government has waived its sovereign immunity in contract actions.

2. It can be sued before the federal courts.

3. Existing statutes tend to weaken the doctrine of consideration.

4. The offeror cannot come back upon (revoke) his offer after its acceptance by the other party.

5. The courts will always protect the weaker party.

6. Nowadays, most transactions involve the participation of a lawyer.

7. American lawyers have a general disposition to include terms which provide for every possible circumstance.

8. The assignment of a contract involves the transfer of the rights to and the duties of performance.

9. The assignor in the case of a bilateral contract assigns the rights to performance and delegates his duties.

10. He tried to come back upon his promise but the court estopped him.

11. In the event of an act of God, the contract will be declared discharged by frustration.

12. The court ordered the forfeiture of all his property.

13. In every promise, the promisor is an obligor, with a duty to perform, and the promisee is an obligee.

14. Where the contract would result in unfairness, the court may rescind it.

15. A contract is a promise for the breach of which the law gives a remedy.

16. A promise is enforceable when there exist the following two elements in a contract, a writing and a consideration.

17. Contract law is mainly case-law, however more and more problems are governed by statutes.

18. Agreements concerning employment, insurance, sale of goods, sale of land and services come in the ambit of contract law.

9

3. Phrases types

1. *Le gouvernement des États-Unis a renoncé à son immunité souveraine en matière d'actions contractuelles.*

2. *Il peut être poursuivi devant les tribunaux fédéraux.*

3. *La législation en vigueur tend à affaiblir la théorie de la contrepartie.*

4. *L'offrant ne peut revenir sur son offre une fois celle-ci acceptée par l'autre partie.*

5. *Les tribunaux protègent toujours la partie la plus faible.*

6. *De nos jours, la quasi-totalité des transactions impliquent la participation d'un homme de loi.*

7. *Les hommes de loi américains ont une propension à inclure des clauses qui prévoient tous les cas possibles.*

8. *La cession d'un contrat implique le transfert des droits et des obligations à exécuter.*

9. *Dans un contrat bilatéral, le cédant cède ses droits à exécuter et délègue ses obligations.*

10. *Il a essayé de revenir sur sa promesse mais le tribunal l'en a empêché.*

11. *En cas de force majeure, le contrat sera résolu pour impossibilité d'exécution.*

12. *Le juge ordonna que tous ses biens soient confisqués.*

13. *Pour toute promesse, le promettant est un débiteur, avec une obligation à remplir, et celui qui reçoit la promesse est un créancier.*

14. *Si le contrat engendre une injustice, le juge peut décider d'accorder la rescision.*

15. *Le contrat est une promesse pour laquelle la loi offre des recours en cas de manquement.*

16. *La promesse est exécutoire quand sont rassemblés les deux éléments suivants d'un contrat : un document écrit et l'existence d'une contrepartie.*

17. *Le droit des contrats est essentiellement fondé sur la jurisprudence bien que de plus en plus de problèmes soient réglés par le législateur.*

18. *Les accords concernant l'emploi, les assurances, la vente de marchandises, les transactions immobilières et les services sont régis par le droit des contrats.*

4. Vocabulary

act of God : *cas de force majeure*
agreement : *accord, convention, engagement*
to assign : *céder, rétrocéder*
assignee : *cessionnaire*
assignment : *cession*   **assignor** : *cédant*

beneficiary : *récipiendaire, bénéficiaire*
  express beneficiary : *bénéficiaire désigné*
  incidental beneficiary : *bénéficiaire incident*
to bind : *lier*   **bound** : *lié*
breach : *manquement à, rupture*
  breach of contract : *rupture de contrat, manquement à une obligation
  contractuelle*

case-law : *jurisprudence*
clause (of contract) : *clause, terme (d'un contrat)*
  exemption clause : *clause exonératoire*
  limitation clause : *clause limitative*
  standard clauses : *contrat type*
conditions : *conditions*
  concurrent conditions : *conditions réciproques*
  implied conditions : *conditions tacites/implicites*
consent (of parties) : *consentement (des parties)*
consideration : *contrepartie*
  rule of consideration : *règle de la contrepartie obligatoire*
contract : *contrat*
  contract law : *droit des contrats*
  bilateral contract : *contrat bilatéral*
  lawful contract : *contrat licite*
  unilateral contract : *contrat unilatéral*
  unlawful contract : *contrat illicite*
  freedom of contract : *liberté de contracter*
contractant : *contractant*
  co-contractant : *cocontractant*
contractual : *contractuel*
covenant : *convention*

delegation : *délégation*
duty : *devoir, obligation légale*

to enforce : *exécuter*
enforceable : *exécutoire*
enforcement : *exécution*
to be estopped by the court : *être empêché par le tribunal*
estoppel : *l'estoppel* ; principe d'equity qui consiste à empêcher que la
  partie la plus faible soit victime des revirements d'opinion de l'autre partie
exception : *exception*

to force (a condition) upon one party : *imposer (une condition)
  à une partie*
to forfeit : *renoncer à*
  to be forfeited (to) : *échoir à* (l'État)
forfeiture : *perte de biens par confiscation*

implicit : *implicite*
to imply : *déduire*

liability : *responsabilité civile*
  contractual liability : *responsabilité contractuelle*
liable : *responsable* (civilement)
  liable to damages : *passible de dommages et intérêts*

mandatory : *obligatoire*
material (fact) : *(fait) matériel ; important*
materiality : *importance, gravité*

obligation : *obligation*
  promissory obligation : *promesse à caractère obligatoire*
obligee : *créancier*
obligor : *débiteur*
offer : *offre*
  irrevocable offer : *offre irrévocable*
offeree : *récipiendaire de l'offre*
offeror : *offrant*
option : *option, réservation*
  option to purchase : *promesse de vente*

party (to a contract) : *partie à un contrat*
performance (of contract) : *exécution (d'un contrat)*
  decree of specific performance : *ordonnance d'exécution forcée*
precedent : *précédent*
promise : *promesse*
promisee : *celui qui reçoit la promesse, récipiendaire de la promesse*
promisor : *promettant*

to recover : *recouvrer*
recovery : *recouvrement*
  action in recovery : *action en recouvrement*
release : *décharge*
remedy : *recours, réparation*
to rescind (a contract) : *annuler (un contrat)*
rescission : *rescision*
to revoke (an offer) : *révoquer, annuler (une offre)*
right : *droit*
rule : *règle, principe*
  implicative/interpretative/suppletory rule : *règle de loi implicite/
  interprétative/supplétoire*
  mandatory/compulsory rule : *règle de loi impérative, à caractère
  obligatoire*

sale of goods : *vente de marchandises*
subcontracting : *sous-traitance*
subcontractor : *sous-traitant*

term (of a contract) : *clause (d'un contrat)*
  express term : *clause expresse/explicite*
  implied term : *clause implicite*
  unfair term : *clause abusive*
third party : *tiers*

(paper) wafer : *timbre sec*
warranty (US) : *garantie* (= GB : guarantee)
to waive (something) : *renoncer (à quelque chose)*
waiver : *renonciation* (à un droit)

The decisions are clear enough. There can be no warranty, express or implied, without privity of contract (Turner v. Edison Stor. Battery Co; Pearlman v. Garrod Shoe Co) since a warranty is an incident of a contract of sale (Fairbank Canning Co v. Metzger) [..]. Therefore, as to food or other merchandise, there are no implied warranties of merchantability or fitness except as to the buyer (Chysky v. Drake Bros Co; Ryan v. Progressive Grocery Stores) [...]. In 1943, 1945 and 1959 the New York State Law Revision Commission [...] recommended that the implied warranty of fitness for use should extend to the buyer's household, members, employees and guests [...].

Excerpt from Greenberg v. Lorenz, Court of Appeals of New York, 1961 (the Uniform Commercial Code was only adopted in the State of New York in 1962).

La jurisprudence est claire sur ce point. Aucune garantie, qu'elle soit expresse ou implicite, ne peut être opposée à des tiers (Turner c/ la Sté Edison [...] et Pearlman c/ Garrod Shoe Co), dans la mesure où une garantie est une incidente à un contrat de vente (Fairbank Canning Co c/ Metzger) [...]. En conséquence, en ce qui concerne la nourriture et d'autres formes de marchandises, il n'existe de garantie implicite comme quoi le produit est propre à la consommation ou en bon état qu'envers l'acheteur (Chysky c/ Drake Bros Co et Ryan c/ Progressive Grocery Stores) [...]. En 1943, 1945 et 1959, la Commission de révision du droit pour l'État de New York [...] a recommandé que la garantie implicite comme quoi le produit est propre à la consommation soit étendue à la famille, aux employés et aux invités de l'acheteur [...].

Extrait de l'arrêt Greenberg c/ Lorenz, Cour d'appel de New York, 1961 (le Code général de commerce ne fut adopté par l'État de New York qu'en 1962).

10

LAW OF PROPERTY
LE DROIT DE LA PROPRIÉTÉ

    A. English Law
       Droit anglais

    B. American Law
       Droit américain

1. Acquisition of land

English law admits of two methods for the acquisition of land: by contract and by limitation.

● Acquisition by contract

After the pre-contract negotiations have taken place, the parties to a contract of sale of land or their agents must exchange written documents, which shall define the land precisely and state the price agreed. For a contract of sale to be valid, its terms must be written and signed by the parties in one document, which must be final and not temporary. If the parties negotiate subject to contract, the pre-contract will not be held valid. Before signing the final contract, the parties will sometimes sign an option to purchase, which is only an irrevocable offer of sale signed by the vendor in favour of the purchaser. Then the vendor must bring the proof that he holds a valid title which he can transfer, failing which the purchaser is entitled to terminate the contract. The final stage is the conveyance or transfer of the land from the vendor to the purchaser in consideration of the price agreed. Under the **Law of Property Act 1989**, s. 1 (3) (a), the legal title to the land must be transferred by deed. This provision applies only for sales of land and for leases over three years. For leases under three years, a deed is not compulsory.

● Acquisition by possession or limitation (adverse possession)

English law protects possession: a person who is in possession of land has a good title to that land. If the owner of land is dispossessed of his land by a squatter, under English law the latter's possession constitutes a good title to the land after a certain lapse of time. The law places a limit on the time within which the owner should take action to recover possession of his land. Under the **Limitation Act 1980** [section 70, subsection 1 (f)] the limitation period is at present twelve years. After that period, not only does the owner lose his right to recover possession of the land, but he also loses his legal title to the land.

10

1. Acquisition de la propriété

L'acquisition de la propriété réelle en droit anglais peut se faire de deux manières : par contrat et par possession ou prescription.

● **Acquisition par contrat**

Après les négociations préliminaires, les parties au contrat de vente d'un bien immeuble ou leurs agents échangeront des documents écrits, qui définiront avec précision la propriété et feront état du prix convenu. Pour qu'un contrat de vente soit susceptible d'exécution, ses termes doivent être écrits et signés par les parties dans un contrat unique, qui doit être définitif et non provisoire. Si les parties négocient sous réserve d'un contrat, le contrat préalable n'est pas valable. Avant la signature du contrat définitif, les parties signeront parfois une promesse de vente, qui constitue seulement une offre irrévocable de vente signée par le vendeur en faveur du bénéficiaire ou acheteur. Le vendeur doit ensuite prouver à l'acheteur la validité, donc la cessibilité, de son titre, faute de quoi l'acheteur peut résilier le contrat. L'étape finale est le transfert du bien par le vendeur à l'acheteur en échange du prix convenu. Aux termes de la loi de 1989 sur la propriété, article 1, alinéa 3 (a), pour pouvoir transmettre le titre légal de la propriété vendue, il faut un acte notarié. Cette disposition ne s'applique que pour les ventes ou les baux de plus de trois ans. Pour les baux de moins de trois ans, un acte notarié n'est pas nécessaire.

● **Acquisition par possession de fait ou prescription**

Le système anglais des titres de propriété est fondé sur la possession d'une terre. Si un propriétaire se trouve dépossédé de sa propriété par un occupant, le droit anglais reconnaît le titre de ce dernier après un certain temps. La législation fixe des délais pendant lesquels le propriétaire a le droit de réclamer sa propriété par voie de justice. Aux termes de la loi de 1980 sur la prescription, article 70, alinéa 1 (f), la période légale est actuellement de douze ans. Passé ce laps de temps, non seulement le propriétaire perd le droit de rentrer en jouissance de son bien, mais il perd aussi son titre de propriété.

10

1. Acquisition of land *(ctd)*

The squatter has a better title to the land than the original paper owner or than any other person whose interest on the land is inferior to his own. Where the land was in the possession of a leaseholder (or tenant) before its occupation by the squatter, the tenant's title shall be extinguished; the landlord's title shall not be extinguished, but he shall not be entitled to take action to recover possession of the land until the lease expires.

2. Co-ownership

It is possible to distinguish between two types of co-ownership: joint tenancy and tenancy in common. The **Law of Property Act 1925** has retained the distinction and provided that the legal title to an estate must be held by joint tenants, that the interests arising from tenancies in common are not recognized at common law and are only equitable interests and in so far as equitable interests must exist under a trust or a settlement, tenancies in common must be made under a trust and are governed by the rules applying to trusts.

● Joint tenancies

There is a joint tenancy when a property is transferred to two or more persons without words of severance. Words of severance are terms which give each party a pre-determined part, or share, of the property. As soon as there are words of severance, a joint tenancy can no longer exist at common law, and the parties are regarded as tenants in common. Joint tenants can occupy a land jointly. A joint tenant can inherit another joint tenant's interests: if a land is held under a joint tenancy by X, Y and Z, and X dies, Y and Z shall inherit X's interests; this right of inheritance is called *jus accrescendi*. To avoid this result, a joint tenant can resort to the procedure of severance.

● Tenancies in common

Under a tenancy in common, each tenant's share shall be either defined in the contract of sale of the land, or shall be implied from the rules of equity.

1. Acquisition de la propriété *(suite)*

L'occupant, ou **squatter**, peut lui opposer son titre, ainsi qu'à tout tiers qui détient un droit inférieur au sien sur ladite terre. Dans le cas où la propriété était occupée auparavant par un locataire aux termes d'un bail, seul le titre du locataire est nul : le titre du propriétaire reste valable, mais il ne pourra demander à rentrer en possession des lieux qu'à l'expiration du bail.

2. Copropriété

On peut distinguer deux types de copropriété : l'indivision et la copropriété. La loi de 1925 relative à la propriété a conservé cette distinction. Elle a précisé que :
— le titre légal doit obligatoirement être détenu par des indivisaires ;
— les copropriétés créent des droits qui ne sont pas reconnus par la **common law**, mais seulement par l'**equity** ;
— du fait que les droits reconnus par l'**equity** doivent obligatoirement faire l'objet d'un fidéicommis ou de dispositions écrites, les copropriétés prennent obligatoirement la forme d'un fidéicommis et sont soumises au régime des fidéicommis à fins de vente.

● L'indivision

Un bien est en indivision quand il est transféré à deux ou plusieurs personnes sans termes de division. Les termes de division sont des dispositions qui accordent à chaque personne une part déterminée à l'avance, ou quote-part, de la propriété. S'il y a eu des clauses de division, il ne peut plus y avoir indivision selon la **common law**, et les parties sont réputées être copropriétaires. Les indivisaires d'un bien peuvent occuper ce bien conjointement. Ils peuvent hériter les uns des autres : si un bien est possédé en indivision par X, Y et Z, et que X meure, Y et Z hériteront de la part de X ; ce droit est appelé droit de survivance ou *jus accrescendi*. Pour éviter cette situation, un indivisaire a le droit de demander la division du bien.

● La copropriété

Pour les biens en copropriété, la part de chaque copropriétaire soit sera établie dans le contrat de cession du bien, soit découlera de l'application des règles de l'**equity**.

In particular, when a party (spouse, cohabitant...), who has no legal title to a land, has contributed to the purchase of the said land with the common intent that this financial contribution would give him an interest in the land, equity regards this party as a tenant in common. In this case, although the legal title is held only by one person, a trust for sale shall be imposed on the legal title holder who shall not be allowed to sell the land without the agreement of the other tenant in common or the court.

Tenants in common are entitled to occupy the land jointly with the other tenants in common and to continue in occupation of the land as long as the object of the land remains effective. The result is the following paradox: because a tenancy in common must be under a trust for sale, the trustees must normally sell the land, and one of the tenants in common can normally demand that the sale should take place even though the other tenants in common are not agreed. However, if the real aim of the so-called "trust for sale" is to preserve a dwelling for the tenants in common during their marriage or cohabitation, it shall be respected, in application of section 25 (1) of the **Law of Property Act 1925**, which provides that "a power to postpone sale shall, in the case of every trust for sale of land, be implied unless a contrary intention appears".

But section 30 of the said Act permits to sell the land when:

— the reason why the house had been purchased has disappeared: for example, when the marriage is finished after a divorce; in this case, even though the husband who holds the legal title refuses to sell, the court will allow the sale to take place (except when one of the spouses asks to retain occupation of the house until the children come of age);

— the legal title to the land is held by parties who used to cohabitate, and the cohabitation has come to an end;

— a mortgagee of one of the tenants in common wants to foreclose the mortgage, and one party, most of the time the tenant in common's spouse, opposes the sale.

On the sale of the property, each tenant in common shall receive a share of the proceeds in proportion to his interests in the land.

2. Copropriété *(suite)*

Notamment, lorsqu'une partie (conjoint, concubin...), qui n'est pas le propriétaire légal d'un bien, a contribué à payer ce bien, dans l'intention commune que sa contribution lui donne des droits sur la propriété, l'**equity** accorde à cette partie le statut de copropriétaire. Dans ce cas, bien que le titre légal n'appartienne qu'à une seule personne, un fidéicommis sera imposé au détenteur légal du titre, qui ne pourra pas vendre sans l'accord de l'autre copropriétaire ou du tribunal.

Un copropriétaire a le droit d'occuper la propriété conjointement avec les autres copropriétaires et de continuer à occuper la propriété tant que l'objet de celle-ci reste en vigueur. On aboutit à ce paradoxe : puisqu'il existe obligatoirement un fidéicommis à fins de vente dans le cas d'une copropriété, les fidéicommissaires sont normalement tenus de vendre la propriété et un des copropriétaires peut normalement exiger la réalisation de la vente même si les autres copropriétaires s'y opposent ; cependant, si en réalité le fidéicommis dit « à fins de vente » a pour objet de préserver une résidence pour les copropriétaires pendant leur mariage ou leur cohabitation, il sera respecté, aux termes de l'article 25, alinéa 1, de la loi de 1925 relative à la propriété, qui dispose que « le pouvoir d'ajourner une vente est implicite dans tous les fidéicommis ''à fins de vente'', sauf disposition contraire ».

En revanche, l'article 30 de cette même loi autorise la vente de la propriété lorsque :

— la raison pour laquelle la propriété avait été achetée a disparu : par exemple, lorsque le mariage est dissous par divorce ; dans ce cas, même si le mari, détenteur du titre légal, s'oppose à la vente, le tribunal l'autorisera (sauf en cas de maintien dans les lieux d'un des conjoints jusqu'à la majorité des enfants issus du mariage) ;

— le titre légal de la propriété est détenu par des parties qui cohabitaient et que la cohabitation a cessé ;

— un créancier hypothécaire d'un des copropriétaires veut recouvrer sa créance par une vente de la propriété et qu'une partie, le plus souvent le conjoint du copropriétaire, s'oppose à la vente.

Lors de la vente, chaque copropriétaire recevra une part du produit de la vente correspondant à la valeur de ses droits.

1. Introduction

Much of the American law of real property is derived from English law. American real property law is a mixture of common law and statutory law. Most of real property is subject only to the laws of the state in which the property is physically located. The federal government exercises only limited control of real property: it interferes exclusively in bankruptcy cases, regulation of interstate commerce and when itself is the owner of the property. In all other cases: acquisition, transfer, inheritance and the incidents of real property, real property is governed by state law.

2. Transfer of real property

A consensual transfer must be effected formally by a deed from the owner during his life, or by will after the owner's death. Other transfers are effected by operation of the law and result from court orders or decrees of distribution for inheritance.

The most common form of transfer of real property is by deed before a notary public. The deed names the transferee and describes precisely the property. To be effective, the deed must be delivered to the transferee. There are three main forms of deed in the United States:

— in a **warranty deed** the grantor warrants that he has title to the land and the right to transfer it, that the land is free form encumbrances, and that the grantee will have quiet enjoyment of the property without claims of title by others;

— a **grant deed** only grants the grantee limited warranties;

— a **quit claim deed** transfers only such interest or title as the transferor may have, without any warranties or covenants.

Title or ownership may also be transferred by judicial sale or by trustee sale when a property owner fails to pay a court judgment or his taxes or defaults in a mortgage.

Title can also be transferred from the owner to another person, without the owner's consent, by adverse possession.

1. Introduction

Une grande partie du droit américain de la propriété provient du droit anglais. Le droit américain de la propriété est un mélange de règles jurisprudentielles et de règles législatives. La propriété immobilière est presque entièrement soumise aux lois de l'État dans lequel la propriété est sise. Le gouvernement fédéral n'exerce qu'un contrôle limité sur les biens immobiliers : il n'intervient que dans les cas de faillite et pour réglementer les transactions commerciales entre les États, ou lorsque lui-même est propriétaire du bien immobilier. Dans tous les autres cas, qu'il s'agisse d'acquisition, de transfert, d'héritage ou des servitudes qui grèvent une terre, la propriété immobilière est régie par les lois propres à chaque État.

2. Transfert de propriété

Les transferts contractuels doivent obligatoirement être faits par acte notarié du vivant du propriétaire, ou par testament après la mort de ce dernier. Les autres transferts de propriété sont effectués en application de la loi et résultent des jugements des tribunaux ou des ordonnances de partage d'héritages.

Les transferts de propriété se font le plus souvent par acte authentique devant notaire. L'acte désigne nommément l'acquéreur et définit le bien de façon précise. Pour être exécutoire, l'acte doit être signifié à l'acquéreur. Il existe trois sortes principales d'actes notariés aux États-Unis :

— dans un *acte de transfert avec garantie*, le cédant garantit qu'il est le détenteur légal du titre de propriété et a le droit de le transmettre, que le bien est libre de toutes charges et que l'acquéreur aura la jouissance paisible du bien sans que des tiers revendiquent des droits dessus ;

— un *acte de transfert avec garantie limitée* n'offre à l'acquéreur que des garanties limitées ;

— un *acte de transfert sans garantie* transfère seulement les droits ou le titre que peut avoir le cédant, sans aucune garantie ni engagement.

Le titre de propriété ou la propriété peut aussi être transféré par vente judiciaire ou fiduciaire lorsque le propriétaire d'un bien immobilier ne paie pas une somme imposée par décision de justice ou ne paie pas ses impôts ou lorsque le propriétaire d'un bien foncier est défaillant envers un créancier garanti par une hypothèque.

Un titre de propriété peut aussi être transféré du propriétaire à une autre personne sans le consentement du propriétaire, dans le cas de possession de fait suivie de prescription.

LANDLORD AND TENANT ACT 1985

S. 11. Repairing obligations in short leases

(1) In a lease to which this section applies (as to which, see sections 13 and 14) there is implied a covenant by the lessor

a) to keep in repair the structure and exterior of the dwelling-house (including drains, gutters and external pipes),

b) to keep in repair and proper working order the installations in the dwelling-house for the supply of water, gas and electricity and for sanitation (including basins, sinks, baths and sanitary conveniences, but not other fixtures, fittings and appliances for making use of the supply of water, gas or electricity), and

c) to keep in repair and proper working order the installations in the dwelling-house for space heating and heating water.

[...]

(2) The covenant implied by subsection (1) ("the lessor's repairing covenant") shall not be construed as requiring the lessor

a) to carry out works or repairs for which the lessee is liable by virtue of his duty to use the premises in a tenant-like manner*, or would be so liable but for an express covenant on his part,

b) to rebuild or reinstate the premises in the case of destruction or damage by fire, or by tempest, flood or other inevitable accident, or

c) to keep in repair or maintain anything which the lessee is entitled to remove from the dwelling-house.

(3) In determining the standard of repair required by the lessor's repairing covenant, regard shall be had to the age, character and prospective life of the dwelling-house and the locality in which it is situated.

---

* Mot à mot : « en bon locataire ».

LOI DE 1985 RELATIVE AUX PROPRIÉTAIRES ET AUX LOCATAIRES

Art. 11. Obligations de réparer dans le cas de baux de courte durée

(1) Dans le cas des baux régis par le présent article (définis aux articles 13 et 14), il existe un engagement implicite de la part du bailleur

a) d'effectuer les réparations d'entretien de la structure et de l'extérieur de la demeure (y compris les écoulements, gouttières et tuyaux extérieurs),

b) de réparer et de maintenir en état de marche les installations existantes d'arrivée d'eau, de gaz et d'électricité et les installations sanitaires (y compris les lavabos, éviers, bains et lieux d'aisances, à l'exclusion des autres équipements, installations fixes et appareils servant à utiliser l'eau, le gaz ou l'électricité), et

c) de réparer et de maintenir en état de marche les installations existantes de chauffage des pièces et de fourniture de l'eau chaude.

[...]

(2) L'engagement implicite mentionné à l'alinéa 1 (« engagement du bailleur de réparer ») ne devra pas être interprété comme exigeant du bailleur

a) qu'il exécute des travaux ou réparations qui incombent au locataire en vertu de son obligation d'utiliser les lieux en bon père de famille, ou qui lui incomberaient en l'absence d'un accord exprès de sa part,

b) qu'il reconstruise ou réinstalle les lieux en cas de destruction ou de dommages causés par le feu, la tempête, une inondation ou tout autre accident inévitable, ou

c) qu'il répare ou entretienne des objets que le locataire est autorisé à déménager.

(3) Pour définir le niveau d'entretien et de réparation exigé par l'engagement du bailleur de réparer, il conviendra de prendre en considération l'âge, la nature et la durée de vie supposée de la demeure, ainsi que la localité dans laquelle elle est située.

1. He signed a lease for six years.

2. The tenant is under an obligation to use the premises in a tenant-like manner.

3. The landlord is under an obligation to repair the structure and the outside of the building.

4. The landlord has a right to forfeiture if the tenant does not pay his rent.

5. A mortgage is a form of debt secured on landed property.

6. The mortgagee has demanded the foreclosure of the mortgage.

7. The landlord has refused to renew the lease.

8. Prescription is the method whereby the law confers legality on long enjoyment of a right.

9. After the widow's death, the children shall obtain a freehold reversion.

10. A licence to occupy land is a personal arrangement under which the licensee acquires no interest in the property.

11. Real property can be transferred as an incident of ownership.

12. Dispossession by limitation has serious consequences for the original ("paper") owner, who loses his right to recover possession of the land and his legal title to it.

13. Under the terms of the Law of Property Act 1925, all types of co-ownership must be under a trust for sale.

14. In the case of a joint tenancy, the trustees who are the beneficiaries and the joint tenants at the same time must hold the legal estate.

15. A person can obtain title by adverse possession by remaining in occupation of a land beyond prescribed limitations and claiming ownership adversely to the owner.

LE DROIT DE LA PROPRIÉTÉ
Phrases types

1. *Il a signé un bail de six ans.*

2. *Le locataire a l'obligation de ne pas causer de dégâts matériels aux locaux.*

3. *Le propriétaire est tenu de réparer le gros œuvre et les extérieurs.*

4. *Le propriétaire a le droit de résilier le bail en cas de non-paiement du loyer.*

5. *Une hypothèque est une forme de crédit foncier.*

6. *Le créancier hypothécaire a exigé la saisie.*

7. *Le propriétaire a refusé de renouveler le bail.*

8. *Après qu'un droit a été exercé un certain temps, la législation reconnaît la légalité de ce droit par prescription.*

9. *Après le décès de la veuve, les enfants auront la nue-propriété du bien.*

10. *Le permis d'occuper un bien immeuble constitue un arrangement personnel et ne confère au bénéficiaire du permis aucun droit sur ce bien.*

11. *La propriété immobilière est transmissible en conséquence directe du droit de propriété.*

12. *Les effets d'une dépossession par prescription sont graves pour le propriétaire véritable, qui perd le droit de rentrer en jouissance de son bien et son titre de propriété.*

13. *Les termes de la loi de 1925 sur la propriété immobilière imposent un fidéicommis à fins de vente dans tous les cas de propriété détenue en commun.*

14. *Dans le cas d'indivision, les fidéicommissaires qui sont à la fois les bénéficiaires du fidéicommis et les indivisaires détiennent le titre légal de la propriété.*

15. *Une personne peut obtenir le transfert de propriété sans le consentement du propriétaire en occupant un bien au-delà des limites légales prévues par la prescription et en revendiquant la propriété par opposition au propriétaire.*

agent : *agent, représentant, mandataire*
　general agent : *homme d'affaires*

cession : *cession* (de droits, de propriété...)
cessionary : *cessionnaire*
cestui que trust : *bénéficiaire d'un trust ou fidéicommis*
cestui que use : *usufruitier*
charge : *charge, servitude, droit grevant une terre, privilège*
chargee : *créancier privilégié*
conveyance : *transfert de propriété*

easement : *servitude*
estate : *biens immeubles, patrimoine*
　absolute estate : *droit inconditionnel et perpétuel de propriété*
　distribution of an estate : *partage d'une succession*
　estate agent : *agent immobilier*
　estate duties : *droits de succession*
　estate income : *revenu foncier*
　family estate : *patrimoine*　　　**landed estate** : *propriété foncière*
　personal estate : *biens mobiliers*
　real estate : *biens immobiliers*
　settled estate : *bien foncier grevé d'intérêts successifs*
　taxable estate : *biens imposables*

forfeiture : *résiliation* (d'un bail)
　relief against forfeiture : *ordonnance de non-résiliation, recours contre une résiliation*
freehold : *pleine propriété, propriété libre et perpétuelle*
　freehold reversion : *nue-propriété*
freeholder : *propriétaire foncier*

joint tenancy : *indivision*　　　**joint tenant** : *indivisionnaire*

land : *terre, terrain, propriété foncière*
　building land : *terrain à bâtir*　　**crown land** : *terres domaniales*
　entailed land : *bien grevé*　　**land act** : *loi agraire*
　land legislation : *législation foncière*
　land register (registry) : *conservation des hypothèques, cadastre*
　land surveyor and valuer : *géomètre expert, arpenteur*
　land tax : *impôt foncier*
landlord : *propriétaire*
landowner : *propriétaire terrien, propriétaire foncier*
lease : *bail*　　　　　　　**sub-lease** : *sous-location*
　to let on lease : *louer à bail*　**to sign a lease** : *passer un bail*
　to transfer a lease : *céder un bail*
to lease : *affermer, donner à bail*
leasehold : *tenure à bail*　　　**leaseholder** : *locataire à bail*
lessee (= tenant) : *locataire*
lessor (= landlord) : *propriétaire, bailleur*
to let : *louer*
licence : *autorisation, permis*
　occupational licence : *permis d'occuper*
licensee : *concessionnaire* (d'une licence)
licensor : *concédant* (d'une licence)

mortgage : *hypothèque*
　credit on mortgage : *crédit hypothécaire*
　legal mortgage : *hypothèque légale*

mortgage charge : *privilège d'hypothèque*
mortgage loan (loan on mortgage) : *prêt hypothécaire*
mortgage registry : *bureau des hypothèques*
redemption of mortgage : *purge, rachat d'hypothèque*
to borrow on mortgage : *emprunter sur hypothèque*
to pay off a mortgage : *lever, purger une hypothèque*
to raise a mortgage : *prendre une hypothèque*
to redeem a mortgage : *purger une hypothèque*
to secure a debt by mortgage : *hypothéquer une créance*
to take a mortgage on... : *prendre une hypothèque sur...*
mortgagee : *créancier hypothécaire*
mortgagor : *débiteur hypothécaire*

notice : *avis, préavis ; connaissance* (du tiers acquéreur)

option to purchase : *promesse de vente*
overreaching : *dégrèvement, affranchissement* (de charges)
owner : *propriétaire*
  co-owner : *copropriétaire*   **co-ownership** : *copropriété*

property : *bien, propriété, immeuble*
  assignment of property : *cession de biens*
  common property : *copropriété*
  conveyance of property : *transmission de biens*
  fixed property : *biens immobiliers, biens immeubles*
  landed property : *propriété foncière*
  leasehold property : *propriété louée à bail*
  property for sale : *propriété à vendre, immeuble à vendre*
  real property : *immeubles, biens immobiliers*
  to redeem one's property : *dégager son bien*
  taxes on property transfer : *droits de mutation*
proprietary : *de propriété, de propriétaire*
  the proprietary classes : *les classes possédantes*
  proprietary rights : *droits de propriété*
proprietor : *propriétaire*
to purchase : *acheter, acquérir*   **purchaser** : *acquéreur*

restrictive covenant : *obligations négatives, convention accessoire imposant des obligations négatives*

sale : *vente*   **to sell** : *vendre*
settlement : *dispositions relatives à une propriété passant successivement à plusieurs personnes*
  strict settlement : *intérêts successifs, institution de majorat*

tenancy : *location*   **tenancy in common** : *copropriété*
tenant : *locataire*   **tenant for life** : *usufruitier*
  tenants in common : *copropriétaires*
title : *titre de propriété*   **legal title** : *titre légal*
  equitable title : *titre reconnu par l'equity*
transfer : *transfert de propriété, mutation, translation*
to transfer : *transférer, céder*
transferable property : *biens cessibles*
transferable right : *doit communicable, transférable*
transferee : *cessionnaire*   **transferor** : *cédant*
trust : *fidéicommis*   **trustee** : *fidéicommissaire*
  trust for sale : *fidéicommis à fins de vente*

vendor : *vendeur*

When we bought a plot of land in 1953 it was registered in my husband's name. With spade and trowel [...] we built our house and moved in [...] but have never had other deeds drawn up [...]. Now we are both retired, I felt it time to tidy up our affairs [...]. Hoping to avoid unnecessary Inheritance Tax I raised the question of holding the property as tenants in common [...]. I was presented with what I understand to be a Deed of Gift in which my husband gives half of the property to me [...]. Does this "gift" mean we must live seven years before we are legally considered to be joint owners? [...] Answer: "The Deed of Gift will take effect immediately and from the moment your husband executes it the property becomes your joint property."

The Financial Times, September 15, 1990.

Lors de l'achat de notre terrain en 1953, celui-ci fut enregistré au nom de mon mari. À coups de pelle et de truelle [...] nous avons construit notre maison et nous avons emménagé [...] mais nous n'avons jamais fait établir de nouveaux actes [...]. Maintenant que nous sommes tous deux en retraite, j'ai pensé qu'il était temps de mettre de l'ordre dans nos affaires [...]. Soucieuse d'éviter des droits de succession inutiles, j'ai demandé s'il ne conviendrait pas de mettre le bien en copropriété, chacun de nous en étant copropriétaire [...]. On m'a présenté un document que je pense être une donation par laquelle mon mari me donne la moitié de la propriété [...]. Cette donation signifie-t-elle que nous devons attendre sept ans avant d'avoir le statut d'indivisionnaires ? [...] Réponse : « La donation prend effet immédiatement et, dès l'instant où votre mari la fait, la propriété devient votre propriété commune et indivise. »

The Financial Times, *15 septembre 1990.*

11

LAW OF TRUSTS
LE DROIT DES « TRUSTS »

    A. English Law
         Droit anglais

    B. American Law
         Droit américain

11

1. Introduction

A trust is a right of property, real or personal, held by one party for the benefit of another or others. In a **trust**, the original owner of the property (settlor) places his property in confidence (or trust) into the hands of a person, with a view that this person (**trustee**) shall hold the property for the benefit of another ("cestui que trust" or beneficiary).

2. Origins of trusts

The law of trusts dates back to the Middle Ages: it derives from the feudal "use" invented to soften the hardship of the common law rules preventing land from being devised, i.e. left by will, and to alleviate the feudal burdens imposed on freehold tenants. On a freehold tenant's death, his son and heir had to pay the lord of the manor very high feudal dues. Through the "use", by which the freehold tenant "enfeoffed" one or several friends, these friends became the legal owners of the land in the eyes of the common law, and they gave the tenant (who was now simply the beneficiary of the use) the revenue of his land. And on the tenant's death, the heir did not have to pay any feudal dues, because the land still belonged officially to the friends who had been "enfeoffed", and who gave the new beneficiary (the son) the revenue of the land. In a second stage, as the common law regarded the feoffees as the legal owners of the land, to prevent them from using the land in a way that was a breach of their obligations, the Court of Chancery intervened in equity and protected the rights of the beneficiary.

Later, uses were called trusts.

3. Applications of the trust

Trusts are used for various purposes:

— to allow minors or other persons who are incapable at law (who cannot hold land) to benefit from the revenues of land;

— to allow settlements, i.e. devices by which property can benefit several persons in succession;

11   1. Introduction

Un fidéicommis est un titre de propriété, réel ou personnel, détenu par une partie pour le bénéfice d'une ou plusieurs autres. Dans un **trust**, le propriétaire originel (fondateur) remet son bien en toute confiance entre les mains d'une personne, afin que cette personne (le **trustee**, ou fidéicommissaire) détienne ledit bien pour le bénéfice d'un autre (**cestui que trust**, ou bénéficiaire).

2. Origine du fidéicommis

Le droit des **trusts** remonte au Moyen Âge : il dérive de l'usufruit féodal inventé pour adoucir la rigueur des règles de **common law** qui s'opposaient à ce qu'on puisse disposer de la terre, c'est-à-dire à ce qu'on puisse la transmettre par testament, et également pour alléger les charges féodales imposées aux détenteurs d'une terre en tenure libre et perpétuelle. Au décès d'un tel détenteur, son fils et héritier devait payer au seigneur du manoir des droits féodaux très élevés. Par le biais de l'« usufruit », au terme duquel le détenteur de la terre remettait celle-ci à un ou plusieurs amis, ces amis devenaient les propriétaires légaux de la terre aux yeux de la **common law**, et ils donnaient au détenteur (qui n'était plus désormais que le simple bénéficiaire de l'usufruit) le revenu de ladite terre. Au décès du détenteur originel, son héritier n'était pas assujetti au paiement des droits féodaux, dans la mesure où la terre continuait d'appartenir officiellement aux amis auxquels on l'avait remise, qui donnaient au nouveau bénéficiaire (le fils) les revenus de ladite terre. En un second temps, du fait que la **common law** considérait les détenteurs officiels comme les propriétaires légaux de la terre, pour les empêcher d'utiliser la terre d'une manière contraire à leurs obligations, le Tribunal de la Chancellerie intervenait en **equity** et protégeait les droits des bénéficiaires.

Par la suite, les usufruits furent appelés **trusts**, ou fidéicommis.

3. Applications du fidéicommis

Les **trusts**, ou fidéicommis, sont utilisés à plusieurs fins :

— pour permettre aux mineurs ou à d'autres personnes considérées comme incapables en droit (qui ne peuvent posséder de biens immeubles) de bénéficier des revenus de tels biens :

— pour permettre de disposer de biens immeubles de façon qu'ils puissent bénéficier successivement à plusieurs personnes ;

3. Applications of the trust *(ctd)*

— to enable two or more persons to own land;
— to establish charitable foundations;
— to avoid or minimise liability to taxation.

The main characteristic of a trust is that it creates dual ownership: the trustee is the legal owner and the beneficiary is the equitable owner, which means that equity compels the trustee to respect his obligations under the trust and to serve the profits of the property to the beneficiary.

There are two main types of trusts: private trusts and public (or charitable) trusts.

4. Private trusts

Private trusts can be divided into three categories: express, implied, and constructive trusts.

● **Express trusts**

They are trusts expressly created by the settlor during his life, or by will, for the benefit of one or several persons, or of a group of persons. They are most of the time written (by deed or by will), but they can also be created orally. In Knight v. Knight (1840), three conditions were deemed necessary for the creation of a trust: certainty of intention, certainty of subject-matter and certainty of objects. Certainty of intention exists when the settlor expresses a positive command that things be done to create a trust. If the intention of the settlor to create a trust does not appear certain, the person to whom the property is granted can take the property absolutely. Certainty of subject-matter means that the property to which the trust is to apply and the interests that the beneficiaries are to receive must be defined precisely. Certainty of objects means that the persons who are to benefit from the trust must be specified. If property is conveyed to trustees but the objects of the trust remain uncertain, the trustees will hold the trust for the benefit of the settlor.

Once a trust is fully constituted, equity will assist the beneficiary or beneficiaries under the trust to enforce his/their rights.

3. Applications du fidéicommis *(suite)*

— pour autoriser deux ou plusieurs personnes à posséder une terre ;
— pour créer des fondations à but philanthropique ;
— pour éviter ou minimiser l'assujettissement à l'impôt.

La principale caractéristique d'un fidéicommis est qu'il crée une double propriété : le fidéicommissaire est le propriétaire légal et le bénéficiaire est le propriétaire selon l'**equity**, ce qui signifie que l'**equity** oblige le fidéicommissaire à respecter les obligations que lui impose le fidéicommis et à remettre les revenus de la propriété au bénéficiaire.

Il y a deux sortes principales de fidéicommis : les fidéicommis privés et les fidéicommis publics (ou charitables).

4. Les fidéicommis privés

Les fidéicommis privés peuvent être divisés en trois catégories : exprès (ou formels), implicites, et par interprétation.

● **Les fidéicommis exprès**

Ils sont créés de façon formelle par le propriétaire originel de son vivant, ou par testament, pour le bénéfice d'une ou plusieurs personnes, ou d'un groupe de personnes. Ils sont la plupart du temps écrits (sous forme d'acte authentique ou de testament), mais ils peuvent également être créés verbalement. Dans l'arrêt Knight c/ Knight (1840), il a été déclaré que trois conditions devaient être réunies pour qu'un fidéicommis soit créé : certitude d'intention, certitude de la chose, et certitude de la finalité. Il y a certitude d'intention lorsque le propriétaire originel donne explicitement l'ordre d'entreprendre des démarches afin de créer un **trust**. Si l'intention du propriétaire originel n'apparaît pas certaine, la personne à qui les biens sont remis peut se prétendre plein propriétaire des biens. La certitude quant à la chose signifie que les biens qui font l'objet du fidéicommis et les intérêts dus aux bénéficiaires doivent être définis avec précision. La certitude quant à la finalité du **trust** signifie que les personnes qui doivent bénéficier de celui-ci doivent être mentionnées de manière précise. Si les biens sont remis à des fidéicommissaires mais que la finalité du **trust** reste incertaine, le bénéficiaire sera réputé être le propriétaire originel.

Une fois qu'un fidéicommis est pleinement constitué, l'**equity** aidera le ou les bénéficiaires à faire respecter ses/leurs droits.

● Implied trusts

They are based upon the presumed intention of the settlor. Most implied trusts are resulting trusts. There is a resulting trust when a person who purchases property has it conveyed into the name of another: if there is no proof that the purchaser of the property wanted to make a gift to the other person, equity treats the other person as a trustee of the property for the benefit of the purchaser. There is also a resulting trust when a trust has been created under which the settlor conveys property to a trustee or trustees for the benefit of a beneficiary but has not said for whose benefit the property is to be managed by the trustee(s) after the beneficiary's death: on the beneficiary's death, the trustees will hold the property for the benefit of the settlor on the presumption of a resulting trust.

● Constructive trusts

They are imposed by equity regardless of the intention of the parties. The most common type is when a trustee, in breach of the trust, conveys the trust property to a third person, who knows the property is under a trust but nevertheless accepts it: the third person shall not become the legal owner of the property, but shall be regarded as a "constructive trustee" and shall be compelled to hold the property in trust for the beneficiaries.

5. Public or charitable trusts

To be regarded as charitable a trust must:
— be charitable in the legal sense, i.e. must be created with a view to relieve poverty, or to advance education, or to advance religion, or for other purposes beneficial to the community as a whole, for instance for the provision of public works, such as museums or bridges, for the creation of a distress fund, etc.;
— benefit a large section of the community, or the whole community, and not just specified individuals;
— be exclusively charitable, i.e. the benefits of the property cannot be applied to non-charitable purposes.

4. Les fidéicommis privés *(suite)*

● Les « trusts » implicites

Ils sont fondés sur les intentions présumées du propriétaire originel. La plupart des fidéicommis implicites sont des **trusts** par déduction. Il y a « **trust** par déduction » lorsqu'une personne qui acquiert un bien le met ensuite au nom d'une autre personne : s'il n'y a aucune preuve comme quoi l'acquéreur du bien voulait faire un don à l'autre personne l'**equity** considère que cette autre personne est fidéicommissaire du bien au bénéfice de l'acquéreur. Il y a aussi « **trust** par déduction » lorsqu'un fidéicommis qui a été créé transmet un bien à un ou plusieurs fidéicommissaires au profit d'un bénéficiaire, mais sans préciser au profit de qui les fidéicommissaires devront gérer le bien après la mort du bénéficiaire : à la mort du bénéficiaire, on présumera qu'il y a « **trust** par déduction » et les fidéicommissaires détiendront le bien au profit du propriétaire originel.

● Les « trusts » par interprétation

Ils sont imposés par l'**equity** sans tenir compte de l'intention des parties. Le cas le plus fréquent est lorsqu'un fidéicommissaire manque à ses obligations et transmet le bien qui fait l'objet du fidéicommis à un tiers, qui sait que le bien est placé en fidéicommis mais l'accepte néanmoins. Dans un tel cas, le tiers ne deviendra pas propriétaire légal du bien, mais sera considéré comme « fidéicommissaire par interprétation » et l'**equity** l'obligera à détenir le bien en fidéicommis au profit des bénéficiaires du **trust** originel.

5. « Trusts » publics ou philanthropiques

Pour être considéré comme philanthropique, un fidéicommis doit :
— être philanthropique au sens juridique du terme, c'est-à-dire doit être créé aux fins de soulager la pauvreté, ou de favoriser l'instruction, ou de promouvoir la religion, ou à d'autres fins susceptibles de profiter à la communauté dans son ensemble, par exemple pour financer des travaux publics, comme la construction d'un musée ou d'un pont, pour constituer un fonds de secours, etc. ;
— profiter à une importante partie de la communauté, ou à la communauté tout entière, et pas seulement à des individus spécifiques ;
— être exclusivement philanthropique, c'est-à-dire que les revenus du bien placé en fidéicommis ne peuvent être utilisés à des fins non philanthropiques.

5. Public or charitable trusts (ctd)

Charitable trusts are wholly or partially exempt from taxes. Charitable trusts can be perpetual, whereas private trusts cannot normally last longer than a life in being plus twenty-one years. Charitable trusts are enforced by the Attorney-General in the name of the Crown, whereas private trusts are enforced by the beneficiaries. The rule against remoteness of vesting (more often called the rule against perpetuities), now contained in the **Perpetuities and Accumulations Act 1964**, provides that where property is held in trust, the beneficiaries must become absolutely entitled to the property : either within a period no longer than that of a life in being when the trust came into existence, plus twenty-one years; or within a period not exceeding eighty years (if this is specified in the trust instrument).

6. Provisions relating to trustees

Under the **Trustee Act 1925**, any person of full age and sound mind who is capable at law can be a trustee under an express trust. Trustees are normally appointed by the settlor at the time of the creation of the trust. As equity ruled that a trust shall never fail for want of a trustee, if a testator created a trust without naming trustees, or if the trustees designated refuse to act, then the testator's representatives must act as trustees until others are appointed. Section 36 of the **Trustee Act 1925** provides that a new trustee can be appointed if one trustee dies or retires, or refuses to act, or is unfit or incapable of acting.

7. Duties of trustees

A trustee must take the same care of the trust property as an ordinary prudent man of business* would take of his own property. If a trustee is careless or commits a breach of trust, he is personally liable for the resulting losses. Only beneficiaries may profit by a trust : trustees must not normally make profits. Trustees must keep accounts and produce them to the beneficiaries. A trustee is not normally entitled to charge for his services : he may do so if the trust empowers him to do so, or if the beneficiaries are all capable and all agree, or after a court has decided that he may.

---

* Mot à mot : « *comme tout homme d'affaires avisé le ferait* ».

5. « Trusts » publics ou philanthropiques *(suite)*

Les fondations philanthropiques sont totalement ou partiellement exonérées d'impôts. Elles peuvent être perpétuelles, tandis que les **trusts** privés ne peuvent normalement excéder la durée d'une vie plus vingt et un ans. Il incombe à l'Attorney-General, agissant au nom de la Couronne, de faire respecter les fondations philanthropiques, tandis qu'il incombe aux bénéficiaires de faire respecter les fidéicommis privés. La règle interdisant les perpétuités, désormais contenue dans la loi de 1964 relative aux perpétuités et aux cumuls, dispose que lorsqu'un bien est placé en fidéicommis, les bénéficiaires doivent devenir les pleins propriétaires du bien soit dans un laps de temps n'excédant pas la durée d'une vie en cours lors de la création du fidéicommis, plus vingt et un ans ; soit dans un laps de temps n'excédant pas quatre-vingts ans (si le document constitutif du **trust** contient cette précision).

6. Dispositions relatives aux fidéicommissaires

Aux termes de la loi de 1925 relative aux fidéicommissaires, toute personne adulte et saine d'esprit ayant la capacité juridique peut être fidéicommissaire dans le cas de fidéicommis exprès. Les fidéicommissaires sont normalement nommés par le créateur lors de la constitution du fidéicommis. L'**equity** ayant posé comme règle qu'un fidéicommis ne devra pas rester sans effet faute de fidéicommissaire, si un testateur a créé un **trust** sans désigner de fidéicommissaires, ou si les personnes désignées refusent d'agir, les représentants du testateur doivent remplir les fonctions de fidéicommissaires en attendant que d'autres fidéicommissaires soient nommés. L'article 36 de la loi de 1925 relative aux fidéicommissaires dispose qu'un nouveau fidéicommissaire peut être nommé si l'un des fidéicommissaires décède, démissionne, refuse d'agir, n'est pas en état d'agir ou n'a pas capacité pour ce faire.

7. Devoirs des fidéicommissaires

Un fidéicommissaire doit gérer le bien mis en fidéicommis en bon père de famille. Si un fidéicommissaire manque à son devoir de diligence ou à ses obligations, il sera personnellement responsable des pertes qui en résulteront. Seuls les bénéficiaires peuvent tirer profit d'un fidéicommis : les fidéicommissaires ne doivent normalement tirer aucun profit du **trust**. Ils sont tenus de rendre des comptes aux bénéficiaires. Un fidéicommissaire n'est pas normalement autorisé à faire rémunérer ses services : il pourra le faire si le **trust** l'y autorise, ou si les bénéficiaires sont tous capables et en tombent d'accord, ou si un tribunal l'y autorise.

11

1. Introduction

The system of the trust has met with great success in the United States. American law gives the same definition of the trust as English law. In a famous decision, Collins v. Lyon Inc., the court declared that a trust can be created for any purpose which is not illegal and which is not against public policy. In City Bank Farmers' Trust Co. v. Charity Organization Soc. of City of New York, the essential elements of a trust have been declared to be designated beneficiary and trustee, fund sufficiently identified to enable title to pass to trustee, and actual delivery of title to trustee.

American law makes the same distinction as English law between express trusts and implied trusts, and among the latter distinguishes between constructive trusts and resulting trusts. It also makes the same distinction between private trusts and public (or charitable) trusts. Like in English law, the law of trusts was developed in the courts of equity and rests on the distinction between legal interests, recognized by the common law, and equitable interests, protected by the rules of equity, the main practical result being that, as equity does not make use of juries, trust cases are never judged by a jury.

In the Restatement of the Law (a series of volumes authored by the American Law Institute that tell what the law in a general area is and how it is changing), a trust, when not qualified by the word "charitable", "constructive", or "resulting", has been defined as a fiduciary relationship with respect to property, subjecting the person by whom the title to the property is held to equitable duties to deal with the property for the benefit of another person, which arises as a result of a manifestation of an intention to create it.

2. Extension of the trust system

The system of the trust is a much-used device in estate planning in the United States. As early as 1881, John D. Rockefeller created the first modern business trust, when he put the stock of the Standard Oil Company and all of its affiliated companies in the hands of a trustee. In less than ten years, Rockefeller used this trust to gather a near monopoly in the oil refining and distribution business.

11

1. Introduction

Le système du **trust** a connu un grand succès aux États-Unis. Le droit américain donne la même définition du fidéicommis que le droit anglais. Dans un arrêt célèbre, Collins c/ Lyon, la cour a déclaré qu'un fidéicommis peut être créé dans n'importe quel but, à condition que celui-ci ne soit pas illégal et ne fasse pas obstacle à la politique gouvernementale. Dans l'arrêt City Bank Farmers' Trust Co. c/ Charity Organization Society of City of New York, les éléments fondamentaux d'un **trust** ont été définis : il faut qu'il y ait un bénéficiaire et un fidéicommissaire dûment désignés, un capital suffisamment identifié pour permettre au titre de propriété d'être transmis au fidéicommissaire, et une transmission effective du titre au fidéicommissaire.

Le droit américain fait la même distinction entre **trusts** exprès et **trusts** implicites que le droit anglais, et parmi les seconds il distingue entre les **trusts** par interprétation et les **trusts** par déduction. Il fait également la même distinction entre les **trusts** privés et les **trusts** publics ou philanthropiques. Comme en droit anglais, le droit des **trusts** a été élaboré par les tribunaux appliquant l'**equity** et il repose sur la distinction entre droits légaux, reconnus par la **common law**, et droits équitables, protégés par les règles de l'**equity**, la principale conséquence pratique étant que, du fait que l'**equity** n'a pas recours au jury, les litiges relatifs aux fidéicommis ne sont jamais jugés par un jury.

Dans la Reformulation du Droit (série de volumes élaborés par l'Institut du droit américain qui précisent l'état du droit et son évolution dans un domaine donné), un **trust**, lorsqu'il ne s'agit pas d'un **trust** philanthropique ou par interprétation ou par déduction, a été défini comme une relation fiduciaire ayant trait à un bien, assujettissant la personne à qui le titre de propriété est transmis aux devoirs équitables de gérer le bien au profit d'une autre personne, en conséquence de la manifestation d'une intention de créer une telle relation.

2. Extension du système du « trust »

Le système du **trust** est très utilisé aux États-Unis dans le domaine de la gestion de biens. Dès 1881, John D. Rockefeller a créé le premier **trust** d'affaires moderne, lorsqu'il a mis les valeurs mobilières de la société Standard Oil et de toutes ses filiales entre les mains d'un fidéicommissaire. En moins de dix ans, Rockefeller, grâce à ce **trust**, réussit à obtenir un quasi-monopole dans le domaine du raffinage et de la distribution du pétrole.

3. Business trusts

Business trusts are an extension of the trust system on the line set by Rockefeller. A business trust is an association or organization of persons or corporations having the intention and power to create a monopoly, control production, interfere with the free course of trade or transportation, or to fix and regulate the supply and the price of commodities. The trust was originally a device by which several corporations engaged in the same general line of business might combine for their mutual advantage, in the direction of eliminating destructive competition, controlling the output of their commodity, and regulating and maintaining its price, but at the same time preserving their separate individual existence, and without any consolidation or merger. This device consisted in the creation of a central committee or board, composed, usually, of the presidents or general managers of the different corporations, and the transfer to them of the majority of the stock in each of the corporations, to be held "in trust" for the several stockholders so assigning their holdings. These stockholders received in return "trust certificates" showing that they were entitled to receive the dividends on their assigned stock, though the voting power of it had passed to the trustees. This enabled the trustees or committees to elect all the directors of all the corporations, and through them the officers, and thereby to exercise an absolute controlling influence over the policy and operations of each constituent company, to the ends and with the purposes above mentioned.

Though the "trust", in this sense, is now seldom resorted to as a form of corporate organization, having given place to the "holding corporation" or other devices, the word "trust" has become current in statute laws and popular speech, to designate almost any combination of a monopolistic character or tendency.

In a looser sense the term is applied to any combination of establishments in the same line of business for securing the same ends by holding the individual interests of each subservient to a common authority for the common interests of all.

Les **trusts** d'affaires sont une extension du système du fidéicommis sur le modèle proposé par Rockefeller. Un **trust** d'affaires est une association ou organisation de personnes ou de sociétés ayant l'intention et le pouvoir de créer un monopole, de contrôler la production, d'interférer avec le libre cours du commerce ou des transports, ou de fixer et de réguler l'offre et le prix des produits. Le **trust** était à l'origine un système par lequel plusieurs personnes morales engagées dans le même type d'affaires pouvaient s'organiser ensemble pour leur avantage mutuel, en vue d'éliminer une concurrence qui aurait pu leur être fatale, de contrôler la production de leurs produits, et de réguler et de maintenir le niveau des prix, mais, en même temps, conservaient leur entité individuelle séparée, sans qu'il y ait concentration ou fusion. Ce système consistait à créer un comité ou bureau central, composé habituellement des présidents ou directeurs généraux des différentes sociétés, et à lui transférer la majorité des valeurs mobilières de chacune des sociétés, afin qu'il les détienne en fidéicommis pour les différents actionnaires qui lui confiaient leur portefeuille. Ces actionnaires recevaient à leur tour des « certificats de **trust** » certifiant qu'ils étaient fondés à percevoir les dividendes des actions qu'ils avaient confiées, en dépit du fait que le pouvoir de décision quant à ces actions appartenait désormais aux fidéicommissaires. Ceci permettait aux fidéicommissaires ou comités de choisir tous les directeurs de toutes les sociétés, et, à travers eux, les principaux cadres, et ainsi d'exercer un contrôle absolu sur la politique et les opérations de chaque société membre, aux fins mentionnées ci-dessus.

Bien que le **trust**, dans ce sens précis, soit rarement utilisé de nos jours comme forme de société commerciale et qu'il ait été remplacé par la « société de **holding** » ou d'autres systèmes, le mot « **trust** » est devenu courant dans les textes de loi et dans le discours populaire pour désigner pratiquement toute combinaison de caractère ou de tendance monopolistique.

Dans un sens plus large, le terme est utilisé pour n'importe quelle combinaison d'établissements travaillant dans le même secteur et cherchant à obtenir les mêmes fins en soumettant les intérêts individuels de chacun à une autorité commune dans l'intérêt commun de tous.

TRUSTEE INVESTMENT ACT 1961

S. 6. Duty of trustees in choosing investments

(1) In the exercise of his powers of investment a trustee shall have regard

a) to the need for diversification of investments of the trust, in so far as is appropriate to the circumstances of the trust;

b) to the suitability to the trust of investments of the description of investment proposed [...].

(2) Before exercising any power conferred by section one of this Act to invest in a manner specified in Part II or III of the First Schedule to this Act [...] a trustee shall obtain and consider proper advice on the question whether the investment is satisfactory having regard to the matters mentioned in paragraphs (a) (b) of the foregoing subsection.

(3) A trustee retaining any investment made in the exercise of such a power [...] shall determine at what intervals the circumstances, and in particular the nature of the investment, make it desirable to obtain such advice as aforesaid, and shall obtain such advice accordingly.

(4) For the purposes of the two foregoing subsections, proper advice is the advice of a person who is reasonably believed by the trustee to be qualified by his ability in and practical experience of financial matters [...].

(5) A trustee shall not be treated as having complied with subsection (2) or (3) of this section unless the advice was given or has been subsequently confirmed in writing.

(6) Subsections (2) and (3) of this section shall not apply to one of two or more trustees where he is the person giving the advice required by this section to his co-trustee or co-trustees [...].

LOI DE 1961 SUR LES INVESTISSEMENTS
PERMIS AUX FIDÉICOMMISSAIRES

Art. 6. Obligations des fidéicommissaires relatives au choix des investissements

(1) Dans l'exercice de ses pouvoirs d'investissement, un fidéicommissaire devra prendre en considération

a) la nécessité de diversifier les investissements du fidéicommis, dans la mesure où cela est approprié aux circonstances particulières dudit fidéicommis ;

b) l'adéquation au fidéicommis concerné d'investissements du type proposé [...].

(2) Avant d'exercer tout pouvoir qui lui est conféré par l'article 1 de la présente loi d'investir de la manière spécifiée dans la 2e ou la 3e partie de l'Annexe I de la présente loi [...], un fidéicommissaire devra recueillir et prendre en compte un avis autorisé quant à la pertinence de l'investissement, eu égard aux questions évoquées aux paragraphes (a) et (b) de l'alinéa précédent.

(3) Un fidéicommissaire qui conserve un investissement fait dans l'exercice d'un tel pouvoir [...] devra définir la fréquence à laquelle les circonstances, et notamment la nature de l'investissement, lui imposent de recueillir un avis autorisé, et devra recueillir cet avis en conséquence.

(4) Aux fins des deux alinéas précédents, un avis autorisé est l'avis d'une personne que le fidéicommissaire croit raisonnablement qualifiée par sa compétence et son expérience pratique en matière de questions financières [...].

(5) Un fidéicommissaire ne sera pas considéré comme s'étant acquitté des obligations prévues aux alinéas (2) ou (3) du présent article si l'avis n'a pas été donné par écrit ou confirmé par la suite par écrit.

(6) Les alinéas (2) et (3) du présent article ne s'appliqueront pas, dans le cas où il y a deux ou plusieurs fidéicommissaires, à celui d'entre eux qui fournira à son ou ses cofidéicommissaire(s) l'avis requis par le présent article [...].

Key sentences

1. Only charitable trusts can go on for ever.

2. The rule against perpetuities means that property of any kind cannot be tied up indefinitely.

3. A trust to promote a purpose which is illegal or contrary to public morals is void.

4. Once a trust has been validly made it cannot be revoked by the settlor unless there is in the settlement a clause empowering him to revoke it.

5. One of the settlor's aims in creating a trust, whether during his lifetime or at his death, is to control the disposition of his property for some time into the future.

6. A trust, not being a charitable trust, to be effective, must have ascertained or ascertainable beneficiaries.

7. Any person and any corporation, in so far as it is a juristic person, may be a beneficiary of a trust.

8. An infant may be a beneficiary of a trust of land, even though he is not able to hold the legal title to land.

9. Charitable trusts need not have ascertained or ascertainable beneficiaries, as their aim is to benefit the public in general.

10. In case of a breach of trust, relief may be granted by the court to a trustee if he has acted honestly and reasonably and ought fairly to be excused.

11. In a trust the settlor, original owner, can declare himself to be the trustee or can convey the property to trustees.

12. The trust shall not be fully constituted until the settlor has vested the legal title in the trustees.

13. Public or charitable trusts must benefit the public as a whole or a section of it by relieving poverty, advancing education or religion...

14. Under an implied trust an infant can become a constructive trustee or a resulting trustee in certain cases.

15. The Trustee Investments Act 1961 empowers trustees to invest up to half of the trust fund in shares of companies; the rest should be invested in government stocks or local authorities loans.

11 Phrases types

1. *Seuls les fidéicommis à but philanthropique peuvent continuer indéfiniment.*

2. *La règle s'opposant aux perpétuités signifie qu'aucun type de propriété ne peut être rendu inaliénable indéfiniment.*

3. *Un fidéicommis créé à des fins illégales ou contraires à la morale publique est nul.*

4. *Une fois qu'un fidéicommis a été valablement constitué, il ne peut être révoqué par le créateur, sauf si l'acte constitutif contient une clause l'autorisant à ce faire.*

5. *L'un des objectifs de celui qui crée un fidéicommis, que ce soit de son vivant ou à sa mort, est de contrôler la manière dont ses biens seront utilisés pendant un certain temps dans le futur.*

6. *Un fidéicommis, autre qu'à but philanthropique, pour prendre effet, doit mentionner des bénéficiaires déterminés ou déterminables.*

7. *Toute personne et toute personne morale, dans la mesure où elle est dotée de la personnalité juridique, peut être bénéficiaire d'un fidéicommis.*

8. *Un mineur peut être bénéficiaire d'un fidéicommis portant sur un bien immobilier, même s'il n'a pas la capacité pour détenir un titre immobilier légal.*

9. *Les fondations philanthropiques n'ont pas besoin d'avoir des bénéficiaires définis ou définissables, dans la mesure où elles ont pour but d'être bénéfiques au public en général.*

10. *Si un fidéicommissaire manque à ses obligations, les tribunaux peuvent le décharger de responsabilité s'il a agi avec honnêteté et de manière raisonnable et s'il peut en toute justice être excusé.*

11. *Dans un fidéicommis, le propriétaire originel peut déclarer qu'il sera lui-même fidéicommissaire ou peut transmettre ses biens à des fidéicommissaires.*

12. *Le* **trust** *ne sera pleinement constitué que lorsque le propriétaire originel aura effectivement transmis le titre légal aux fidéicommissaires.*

13. *Les* **trusts** *publics ou philanthropiques doivent profiter au public en général ou à une partie de celui-ci, en soulageant la pauvreté, en promouvant l'instruction ou la religion...*

14. *Dans le cas de fidéicommis implicite, un mineur peut devenir fidéicommissaire par interprétation ou, parfois, par déduction.*

15. *La loi de 1961 relative aux investissements par les fidéicommissaires autorise ceux-ci à investir jusqu'à la moitié des capitaux du fidéicommis en actions ; le reste doit être investi en valeurs gouvernementales ou en souscriptions à des emprunts de collectivités locales ou régionales.*

account : *compte*
  bank account : *compte en banque*
  joint account : *compte joint*
to accrue (to someone) : *revenir (à quelqu'un)*
to alleviate : *alléger, soulager*
amount : *montant, sommes*
assets : *avoirs, actifs, capitaux, patrimoine*

beneficiary : *bénéficiaire*
to benefit (from) : *profiter (de), bénéficier (de)*
breach : *rupture, manquement, abus*
  breach of trust : *manquement aux obligations incombant aux fidéicommissaires ; abus de confiance*
burden : *poids, fardeau, charge*

cestui que trust : *bénéficiaire* (= beneficiary)
confidence : *confiance* (= trust)
consolidation : *concentration* (d'entreprises ou sociétés)

device : *système, moyen*
to devise : *disposer (de)*
due : *droit, charge*
  feudal due : *charges féodales*
duty : *devoir*
  duty at law/legal duty : *obligation légale*
  duty of care : *devoir de soin ; obligation de diligence*

empowered to : *compétent pour, autorisé à*
to enfeoff : *investir, ensaisiner* (qqn) *d'un fief*
enfeoffed : *investi, ensaisiné d'un fief*

feoffee : *celui qui est investi d'un fief*
feudal : *féodal*

income : *revenu*
investment : *investissement*
  investment income : *revenu des investissements*
  investment power : *pouvoir d'investir*

merger : *fusion* (de sociétés)

of age : *majeur*
to operate : *opérer, agir, avoir de l'effet, être applicable*
owner : *propriétaire*
  legal owner : *propriétaire légal*
  original owner : *propriétaire originel* (= settlor)
  statutory owner : *propriétaire légal*

perpetuity : *perpétuité* (= remoteness of vesting)
provision : *disposition* (in Act, will, etc.)

relief : *décharge de responsabilité ; secours, assistance*
remoteness of vesting : *perpétuité*

settlement : *disposition* (en faveur de)
   to make a capital settlement on : *disposer de sa fortune en faveur de*
settlor : *créateur/fondateur d'un trust* (= original owner)
to split : *diviser, partager, fractionner, scinder*
splitting : *division, séparation, partage*
surcharge : *surtaxe, impôt supplémentaire*
survivor : *survivant*

trust : *trust, fidéicommis*
   charitable trust : *fondation philanthropique*
   constructive trust : *fidéicommis par interprétation*
   private trust : *fidéicommis privé*
   public trust : *fondation philanthropique*
   resulting trust : *fidéicommis par déduction*
   trust instrument : *document constitutif du fidéicommis*
   to hold something in trust : *administrer* (un bien, etc.) *par fidéicommis*
to trust someone : *faire confiance à quelqu'un*
to trust something to someone : *confier quelque chose à quelqu'un*
trustee : *fidéicommissaire, administrateur de biens*
   trustee in bankruptcy : *administrateur/syndic de faillite*
trustful : *plein de confiance, confiant*
trustworthy : *digne de confiance*

under age : *mineur*
use : *usufruit*

will : *testament*

My wife and I wish to make a capital settlement on our two sons, both of whom are of age, with income reserved to ourselves. Our assets comprise a small leasehold flat held as tenants in common, together with a number of bank joint accounts [...]. We contemplate splitting each joint account between us and then adding our two sons' names to each of the new accounts. We have already made wills appointing them trustees to pay the income to the survivor of us [...]. Answer: "The provision in your will would not operate in relation to the joint accounts, since the whole of the amount standing to the credit of a joint account will automatically accrue to the survivor(s) [...]."

Excerpt from *Week End Financial Times*,
September 1/2, 1990.

Ma femme et moi souhaitons disposer de notre fortune en faveur de nos deux fils, tous deux majeurs, en en conservant les revenus pour nous-mêmes. Notre patrimoine comprend un petit appartement dont nous sommes copropriétaires, ainsi qu'un certain nombre de comptes joints [...]. Nous envisageons de transformer chaque compte joint en deux comptes joints distincts et ensuite d'ajouter les noms de nos deux fils sur chacun des nouveaux comptes. Nous avons déjà fait des testaments par lesquels nous les nommons fidéicommissaires et les chargeons de verser les revenus de nos biens à celui de nous deux qui survivra [...]. Réponse : « Les dispositions incluses dans votre testament ne seraient plus applicables dans le cas de comptes joints, dans la mesure où la totalité des sommes au crédit d'un compte joint revient automatiquement au(x) survivant(s) [...]. »

Extrait de Week End Financial Times, *1ᵉʳ/2 septembre 1990.*

12

COMMERCIAL LAW
LE DROIT COMMERCIAL

A. English Law
   Droit anglais

B. American Law
   Droit américain

12

Introduction

Commercial law deals with the rights and duties created by the supply of goods and services, i.e. with commercial transactions; it arose from the need to protect the purchaser and maintain trade. Institutions are regulated by company law (GB) and the law of corporations (US).

While it is dominated by the sale of goods contract between seller and buyer, it goes beyond the law of contract and broaches many subjects: sale, negotiable instruments, carriage of goods. It also infringes upon other territories: property, tort, equity, restitution and insolvency.

Apart from standard-term contracts devised by trade associations, there are model Codes formulated by international associations and governments and incorporated into contract documents. Such are the **Uniform Customs and Practice for Documentary Credit (UCP)**, revised in 1974 by the International Chamber of Commerce and accepted for documentary credit, the list of "**Incoterms**", revised in 1990, the **Uniform Law for the International Sale of Goods (ULIS)** and, in the US, the **Uniform Commercial Code (UCC)**.

Contractual obligation is also based upon customs and usages, while it is increasingly defined by national and external legislations (European Community law in the latter instance as far as English law is concerned).

A. English commercial law

English commercial law is based upon common law rules, statutory provisions and case-law; the main statutes are the **Bills of Exchange Act 1882**, the **Law Reform Frustrated Contracts Act 1943**, the **Cheques Act 1957**, the **Unfair Contract Terms Act 1977** and the **Sale of Goods Act 1979**.

Most commercial transactions are carried out by agents, who go by the names of brokers, factors, representatives. Their acting on behalf of their principals to establish a contractual relationship between the latter and third parties creates a contract of agency, which is the cornerstone of major commercial transactions.

A negotiable instrument is a document of title to money: this claim enables a person to make a transfer of the ownership to another.

The two main types of negotiable instruments are bills of exchange and cheques; other instruments are promissory notes, bankers' drafts, traveller's cheques, investment securities (bonds, debentures, certificates of deposit). Other payment mechanism include Bank Giro (standing orders, credit transfers and direct debits) and point-of-sale E(lectronic) F(unds) T(ransfer) S(ystems).

Introduction

Le droit commercial traite des droits et des obligations créés par la fourniture de biens et services, à savoir des transactions commerciales ; ce droit est né du besoin de protéger l'acheteur et de maintenir les échanges commerciaux. Les institutions sont réglementées en Grande-Bretagne et aux États-Unis par le droit des sociétés.

Tout en étant dominé par le contrat de vente de marchandises entre le vendeur et l'acheteur, ce droit dépasse le droit des contrats et touche à de nombreux sujets : la vente, les effets de commerce, le transport des marchandises. D'autres domaines le concernent aussi : la propriété, la responsabilité civile, l'**equity**, les dommages-intérêts et l'insolvabilité.

Hormis les contrats types mis au point par les associations commerciales, il existe des codes servant de règles rédigés par les associations internationales et les gouvernements et incorporés dans les documents contractuels. Il en est ainsi des UCP (usages et pratiques uniformisés du crédit documentaire), révisés en 1974 par la Chambre de commerce internationale et reconnus pour le crédit documentaire, de la liste des **Incoterms**, révisée en 1990, de l'ULIS (loi uniformisée sur les ventes internationales de marchandises) et, aux États-Unis, de l'UCC (Code général de commerce).

Les obligations imposées par les contrats sont aussi fondées sur les usages et les coutumes tout en étant de plus en plus définies par des lois nationales et supranationales (le droit européen dans ce dernier cas en ce qui concerne le droit anglais).

A. Droit commercial anglais

Le droit commercial anglais est fondé sur les règles de la **common law**, les lois votées par le Parlement et la jurisprudence. Les principales lois sont la loi de 1882 sur les lettres de change, la loi de 1934 révisant la législation en matière d'impossibilité d'exécution d'un contrat, la loi de 1957 sur les chèques, la loi de 1977 sur les clauses contractuelles abusives, et la loi de 1979 sur la vente de marchandises.

La plupart des transactions commerciales sont effectuées par des agents qu'on nomme courtiers, mandataires, représentants. Agissant pour le compte de leur mandant afin d'établir une relation contractuelle entre celui-ci et un tiers, ils créent un mandat conventionnel, qui est la clé de voûte des principales transactions commerciales.

Les effets de commerce sont des titres qui permettent à une personne de transférer la propriété d'une somme d'argent à une autre.

Les deux principaux effets de commerce sont les lettres de change et les chèques. Les autres effets sont les billets à ordre, les traites bancaires, les chèques de voyage, les titres de placements (obligations, avec ou sans nantissements, bons de caisse). Les autres systèmes de règlement comprennent le **Bank Giro** — le **Giro** est d'abord l'équivalent du CCP, étendu ensuite aux banques — (virements permanents, transferts de crédits et débits automatiques) et le système de débit automatique dans les points de vente.

12

A. English commercial law *(ctd)*

Bills of exchange are now becoming rare in home trade though they remain extremely common in foreign trade. Foreign and domestic bills of exchange involve three persons: the drawer, the drawee and the payee. The drawee accepts the bill, that is, agrees by endorsing it to pay at a certain fixed date a sum to the payee on behalf of the drawer.

Cheques are bills of exchange drawn on a banker. Crossed cheques must be paid in a bank account and cannot be cashed at all.

Promissory notes, widely used in the United States, involve two persons, the maker and the payee.

B. American commercial law

In the United States commercial law represents the body of substantive law (**Uniform Commercial Code**, **Truth in Lending Act, 1970**) related to commerce, trade and mercantile activities.

The **UCC (Uniform Commercial Code)** drafted by the National Conference of Commissioners on Uniform State Laws, covers all aspects of commercial transactions: sales of goods, commercial papers, bank deposits and collections, letters of credit, bulk transfers, warehouse receipts, bills of lading, investment securities and secured transactions. All states adopted the Code, with the exception of Louisiana which under the influence of Roman Law did not adopt the articles dealing with sales and secured transactions. As the General Comment to the Code put it: "This Act purports to deal with all the phases which may ordinarily arise in the handling of a commercial transaction, from start to finish", which are:

1) selling goods,

2) paying for goods with commercial papers,

3) shipping and storing goods covered by documents of title,

4) financing the sale of goods, i.e. the secured transaction,

5) the letter of credit which initiates the commercial transaction.

While covering all the aspects of the transaction, the Code whose underlying principle is freedom of contract must be construed and applied in a liberal way. The principle of freedom of contract is limited by the obligations of good faith, diligence, reasonableness, and care. Unconscionability may be recognized in some contracts or clauses, which leads to the court refusing to enforce the contract or clause.

A. Droit commercial anglais (*suite*)

Les lettres de change sont maintenant rares dans le commerce intérieur bien que toujours courantes dans le commerce extérieur. Les lettres de change sur l'intérieur ou l'extérieur impliquent trois personnes : le tireur, le tiré et le bénéficiaire. Le tiré accepte la lettre, donne son accord en l'endossant de payer à une date fixée une certaine somme au bénéficiaire pour le compte du tireur.

Les chèques sont des lettres de change tirées sur des banques. Les chèques barrés doivent être versés à un compte et ne peuvent être échangés contre de l'argent.

Les billets à ordre, très utilisés aux États-Unis, impliquent deux personnes, le souscripteur et le bénéficiaire.

B. Droit commercial américain

Aux États-Unis, le droit commercial représente le corps du droit positif (Code général de commerce, loi de 1970 sur la protection du crédit aux consommateurs) relatif au commerce, aux échanges et aux activités mercantiles.

Le UCC (Code général de commerce) élaboré par le congrès national des commissaires chargés d'uniformiser les lois des États, couvre tous les aspects des transactions commerciales : ventes de marchandises, effets de commerce, dépôts et recouvrements bancaires, lettres de crédit, transferts illicites de stocks, récépissés d'entrepôt, connaissements, valeurs de placement et conventions garanties. Tous les États ont adopté le UCC, à l'exception de la Louisiane qui, sous l'influence du droit romain, n'a pas adopté les articles relatifs aux ventes et aux conventions garanties. Pour reprendre la formulation du code, « la présente loi a pour objet de traiter de tous les problèmes qui peuvent normalement se présenter lors d'une transaction commerciale, du début jusqu'à la fin », à savoir :

1) la vente des marchandises,

2) le paiement des marchandises au moyen d'effets de commerce,

3) l'expédition et l'entrepôt des marchandises couvertes par des documents attestant les titres,

4) le financement de la vente des marchandises (conventions garanties),

5) la lettre de crédit par laquelle débute la transaction commerciale.

S'il couvre tous les aspects d'une transaction commerciale, le Code, dont le principe sous-jacent est la liberté contractuelle, doit être interprété et appliqué de manière libérale. Le principe de la liberté contractuelle est limité par les obligations de bonne foi, de diligence, de caractère raisonnable et de soin. Certains contrats ou certaines clauses peuvent être déclarés ne pas satisfaire à l'exigence du « caractère raisonnable » : dans ce cas, les tribunaux refuseront d'ordonner l'exécution du contrat ou de la clause.

B. American commercial law *(ctd)*

Article 2 of the UCC applies to transaction of goods, which is a wider scope than sales : for instance, it includes gifts, leases, and rentals of goods. "Goods" means all things which are movable at the time of the contract, that is personal property, not realty : intangibles are excluded. In the absence of specific Code provisions, the general law of contracts applies.

As far as construction of the contract is concerned, Article 2 provides that express terms, course of performance, course of dealing and usage of trade are to be construed whenever reasonable as consistent with each other. When such construction is unreasonable the following order of priority shall control : 1) express terms, 2) course of performance, 3) course of dealing, 4) usage of trade.

Terms set forth in a writing intended by the parties as a complete and exclusive statement of their agreement may not be contradicted by evidence of any prior agreement or of a contemporaneous oral agreement.

Under Article 2, the UCC recognizes four property interests in goods : title, special property, insurable interest and security interest. A sale is defined as the passing of title from the seller to the buyer for a price. A buyer obtains special property in goods by identification of existing goods as goods to which the contract refers. An insurable interest, in its broadest sense, is a relation between the insured and the event insured against such that the concurrence of the event will cause substantial loss or injury of some kind to the insured. A security interest means an interest in personal property or fixtures which secures payment or performance of an obligation. A buyer's special property in goods is not a security interest. Risk of loss passes from the seller to the buyer when they agree it passes.

Every contract within the UCC imposes an obligation of good faith in its performance.

Article 9 of the UCC deals with the security aspect of commercial transactions. Unless excluded, Article 9 applies :

— to any transaction which is intended to create a security interest in personal property or fixtures. "Personal property" means goods, documents, instruments, general intangibles, chattel paper, accounts. "Fixtures" are goods which become so related to particular real estate that an interest in them arises under real estate law;

— to any sale of accounts or chattel paper. Thus Article 9 applies to security interests created by contract including the former pre-Code security devices, such as: pledge, assignment, chattel mortgage, factor's lien, conditional sale, trust receipt, other lien or title retention contract.

Further, Article 9 applies to a lease or consignment intended as security.

L'article 2 du UCC traite des transactions de marchandises, ce qui couvre un champ plus vaste que les seules ventes, et inclut les dons, les baux et les locations de marchandises. Par « marchandises », on entend tout objet qui constitue un bien meuble au moment du contrat, c'est-à-dire un bien tangible et personnel autre qu'un bien immobilier : le terme n'inclut pas les propriétés incorporelles. En l'absence de dispositions spécifiques dans le code, le droit applicable est le droit général des contrats.

Pour ce qui est de l'interprétation du contrat, l'article 2 dispose que les termes exprès, l'exécution habituelle, le comportement habituel et l'usage commercial doivent être interprétés, chaque fois que cela est raisonnable, comme étant mutuellement cohérents. Lorsqu'une telle interprétation s'avère contraire à la raison, il conviendra de respecter l'ordre de priorité suivant : 1) termes exprès, 2) exécution habituelle, 3) comportement habituel, 4) usage commercial.

Les clauses consignées par les parties dans un document écrit dans l'intention que celui-ci constitue une déclaration complète et exclusive de leur accord ne peuvent se voir opposer la preuve d'un accord antérieur ou d'un accord verbal simultané.

A l'article 2, le UCC reconnaît quatre formes de droits de propriété sur les marchandises : le titre de propriété, le droit spécial de propriété, le droit à l'assurance et le droit de rétention ou sûreté. Le terme « vente » est défini comme étant le transfert du titre de propriété du vendeur à l'acheteur pour un prix donné. Un acheteur acquiert un droit spécial de propriété sur des marchandises en faisant identifier des marchandises existantes comme étant les marchandises auxquelles se réfère le contrat. Le « droit à l'assurance » de l'acheteur, dans son acception la plus large, signifie la relation entre l'assuré et l'événement contre lequel les marchandises sont assurées, relation par laquelle, si l'événement se produit, il est reconnu que l'assuré subira des pertes ou des dommages substantiels. « Sûreté » ou « droit de rétention » signifie le droit de rétention du vendeur sur des biens meubles ou des installations fixes qui garantit le paiement ou l'exécution d'une obligation. Le droit spécial de propriété d'un acheteur sur des marchandises ne constitue pas une sûreté. Les risques de perte sont transférés du vendeur à l'acheteur au moment où ils ont convenu qu'ils seraient transférés.

Tout contrat qui tombe sous le coup du UCC impose, pour son exécution, une obligation de bonne foi.

L'article 9 du UCC traite des garanties en matière de transactions commerciales. Sauf stipulation contraire, l'article 9 s'applique :

— à toute transaction qui vise à créer un droit de rétention sur les biens meubles ou les installations fixes. « Biens meubles » signifie des marchandises, documents, effets de commerce, propriétés incorporelles, titres de gage sur des biens meubles, comptes. « Installations fixes » signifie des biens meubles qui sont devenus partie intégrante d'un bien immeuble, au point que le droit immobilier les considère comme des immeubles par destination ;

— à toute vente de comptes ou de titres de gage sur des biens meubles. Ainsi l'article 9 s'applique aux sûretés créées par contrat, y compris aux anciennes formes de garantie, antérieures au code, comme le gage, la cession, l'hypothèque mobilière ou nantissement, le droit de rétention du commissionnaire, la vente conditionnelle, le récépissé de dépôt, tout autre contrat de privilège ou de rétention de titre.

En outre, l'article 9 s'applique aux locations ou expéditions de marchandises qui constituent des sûretés.

SALES OF GOODS ACT 1979

S. 13. Sale by description

(1) Where there is a contract for the sale of goods by description, there is an implied condition that the goods will correspond to the description.

(2) If the sale is by sample as well as by description it is not sufficient that the bulk of the goods corresponds with the sample if the goods do not also correspond with the description.

(3) A sale of goods is not prevented from being a sale by description by reason only that, being exposed for sale or hire, they are selected by the buyer.

(4) Paragrah 4 of Schedule 1 below applies in relation to a contract made before 18 May 1973.

S. 14. Implied terms about quality or fitness

(1) Except as provided by this section and section 15 below and subject to any other enactment, there is no implied condition or warranty about the quality or fitness for any particular purpose of goods supplied under a contract of sale.

(2) Where the seller sells goods in the course of a business, there is an implied condition that the goods supplied under the contract are of merchantable quality, except that there is no such condition

a) as regards defects specifically drawn to the buyer's attention before the contract is made; or

b) if the buyer examines the goods before the contract is made, as regards defects which that examination ought to reveal.

(3) Where the seller sells goods in the course of a business and the buyer, expressly or by implication, makes known

a) to the seller, or

b) where the purchase price or part of it is payable by instalments and the goods were previously sold by a credit-broker to the seller, to that credit broker,

any particular purpose for which the goods are being bought, there is an implied condition that the goods supplied under the contract are reasonably fit for that purpose.

12

Document (GB)

LOI DE 1979 SUR LES VENTES DE MARCHANDISES

Art. 13. Vente sur catalogue

(1) Dans le cas d'un contrat de vente de marchandises sur catalogue, il existe une garantie implicite que les marchandises correspondront au descriptif.

(2) Si la vente se fait non seulement sur catalogue mais également sur échantillon, il ne suffit pas que l'ensemble des marchandises corresponde à l'échantillon si les marchandises ne correspondent pas également au descriptif.

(3) Le fait que des marchandises soient exposées à des fins de vente ou de location et qu'elles soient choisies par l'acheteur n'empêchera pas qu'il s'agisse d'une vente sur catalogue.

(4) Le paragraphe 4 de l'annexe 1 ci-dessous s'applique aux contrats conclus avant le 18 mai 1973.

Art. 14. Termes implicites relatifs à la qualité et à l'adéquation des marchandises

(1) Mis à part les dispositions du présent article et de l'article 15 ci-dessous, et sous réserve de tout autre texte de loi, il n'existe aucune garantie principale ou subsidiaire relative à la qualité ou à l'adéquation à un usage spécifique des marchandises qui font l'objet d'un contrat de vente.

(2) Lorsque le vendeur vend des marchandises à titre professionnel, il existe une garantie implicite comme quoi les marchandises fournies aux termes du contrat sont de bonne qualité marchande. Il n'existe cependant aucune garantie de ce type

a) dans le cas où les défauts ont été portés à l'attention de l'acheteur avant la conclusion du contrat; ou

b) si, avant de conclure, l'acheteur inspecte les marchandises dans le but de découvrir les défauts que cette inspection devrait révéler.

(3) Lorsque le vendeur vend des marchandises à titre professionnel et que l'acheteur, de manière expresse ou implicite, fait connaître

a) au vendeur, ou

b) lorsque le prix d'achat ou une partie de celui-ci est payable à tempérament et que les marchandises ont été d'abord vendues au vendeur par un organisme de crédit, à cet organisme de crédit,

tout usage spécifique pour lequel les marchandises sont achetées, il existe une garantie implicite comme quoi les marchandises fournies aux termes du contrat sont raisonnablement adaptées à cet usage.

1. Where goods are sold in market overt, the buyer acquires a good title to the goods, provided he buys them in good faith.

2. Any shop in any town is market overt and a sale in such a shop is a sale in market overt, provided it takes place during business hours on a business day.

3. To prove want of good faith on the part of the purchaser, the onus of proof lies on the original owner.

4. A prudent seller or purchaser will cover his position by insurance and will not leave the risk of loss to be determined by the uncertain application of the rules contained in the Sale of Goods Act.

5. A course of dealing is a sequence of previous conduct between the parties to a particular transaction which is fairly to be regarded as establishing a common basis of understanding for interpreting their expressions and other conduct. (UCC, art. 1-205 [1])

6. A usage of trade is any practice or method of dealing having such regularity of observance in a place, vocation or trade as to justify an expectation that it will be observed with respect to the transaction in question. (UCC, art. 1-205 [2])

7. Under Article 9 of the UCC, ''goods'' includes all things which are movable at the time the security interest attaches.

8. Incoterms are a set of internation rules for the interpretation of the most commonly used trade terms in foreign trade.

9. The Incoterms 1980 listed under each abbreviated term only the obligations of the seller and of the buyer.

10. The Incoterms 1990 also state under these headings the obligations from which the seller or the buyer is free.

11. A contract of sale of goods is a contract by which the seller transfers or agrees to transfer the property in goods to the buyer for a money consideration.

12. Where the transfer of the property in the goods is to take place at a future time or subject to some condition later to be fulfilled the contract is an agreement to sell.

13. A contract of sale may be made in writing (either with or without seal), or by word of mouth, or may be implied from the conduct of the parties.

14. It is the duty of the seller to deliver the goods and of the buyer to accept and pay for them.

15. The place of delivery is the seller's place of business.

Phrases types

1. *Lorsque des marchandises sont vendues sur le marché libre, l'acheteur acquiert un titre valable sur ces marchandises à condition de les avoir achetées de bonne foi.*

2. *N'importe quel magasin de n'importe quelle ville est un marché libre et une vente effectuée dans un tel magasin est une vente sur le marché libre, à condition qu'elle ait lieu un jour ouvrable et pendant les heures d'ouverture.*

3. *C'est au propriétaire originel qu'il incombe de prouver l'absence de bonne foi de l'acheteur.*

4. *Un vendeur ou un acheteur prudent se couvrira par une assurance afin d'éviter que les risques de perte ne soient évalués de manière incertaine par l'application des règles contenues dans la loi sur les ventes de marchandises.*

5. *Un « comportement habituel » consiste en une succession de comportements antérieurs entre les parties à une transaction donnée qui peut raisonnablement être regardée comme constituant une base commune pour interpréter leurs paroles et leur comportement. (UCC, art. 1-205 [1])*

6. *Un « usage commercial » est toute pratique ou méthode de transaction dont l'observation régulière dans un lieu, une profession ou une branche commerciale permet de justifier la présomption que cette pratique ou méthode sera suivie dans une transaction donnée. (UCC, art. 1-205 [2])*

7. *Aux termes de l'article 9 du Code général de commerce, le terme « marchandises » inclut tous les biens meubles au moment où le droit de rétention est applicable.*

8. *Les Incoterms sont une série de règles internationales pour l'interprétation des termes commerciaux les plus couramment utilisés pour le commerce extérieur.*

9. *Les Incoterms de 1980 donnaient, sous chaque terme abrégé, uniquement la liste des obligations du vendeur et de l'acheteur.*

10. *Les Incoterms de 1990 précisent en outre, sous ces rubriques, les obligations qui n'incombent pas au vendeur ou à l'acheteur.*

11. *Un contrat de vente de marchandises est le contrat par lequel le vendeur transmet ou s'engage à transmettre la propriété des marchandises à l'acheteur en échange d'une contrepartie financière.*

12. *Si la transmission de la propriété des marchandises doit avoir lieu à une date ultérieure ou est soumise à une condition devant être remplie ultérieurement, le contrat est un accord de vente.*

13. *Le contrat de vente peut s'établir par écrit (devant notaire ou sous seing privé), ou oralement, ou il peut être déduit de la conduite des parties.*

14. *Le vendeur a obligation de remettre les marchandises, l'acheteur de les accepter et de les payer.*

15. *Le lieu où s'effectue la remise des marchandises est le local commercial du vendeur.*

abbreviated : *abrégé*
agency : *mandat*   **agent** : *mandataire*
assignment : *cession*   **auction sale** : *vente aux enchères*

to bear the risks : *supporter les risques, assumer les risques*
bill : *note, facture*   **bill of exchange** : *lettre de change*
     bill of lading : *connaissement*
breach (of contract, of term) : *rupture, inexécution (de contrat), manquement à une obligation*
broker : *courtier*

chattel : *biens meubles, biens mobiliers*
     chattel mortgage : *nantissement, hypothèque mobilière*
check (US)/**cheque** (GB) : *chèque*
     crossed cheque : *chèque barré*
     traveller's cheque : *chèque de voyage*
collection : *recouvrement*
     bank collection : *recouvrement bancaire*
condition : *clause fondamentale*
consideration : *cause, contrepartie*
contract : *contrat*
     contract term : *terme contractuel, clause contractuelle*
     standard forms of contrat : *contrat type*

damage : *préjudice, dommage*   **damages** : *dommages et intérêts*
to deliver (goods) : *livrer (des marchandises)*
delivery : *livraison*
deposit : *dépôt*
     bank deposit : *dépôt bancaire*
     certificate of deposit : *bon de caisse*
draft : *rédaction ; traite*
     banker's draft : *traite bancaire*
drawee (of a draft) : *tiré*   **drawer (of a draft)** : *tireur*

factor : *commissionnaire*
frustrated (contract) : *(contrat) impossible d'exécution*
frustration : *impossibilité d'exécution*

good faith (in) : *de bonne foi*
goods : *marchandises*   **guarantee** (GB) : *garantie*

hire-purchase : *location-vente*

insolvency : *insolvabilité*
instrument : *instrument, effet, document*
     negotiable instrument : *effet de commerce, lettre de change*
insurance : *assurance*
     insurance costs : *frais d'assurance*
intangibles : *valeurs incorporelles, propriétés incorporelles*
International Chamber of Commerce : *Chambre de commerce internationale*
investment : *investissement*
investment securities : *titres de placement, valeurs de placement*

to keep pace with : *se tenir au courant, suivre l'évolution de*

lien : *droit de rétention, nantissement, privilège*
liquidated damages : *dommages fixés d'avance*
loss : *perte, préjudice*

maker (of a promissory note) : *souscripteur (d'un billet à ordre)*
mistake : *erreur*
  common mistake : *erreur reconnue par la* common law
  equitable mistake : *erreur sanctionnée par l'*equity

order : *ordre de virement*
  standing order : *ordre de virement permanent*

paper : *document*   **commercial paper** : *effet de commerce*
payee (of a draft or promissory note) : *bénéficiaire (d'une traite ou d'un billet à ordre)*
performance : *exécution* **specific performance** : *exécution forcée*
pledge : *gage, nantissement*
principal (in agency) : *mandant*
promissory note : *billet à ordre*

realty : *propriété immobilière*
receipt : *reçu, certificat, récépissé*
  warehouse receipt : *récépissé d'entrepôt*
remedies : *réparations*
representative : *représentant*
repudiation : *résiliation*
restitution : *restitution, dommages et intérêts*
to revise : *réviser, revoir*
risk of loss : *risque de perte*

sale : *vente*
secured transaction : *convention garantie*
security : *garantie, sûreté*
shipping : *transport par mer, transport* (en général)

terms : *termes du contrat, clauses contractuelles*
  express term : *terme exprès*
  implied term : *terme implicite*
title : *titre*   **good title** : *titre valable*
trade : *commerce*
  foreign trade : *le commerce extérieur*
  home trade : *le commerce intérieur*
  international trade : *le commerce international*
  trade terms : *termes commerciaux*
transfer : *transfert*
  bulk transfer : *vente illicite, transfert illicite de stocks*

Uniform Commercial Code (UCC) : *Code général de commerce*
to update : *mettre à jour*

void : *nul*   **voidable** : *annulable*

warranty : *clause collatérale/subsidiaire* ; *garantie* (US)

The 1990 Incoterms came into force on July 1. They include 13 different abbreviated terms starting with Ex-Works (EXW) where the obligations of the seller are the least, and rising to Delivery Duty Paid (DDP) where the seller bears all the risks and costs of delivering the goods to the buyer at an agreed place. Incoterms had to be revised because of new transport techniques and the increasing use of Electronic Data Interchange (EDI) [...]. The "Free Carrier [...] (named point)" (FRC) term has been redefined to suit all types and combinations of transport. This allows the three separate terms for rail, road and air transport to be eliminated (FOR/FOT and FOB Airport). [...]

Excerpt from *The Financial Times*,
August 6, 1990.

Les Incoterms de 1990 sont entrés en vigueur le 1er juillet. Ils comprennent 13 termes abrégés différents, allant de A l'usine, qui réduit à leur minimum les obligations du vendeur, à Rendu Droits Acquittés, qui impute au vendeur tous les risques et tous les coûts afférents à la livraison des marchandises à l'acheteur en un lieu convenu. Les Incoterms ont dû être révisés en raison des nouvelles techniques de transport et de l'emploi croissant des Échanges électroniques de Données [...]. Le terme « Franco Transporteur » (FRC) a été redéfini pour correspondre à toutes sortes de moyens et de combinaisons de transports. Ceci permet de supprimer les trois termes distincts qui étaient utilisés pour les transports par rail, par route et par air (Franco Gare, Franco Wagon et FOB Aéroport). [...]

Extrait du Financial Times, *6 août 1990.*

13

COMPANY LAW (ENGLAND AND WALES)
LE DROIT ANGLAIS DES SOCIÉTÉS

The sole trader enters business on his own account; he may be assisted in his venture by employees.

He is personally liable for all the debts and obligations of the business. In the event of a bankruptcy, his personal assets will satisfy the creditors' demands.

No formal procedures are required to set up a business as a sole trader; the proprietor has only to observe the rules laid down in the **Business Names Act 1985**, Section 4, i.e., give his full name and address.

● The law of contract and the principles of agency are the cornerstone of **partnership**. The **Partnership Act 1890** is the statute that regulates all partnerships, defined in Section 1.1 as ''the relation which subsists between persons carrying on business in common with a view of profit''. The business entity thus created goes by the name of firm; each partner is liable jointly with the other partners for all the debts and obligations of the firm since the latter has no legal existence of its own.

Any partnership follows a contract between two or at the most twenty persons, except in the case of professional partnerships, that is accountants, solicitors or stock exchange firms whose members may be more numerous. When partners are more than twenty in other firms than the professional ones, they must incorporate, that is, become a company. If the contract is oral or in writing or both, it is called the ''Articles of Partnership''; if it is signed and sealed, it is a ''Deed of Partnership''. These documents spell out the firm's trading name, the purpose of the business, the partners' contributions to the capital, their shares in profits and losses, their powers, admission of new partners, expulsion of a partner, dissolution of the partnership, the accounts and audit of the books, goodwill, outgoing partners' refunding or deceased partners' estates, and arbitration in case of disputes between partners.

Partners are agents of the firm and of each other; each partner is also a principal.

The **Limited Partnership Act 1907** provided for the creation of a partnership with one or more general partners, liable for the business debts, and one or more limited partners, liable to the extent of their capital contribution.

A limited partnership must be registered with the Registrar of Companies. However since the limited partner cannot intervene in the business without losing his limited liability status, even when the capital is dissipated, this form of organization tended to disappear and was replaced by companies.

1. Différents types d'entreprises

Le particulier qui crée une entreprise individuelle agit pour son compte ; il peut se faire aider par des employés.

Il est personnellement responsable des dettes et obligations de son entreprise. En cas de faillite, ses biens meubles serviront à régler ses créanciers.

Aucune formalité particulière n'est requise pour la création d'une entreprise individuelle ; le propriétaire doit uniquement respecter le règlement exposé dans l'article 4 du **Business Names Act 1985** (loi sur les noms d'entreprise de 1985), c'est-à-dire donner son nom et son adresse.

● La loi sur les contrats ainsi que les principes régissant les mandats sont les bases des **sociétés de personnes**. Le **Partnership Act 1890** (loi sur les sociétés de personnes de 1890) est la législation régissant toutes les formes de sociétés de personnes, définies à l'article 1.1 comme étant « la relation qui se crée entre des personnes gérant une affaire en commun dans le but de réaliser des bénéfices ». L'affaire ainsi créée s'appelle une entreprise ; chacun des associés est conjointement responsable avec les autres associés des dettes et obligations de l'entreprise qui n'est pas une personne morale.

Toute société de personnes existe dès qu'un contrat est passé entre deux ou, au plus, vingt personnes ; ceci ne s'applique pas aux sociétés créées par les membres de professions libérales, cabinets comptables, études de notaires (avoués), agents de change, où les membres peuvent être plus nombreux. Lorsque les associés sont plus de vingt dans des entreprises ne relevant pas des professions libérales, ils doivent adopter la forme d'une société de capitaux. Si le contrat a une forme orale ou écrite ou les deux formes, il prend le titre de contrat d'association ; s'il est signé et revêtu d'un sceau, c'est un acte d'association. Ces documents décrivent le nom de l'entreprise, son but, la contribution financière des associés, leur participation aux bénéfices et aux pertes, leurs capacités, l'admission de nouveaux associés, l'expulsion d'un associé, la dissolution de la société, la comptabilité et l'examen des registres comptables, le fonds de commerce, le remboursement de la contribution des associés quittant l'entreprise, l'évaluation de l'hérédité d'un associé décédé, enfin l'arbitrage en cas de conflit entre associés.

Les associés sont les agents de l'entreprise et de chacun des autres associés ; chaque associé est également mandant.

Le **Limited Partnership Act 1907** (loi sur les « sociétés en commandite simple » [plus proche équivalent] de 1907, ou sur les entreprises uni- ou pluripersonnelles à responsabilité limitée [loi de 1985 en France]) a prévu la création d'une société de personnes par un ou plusieurs associés, commandités, responsables des dettes de l'entreprise, et un ou plusieurs mandataires, responsables dans la limite de leur contribution financière.

Ce type de société de personnes doit être inscrit au registre du commerce. Cependant, dans la mesure où le mandataire ne peut intervenir dans l'entreprise sans perdre le bénéfice de sa responsabilité limitée, même en cas de dilapidation du capital, cette forme d'entreprise tend à disparaître pour être remplacée par des sociétés de capitaux.

A partnership may be dissolved with or without the intervention of the courts; according to the terms of its "Articles" or "Deed" when it comes to an end, or when it goes bankrupt, the court can decide a dissolution when a partner proves incapable of performing his job, when the partnership is operating at a loss, when it is deemed just and equitable by the court to dissolve the organization.

● **Incorporation**, that is the creation of a "legal person", different from the "individual" or "natural person", is based on the notion that a corporation is a legal entity, with a name and perpetual succession. Corporations are divided into two categories: corporations sole, represented by one person, a bishop, the Queen, and corporations aggregate, universities, local authorities, the BBC, considered as one single person. Corporations are established in three ways: by Charter granted by the Queen who is petitioned by groups of subjects (universities, charitable organizations...) to obtain corporate status; by Statute or Acts of Parliament, such is the case of the Independent Broadcasting Authority by the **Television Act 1954**; by registration under the Companies Acts.

● A corporation in this last category is known as a **company**. Two keystones have first to be mentioned:

— A company is based upon the limited liability principle established by the Act passed in 1855: shareholders investing in companies are liable to the extent of the capital they have contributed.

— A company becomes a "legal person" or enjoys "corporate personality" after receiving its Certificate of Incorporation from the Registrar of Companies in England and Wales, whose office is at Crown Way, Maindy, Cardiff CF4 3UZ. It is distinct from and independent of the persons who manage it, directors, or those who own it, the shareholders; this dates back to a decision made by the House of Lords in Salomon v. Salomon and Co, Ltd (1897), when it was decided that the company was a different person in law from the controlling shareholder who, after becoming insolvent, could not meet his creditors' claims; the Salomon principle is also called "the veil of incorporation". There are cases when the veil has to be lifted or pierced: when statutory provisions are not respected, when, in the event of a war, a company is run by enemies, etc.

Companies are regulated by the **Companies Act 1989** (Royal Assent: 16.11.89), which modifies the **Companies Act 1985** (the common seal has become optional) and implements the Seventh EEC Company Law Directive on group accounts and the Eighth EEC Company Law Directive, defining auditors' qualifications.

13

1. Différents types d'entreprises *(suite)*

La société de personnes peut être dissoute avec ou sans intervention des tribunaux ; selon les termes du contrat ou de l'acte d'association, lorsqu'elle arrive à la fin de sa durée prévue ou lorsqu'elle est en faillite, le tribunal peut décider d'une dissolution quand un associé n'est plus en mesure d'assurer ses fonctions, quand la société ne fait plus de bénéfices, quand le tribunal estime juste et équitable de la dissoudre.

● **La constitution d'une société**, c'est-à-dire la création d'une personne morale, sans rapport avec un particulier ou une personne physique, est fondée sur le concept d'une entité juridique représentée par une personne morale, dotée d'un nom et d'une succession perpétuelle. Les personnes morales sont divisées en deux catégories : les personnes morales contituées d'une seule personne (par exemple un évêque, la reine) et les personnes morales constituées de plusieurs individus (universités, autorités municipales ou régionales, la BBC) et considérées comme une seule personne. Les personnes morales sont créées de trois manières : par Charte royale accordée par la reine à des sujets qui lui en font la demande (universités, associations charitables) afin d'obtenir le statut de personne morale ; par législation, lois votées par le Parlement (**Independent Broadcasting Authority**, grâce au **Television Act 1954**, loi sur la télévision de 1954) ; par inscription au registre du commerce conformément aux lois sur les sociétés.

● La personne morale de cette dernière catégorie reçoit le nom de **société de capitaux**.

Deux points fondamentaux doivent être rappelés :

— La société est fondée sur le principe de la responsabilité établi par la loi de 1855 ; les actionnaires qui investissent dans des sociétés engagent leur responsabilité dans la limite de leur contribution financière.

— La société devient personne morale ou jouit de ce statut dès la réception de son certificat de constitution que lui adresse l'officier d'enregistrement des sociétés commerciales et industrielles en Angleterre et au pays de Galles, dont les bureaux se trouvent Crown Way, Maindy, Cardiff, CF4 3UZ. Elle ne dépend aucunement et est entièrement distincte des personnes qui la gèrent (administrateurs), et de ceux qui la possèdent (actionnaires). Ce principe date d'un jugement rendu par la Chambre des lords dans l'affaire Salomon contre Salomon and Co Ltd en 1897, quand il fut décidé que l'actionnaire, devenu insolvable, ne pouvait rembourser ses créanciers. Le principe de Salomon est également connu comme « le voile de la personne morale ». Il existe des cas où ce voile doit être levé ou déchiré : lorsque des clauses juridiques ne sont pas respectées, lorsque, en cas de guerre, la société est gérée par des ennemis, etc.

Les sociétés de capitaux sont régies par le **Companies Act** de 1989 (loi sur les sociétés), promulguée le 16 novembre 1989, modifiant la loi de 1985 (l'usage d'un sceau n'est plus obligatoire) et appliquant la septième directive communautaire du droit des sociétés sur les comptes des groupements de sociétés et la huitième directive qui définit les qualifications requises des commissaires aux comptes.

2. Various types of companies

There are five types of companies:
— Private limited companies with share capital; they must have a minimum number of two members (no maximum); their shares and debentures cannot be offered to the public.
— Public limited companies with share capital; they must have a minimum number of two members (no maximum); their issued share capital must never be below £50,000. The shares are transferable. The shares of the largest public companies are quoted on the Stock Exchange.
— Private limited companies without share capital (guarantee companies, or companies limited by guarantee).

Each member will contribute a certain sum and nothing else in the event of a winding up. Some companies with share capital belong to this type and are classed as public companies; their creation is no longer permitted.
— Private unlimited companies with share capital.
— Private unlimited companies without share capital.

The last two types are not common in the business world; they hold property or provide services where they do not run the risk of having large debts while keeping their finances.

3. Setting up a company

Two documents must be deposited with the Registrar of Companies:

● **The memorandum of association**, i.e. the charter of the company which governs the external management of the company and states:
— the name of the public company limited by shares, ending with "public limited company", "plc"; for a private company limited by shares, with "Limited", "Ltd";
— the address of the registered office (in England, Wales or Scotland);
— the objects of the company (this clause states the powers [*vires*] of the company and is the legal basis for its activities within the fields specified. Other activities are *ultra vires* [outside its powers]; this clause has been modified in accordance with the European Community Law, providing for the notion of "good faith" applied to "any person dealing with a company");
— the authorised share capital, or nominal (or registered) capital and its division.

2. Différents types de sociétés

Il existe cinq types de sociétés de capitaux :
— Les SARL possédant un capital fourni par des actionnaires ; le nombre minimum d'associés est de deux, il n'y a pas de limite à leur nombre maximum. Les actions et les obligations ne peuvent être offertes au public.
— Les SA possédant un capital fourni par des actionnaires ; le nombre minimum des associés est de deux, il n'y a pas de limite au nombre maximum. Le capital versé en actions ne peut être inférieur à £50 000. Les actions sont au porteur. Les actions des grandes SA sont cotées en Bourse.
— Les SARL sans capital fourni par des actionnaires (sociétés dont la responsabilité est limitée par un cautionnement). Chacun des associés contribuera pour une certaine somme dans l'éventualité d'une liquidation. Certaines sociétés possédant un capital-actions appartiennent à cette catégorie mais sont classées parmi les SA ; leur création n'est plus autorisée.
— Les sociétés à responsabilité non limitée avec un capital-actions.
— Les sociétés à responsabilité non limitée sans capital-actions.
Ces deux dernières catégories sont peu courantes dans le monde des affaires ; elles détiennent des biens ou procurent des services dans des secteurs où elles ne risquent pas de s'endetter, tout en gardant leur trésorerie.

3. Constitution d'une société

Deux documents doivent être remis au registre du commerce :
● L'acte constitutif, c'est-à-dire la charte de la société qui gouverne les relations de la société avec le monde extérieur et qui indique :
— le nom de la SA dont la responsabilité est limitée par le montant des actions : ce nom se termine par « **public limited company** » ou « **plc** ». Pour une SARL, le nom se termine par « **Limited** » ou « **Ltd** » ;
— l'adresse du siège social en Angleterre, au pays de Galles ou en Écosse ;
— l'objet de la société. Cette clause indique les capacités (*vires*) de la société et est la base légale de ses activités dans un domaine particulier. Toute autre activité est *ultra vires* (au-delà de ses capacités) ; cette clause a été modifiée conformément au droit communautaire, prévoyant l'application du concept de « bonne foi » à « toute personne traitant avec une société de capitaux »;
— le capital social et la manière dont il est formé.

● **The articles of association** are the rules and regulations of the company, describing its internal working, the duties of the directors...

Notice of the creation of the company must be given to the *London Gazette*.

● **Shares and debentures**

When investing in a company, a person may buy shares and become a shareholder and member of the company or lend money to the company usually against a security, becoming a debenture holder. The former receives a dividend depending on the type of the share bought, the profits made by the enterprise and the decisions of the board of directors. The latter is entitled to a fixed interest.

The share capital of a company may consist of various classes of shares :

— ordinary shares, or equities, give only voting rights; their dividends are paid only after preference shares have been given their dividends;

— preference shares give a fixed rate of dividend and are repaid first in the event of a winding up;

— deferred or founders' shares receive their dividends after the last two.

Debentures are documents stating that a person has extended a loan to a company; they are secured by a fixed (plant and machinery) or floating (stock in trade) charge over the company's assets. The debenture holder has no voting rights but receives a fixed interest.

4. Management

While in a private company the directors and shareholders are the same persons in most cases, the board of directors, presided over by the chairman and managing director, is the governing body of a public company. The shareholders, though they cannot interfere in the day-to-day working of the company, appoint and dismiss directors. Two-tier boards, on the German model, have sparked off debates but supervisory boards and boards of management have remained outside English company law.

The secretary is the next important person in the company; in a public company he must be either an accountant, barrister, chartered secretary or solicitor. He is the main administrative officer in the company.

The auditor, either a chartered accountant or a certified accountant, examines the company accounts and presents a report before the members of the company.

3. Constitution d'une société *(suite)*

● **Les statuts de la société** sont les règlements qui décrivent le fonctionnement interne de la société, les devoirs de ses administrateurs...

La création de la société doit être publiée dans la *London Gazette* (*Journal officiel* en France).

● **Actions et obligations**

Lorsqu'il investit dans une société, le particulier peut acquérir des actions, devenir actionnaire et associé de la société, ou bien il peut prêter de l'argent à la société, habituellement contre une garantie, devenant ainsi obligataire. Le premier reçoit un dividende qui dépend du type d'action possédée, des bénéfices réalisés par la société et des décisions prises par le conseil d'administration. Le second a l'assurance de percevoir un intérêt fixe.

Le capital social de la société peut se composer de plusieurs types d'actions :

— les actions ordinaires ne donnent qu'un droit de vote ; les dividendes sont versés uniquement après le versement de ceux que rapportent les actions privilégiées ;

— les actions privilégiées ont des dividendes à taux fixe et sont remboursées avant les autres actions en cas de liquidation ;

— les parts de fondateurs ou actions différées perçoivent leurs dividendes après les deux catégories précédentes.

Les obligations sont des documents indiquant qu'un particulier a accordé un prêt à une société ; elles sont garanties par un nantissement ferme (installations, existantes ou futures) ou réalisable (marchandises en stock, affaires à traiter) fondé sur l'actif de la société. L'obligataire n'a aucun droit de vote mais reçoit un intérêt fixe.

4. Gestion

Tandis que, dans une SARL, les administrateurs et les actionnaires sont le plus souvent les mêmes personnes, le conseil d'administration, présidé par le PDG, est l'organe de gestion d'une SA. Les actionnaires, bien qu'ils ne puissent intervenir dans les opérations quotidiennes de l'entreprise, décident de la nomination ou du licenciement des administrateurs. L'administration à deux niveaux, sur le modèle allemand, a suscité des débats, mais les conseils de surveillance et les directoires ne figurent pas dans le droit anglais des sociétés.

Le secrétaire général tient le second rang en importance dans la SA ; il est comptable, avocat, secrétaire général agréé ou notaire (avoué). C'est la personne qui s'occupe principalement de l'administration de la société.

Le commissaire aux comptes, soit expert-comptable, soit comptable agréé, examine les comptes de la société et présente son rapport aux actionnaires.

● **Corporate insolvency** may arise from various factors, recession and inflation abroad or at home, industrial action, government policies, consumer habits and mismanagement. Creditors can take control of a defaulting company in three ways: by appointing an administrative receiver under the terms of a floating charge; since the **Companies Act 1985** and the **Insolvency Act 1986**, by the appointment by the court of an administrator, who in three months will settle the company's finances, without the latter going into liquidation; by voluntary arrangements, composition or scheme of arrangement. Winding up or liquidation may be voluntary (by an extraordinary resolution passed by the shareholders) or compulsory (by court order, after a petition in bankruptcy has been filed). Three months after the winding up by a liquidator, the company ceases to exist by dissolution. A company's dissolution must appear in the *London Gazette*; in European Community and Continental legal documents, the term "dissolution" refers to the end of winding up while in Britain it refers to the beginning of the process.

● **Small and medium-sized companies**, in accordance with the E.C. Fourth Directive, are exempted from the disclosure obligations; companies with shares listed on the Stock Exchange must reveal the full extent of their financial situations. Investment is supervised by the Securities Investment Board under the terms of the **Financial Services Act 1986**; mergers and take-overs have been regulated by the City Code since 1968, which ensures fair and proper tactics in these rearrangement schemes. Insider dealings or tradings are dealt with in the **Companies Securities (Insider Dealing) Act 1985**, providing criminal penalties for those guilty of these offences; only individuals and not corporate offenders incur civil liability based on the infringement of this Act. Leveraged buy-outs and management buy-outs are other practices to rearrange companies.

● **Les sociétés deviennent insolvables** pour différentes raisons : récession et inflation à l'étranger ou dans le pays, conflits sociaux, changement de politique gouvernementale ou d'habitudes d'achat chez les consommateurs, et mauvaise gestion. Les créanciers peuvent se faire payer par la société en état de cessation de paiement de trois manières : en nommant un administrateur judiciaire conformément aux clauses du nantissement réalisable ; depuis le **Companies Act 1985** (loi sur les sociétés de 1985) et l'**Insolvency Act 1986** (loi sur l'insolvabilité de 1986) ; en faisant nommer par le tribunal un administrateur judiciaire provisoire qui redressera en trois mois les comptes de la société sans que celle-ci entre en liquidation ; en prenant volontairement des dispositions ou en adoptant un règlement amiable. La liquidation est soit volontaire à la suite d'une résolution extraordinaire votée par les actionnaires, soit obligatoire par décision du tribunal ou après un dépôt de bilan. Trois mois après la liquidation, la société cesse d'exister par dissolution. Celle-ci doit être publiée dans la *London Gazette* (*Journal officiel*). Dans les documents juridiques de la Communauté européenne ou du reste de l'Europe, le terme « dissolution » s'applique à la fin de la liquidation, tandis qu'en Grande-Bretagne il s'applique au début du processus.

● **Les petites et moyennes entreprises**, en accord avec la quatrième directive communautaire, sont dispensées de l'obligation de fournir des informations au public. Les sociétés dont les actions sont cotées en Bourse doivent fournir l'ensemble des informations sur leur situation financière. Les investissements sont sous la surveillance du **Securities Investment Board** (Conseil des investissements en valeurs mobilières) conformément à la loi sur les services financiers de 1986. Les fusions et les OPA et OPE sont régies depuis 1968 par le code de la City, qui assure le caractère équitable et juste de ces changements et transformations. Les délits d'initiés figurent dans le **Companies Securities (Insider Dealing) Act 1985** (loi sur les valeurs mobilières des sociétés [délits d'initiés]), qui prévoit des pénalités pour ces délits. Seuls les particuliers et non les sociétés coupables sont tenus responsables civilement pour non-respect de cette loi. Le rachat d'entreprise avec effet de levier, ainsi que le rachat d'une entreprise par sa direction ou ses cadres, font partie des pratiques employées pour transformer les sociétés.

COMPANIES ACT 1985

An Act to consolidate the greater part of the Companies Acts

Part I

FORMATION AND REGISTRATION OF COMPANIES; JURIDICAL STATUS AND MEMBERSHIP

Chapter I : **Company formation**

S. 1. Mode of forming incorporated company

(1) Any two or more persons associated for a lawful purpose may, by subscribing their names to a memorandum of association and otherwise complying with the requirements of this Act in respect of registration, form an incorporated company, with or without limited liability.

(2) A company so formed may be either

a) a company having the liability of its members limited by the memorandum to the amount, if any, unpaid on the shares respectively held by them (''a company limited by shares'');

b) a company having the liability of its members limited by the memorandum to such amount as the members may respectively thereby undertake to contribute to the assets of the company in the event of its being wound up (''a company limited by guarantee''); or

c) a company not having any limit on the liability of its members (''an unlimited company'').

(3) A ''public company'' is a company limited by shares or limited by guarantee and having a share capital, being a company

a) the memorandum of which states that it is to be a public company, and

b) in relation to which the provisions of this Act or the former Companies Acts as to the registration or re-registration of a company as a public company have been complied with on or after 22nd December 1980.

And a ''private company'' is a company that is not a public company.

(4) With effect from 22nd December 1980, a company cannot be formed as, or become, a company limited by guarantee with a share capital.

5. Document

LOI DE 1985 SUR LES SOCIÉTÉS

Loi visant à consolider les dispositions des principales lois sur les sociétés

Titre I

FORMATION ET ENREGISTREMENT DES SOCIÉTÉS ; STATUT JURIDIQUE ET ASSOCIÉS

Chapitre I : **Formation d'une société**

Art. 1. Manière de constituer une société de capitaux

al. 1. Deux ou plusieurs personnes associées dans un but légal peuvent, en apposant leur nom à l'acte constitutif de la société et en se conformant par ailleurs aux exigences de la présente loi pour ce qui est des formalités d'enregistrement, constituer une société de capitaux, à responsabilité limitée ou non limitée.

al. 2. Une société ainsi constituée peut être soit

a) une société dans laquelle la responsabilité des membres est limitée par l'acte constitutif de la société au montant (s'il existe) non libéré des actions qu'ils détiennent respectivement (« société limitée par actions ») ; soit

b) une société dans laquelle la responsabilité des membres est limitée par l'acte constitutif de la société au montant pour lequel les membres peuvent respectivement s'engager à contribuer au capital de la société dans l'éventualité où celle-ci serait mise en liquidation (« société limitée par garantie ») ; soit

c) une société dans laquelle la responsabilité des membres n'est aucunement limitée (« société non limitée »).

al. 3. Une « société publique » (proche de la SA française) est une société limitée par actions ou limitée par garantie et dotée d'un capital-actions, qui

a) dans son acte constitutif déclare qu'elle entend être une « société publique », et

b) a satisfait, à la date ou après la date du 22 décembre 1980, aux dispositions de la présente loi ou des lois antérieures sur les sociétés relatives à l'enregistrement ou au ré-enregistrement des sociétés.

Une « société privée » (proche de la SARL française) est une société qui n'est pas une « société publique ».

al. 4. À compter du 22 décembre 1980, il est impossible de constituer une société en tant que « société limitée par garantie » avec un capital-actions.

6. Key sentences

1. Company law has four sources, statute, equity, community law and practitioners' books.

2. The first Act enabling incorporation of companies by registration was the Joint Stock Companies Act 1844.

3. Equity imposes duties on a fiduciary; directors of a company belong to this category and "occupy a fiduciary position towards the company" (Regal [Hastings] Ltd v. Gulliver [1967]).

4. The Stock Exchange has three markets in company securities, the Listed Market (dealing with securities of the largest public companies with five-year trading), the Unlisted Securities Market (USM) (dealing with smaller companies with a three-year trading) and the Third Market (established for companies not falling in the two preceding categories).

5. Redeemable shares offer temporary membership of the company with repayment of the nominal value of the shares, with sometimes a redemption premium.

6. Winding up is a formal process for distributing a company's property to its creditors and members so that the company may be dissolved.

7. Small companies have a turnover below £1,400,000, a balance sheet below £700,000 and no more than 50 employees in a financial year.

8. A medium-sized company must have a turnover below £5,750,000, a balance sheet below £2,800,000 and no more than 250 employees.

9. The prospectus must state the company's share and loan capital, its capital requirements and financial records, all particulars about its directors, promoters and auditors.

10. The object of the City Code is to provide all shareholders with fair and equal treatment in the event of a merger or takeover and give all parties disclosure of information.

11. In a members' voluntary winding up, the company in general meeting shall appoint one or more liquidators for the purpose of winding up the company's affairs and distributing its assets.

12. On the appointment of a liquidator all the powers of the directors cease.

LE DROIT ANGLAIS DES SOCIÉTÉS
6. Phrases types

1. *Le droit des sociétés a quatre sources : les lois, l'**equity**, le droit communautaire et les recueils de cas rassemblés par les praticiens.*

2. *La première loi permettant la création de sociétés de capitaux par leur enregistrement est le **Joint Stock Companies Act** de 1844 (loi sur les sociétés de capitaux).*

3. *L'**equity** impose des devoirs aux fiduciaires ; les administrateurs de société appartiennent à ce groupe et « ont un rapport fiduciaire avec la société » (affaire Regal [Hastings] contre Gulliver [1967]).*

4. *Il existe à la Bourse trois marchés où se négocient les titres de sociétés : le marché des valeurs cotées où se traitent les actions des grandes SA, négociées en Bourse depuis cinq ans, le marché des valeurs non cotées pour les petites sociétés dont les actions se négocient en Bourse depuis trois ans et le troisième marché pour toutes les autres sociétés de capitaux.*

5. *Les actions remboursables permettent d'être membres d'une société pendant une période limitée, avec remboursement de l'action à sa valeur commerciale et parfois une prime de remboursement.*

6. *La liquidation est un processus établi en vue de la distribution de l'actif d'une société à ses créanciers et membres afin de procéder à sa dissolution.*

7. *Les petites sociétés ont un chiffre d'affaires inférieur à 1 400 000 livres, un bilan inférieur à 700 000 livres, moins de 50 employés pendant un exercice fiscal.*

8. *L'entreprise moyenne doit avoir un chiffre d'affaires inférieur à 5 750 000 livres, un bilan inférieur à 2 800 000 livres et moins de 250 employés.*

9. *Le prospectus d'émission doit stipuler le montant du capital-actions et obligations de la société, ses besoins en capitaux, son état financier et tous les détails concernant ses administrateurs, promoteurs et commissaires aux comptes.*

10. *Le but du code de bonne conduite de la Cité de Londres est de traiter tous les actionnaires de manière juste et équitable en cas de fusions ou d'OPA-OPE et de révéler toutes les informations aux parties concernées.*

11. *Lors d'une liquidation volontaire demandée par les associés, la société en assemblée générale nomme un ou plusieurs liquidateur(s) dont la mission est de liquider la société et de répartir ses biens corporels et incorporels.*

12. *Tous les pouvoirs des administrateurs prennent fin à la nomination d'un liquidateur.*

administrative receiver/administrator : *administrateur judiciaire*
agency : *mandat, pouvoir*
agent : *mandataire*
articles of association : *statuts*
articles of partnership : *contrat d'association*
assets : *avoirs, actif*
audit : *examen*
auditor : *commissaire aux comptes*
authorized capital : *capital social*

bankrupt (to go) : *faire faillite, se mettre en liquidation judiciaire*
bankruptcy : *faillite, liquidation judiciaire*
board of directors : *conseil d'administration*

certificate of incorporation : *certificat de constitution*
corporate governance : *contrôle de la société par ses actionnaires*
corporation : *entité dotée de la personnalité morale*
creditor : *créancier*

debenture : *obligation*
debenture holder : *obligataire*
deed of partnership : *acte d'association*
to default : *être en état de cessation de paiement*
deferred share : *action différée*
disclosure : *révélation, publication*
disposal : *vente*
dividend : *dividende*

equities : *actions ordinaires*

to file a petition in bankruptcy : *déposer son bilan*
firm : *entreprise, affaire, société*
fixed charge : *nantissement ferme*
flo(a)tation : *faire passer une société du statut privé au statut public, faire appel à l'épargne publique, émettre des actions et les proposer aux investisseurs*
floating charge : *nantissement réalisable*
founders' share : *part de fondateurs*
fusion : *fusion* (plus souvent : **merger**)

goodwill : *clientèle, pas-de-porte, fonds de commerce*

incorporation : *constitution de personne morale*
insider dealing/insider trading : *délit d'initié*
insolvency : *insolvabilité*
insolvent : *insolvable*

leveraged buy-out (LBO) : *rachat de société avec effet de levier*
liabilities : *passif*
liability : *responsabilité* (civile)
liable for : *responsable de*

limited partnership : *société en commandite simple* (le plus proche équivalent)
liquidation : *liquidation judiciaire*
liquidator : *mandataire liquidateur*
London Gazette : équivalent du *Journal officiel* pour les publications commerciales

management board : *directoire*
management buy-out (MBO) : *rachat d'une société par ses cadres*
memorandum of association : *acte constitutif d'une société*
merger : *fusion*

partner : *associé*
  active partner : *commandité*
  general partner : *commandité*
  limited partner : *commanditaire*
  sleeping partner : *commanditaire*
partnership : *société de personnes*
principal : *mandant*
private limited company (Limited, Ltd) : *SARL* (le plus proche équivalent)
public (to go) : voir flo(a)tation
public limited company (plc) : *SA* (le plus proche équivalent)

registered office : *siège social*
Registrar of Companies : *registre du commerce*
rights : *droits de souscription*
  rights issue : *émission de droits de souscription*

secretary : *secrétaire général*
Securities and Investments Board : *Commission des opérations en Bourse*
share : *action*
  ordinary share : *action ordinaire*
  preference share : *action privilégiée*
shareholder : *actionnaire*
share options scheme : *plan de participation par achat d'action, actionnariat* (ouvrier, du personnel)
sole trader : *entrepreneur indépendant*
stockbroker : *agent de change*
supervisory board : *conseil de surveillance*

takeover bid : *OPA, OPE*
trading name : *nom, raison sociale*

ultra vires : latin, *au-delà des pouvoirs*

venture : *entreprise, affaire*

winding up : *liquidation* (judiciaire)
working capital : *fonds de roulement*

London's Institutional Fund Managers' Association recommended that [...] its members should always cast the votes that share ownership gives them. At least two weighty investment managers have since revised their policy on voting [...]. Votes [...] are being used to stop management abuses. One recent abuser was Henderson Administration Group, a fund manager. A sumptuous package of share options for Henderson executives had conditions attached to it after fellow fund managers protested. Talk of corporate governance tends to be seasonal. Some firms are now going bust, while others are launching rights issues; both groups spur thoughts of reform. Yet something more than seasonal is happening. Institutional investors no longer believe stockbrokers [...].

Excerpt from *The Economist*,
September 7, 1991.

L'Institutional Fund Managers' Association de Londres avait fait la recommandation suivante : les associés doivent toujours exercer le droit de vote que leur confère l'actionnariat. Au moins deux investisseurs importants ont, depuis, revu leur politique en matière de vote [...]. Les votes défavorables [...] sont utilisés pour mettre un terme à des abus de gestion. La société de gestion Henderson Administration Group a commis récemment de tels abus. À la suite des protestations élevées par d'autres sociétés d'investissement, le plan de participation somptuaire offert aux cadres de la société Henderson a été limité par certaines conditions. La question du contrôle des sociétés par l'actionnariat est un sujet qui revient périodiquement. Certaines entreprises sont maintenant en liquidation judiciaire ; d'autres mettent sur le marché des émissions de droits de souscription ; ces deux types de comportement font naître des idées de réforme. Mais le phénomène est plus que périodique. Les investisseurs institutionnels ne font plus confiance aux agents de change [...].

*Extrait de l'*Economist, *7 septembre 1991.*

14

CORPORATION LAW (UNITED STATES)
LE DROIT AMÉRICAIN DES SOCIÉTÉS

1. Various types of business organizations

There are three major forms of US business organizations:
1) proprietorships, 2) partnerships, 3) corporations.

● The first form, **sole proprietorship**, is created as soon as
it begins operating; if it goes by a "dba", trade or fictitious
name ("doing business as" is a set phrase in legal documents),
there is an obligation in some states or counties to have the
business registered under the owner's name. Its owner is
personally liable to customers, suppliers and sometimes
employees; the proprietor is also liable for his debts to creditors
who are paid if needs be after the sale by a court of his personal
assets.

● The law of agency and that of **partnership** have been
developed by the courts, cases by cases. The Commissioners
on **Uniform State Laws** drew up the **Uniform Partnership
Act** (UPA) in 1914, adopted now by most states, and the
Uniform Limited Partnership Act (ULPA) in 1916, revised in
1985, **Revised Uniform Limited Partnership Act** (RULPA),
and adopted, with some modifications by all states except
Louisiana where legislation is derived from the French *"Code
civil"*. According to UPA, "a partnership is an association of
two or more persons to carry on as co-owners a business for
profits". This form of business is not to be confused with a
joint venture (or adventure), set up by two or more individuals,
or corporations for one single or a few transactions carried
out for profit, or for commercial gain or benefit, over a
specified period of time or until the transaction is ended.

There are two main classes of partnerships: general and
limited partnerships.

General partnerships do not require any written document
to be created; the fact of two people carrying a business
together creates *de facto* a partnership. This leads to people
being unaware they belong to a partnership, which may raise
problems in case of litigation since general partners are jointly
and severally liable, with no limit, for the debts of the business.
It is therefore advisable for would-be partners to sign a partnership agreement or have a business attorney draft and explain
the contract. Among various causes, a partnership may be
dissolved on a partner's death, on his bankruptcy or retirement; the business may then be wound up or continued if the
other partners wish so.

Il existe trois formes principales d'entreprises commerciales et industrielles aux États-Unis : 1) les entreprises individuelles, 2) les sociétés de personnes, 3) les sociétés de capitaux.

● La première forme, l'**entreprise individuelle**, est créée dès que l'entreprise fonctionne. Si elle prend un nom fictif, commercial ou « est connue sous le nom de » (cette expression est répétée dans les documents juridiques), certains États ou comtés exigent l'enregistrement de l'entreprise sous le nom du propriétaire. Son propriétaire est personnellement responsable devant les clients, les fournisseurs et parfois les employés. Le propriétaire de l'entreprise est aussi responsable des dettes qu'il contracte ; les créanciers sont remboursés, si besoin est, par le produit de la vente, sur ordre de justice, des biens personnels du propriétaire.

● Le droit régissant les pouvoirs et les mandats ainsi que les **sociétés de personnes** a été élaboré par les tribunaux, affaires après affaires. Les membres de la commission chargée de l'uniformisation des droits des États (**Uniform State Laws**) ont établi en 1914 la loi sur les sociétés de personnes (**Uniform Partnership Act**), adoptée maintenant par la plupart des États, et en 1916 la loi sur les sociétés en commandite (**Uniform Limited Partnership Act**), révisée en 1985 (**Revised Uniform Limited Partnership Act**) puis adoptée, avec quelques modifications, par l'ensemble des États sauf la Louisiane où la législation est fondée sur le Code civil français. Selon l'UPA, « la société de personnes est une association de deux personnes ou plus qui gèrent une entreprise dans un but lucratif ». Cette forme d'entreprise ne doit pas se confondre avec l'association en participation (**joint venture** ou **adventure**), créée par deux particuliers ou sociétés de capitaux, ou plus, pendant une période déterminée ou jusqu'à l'achèvement d'une ou de plusieurs opérations.

Il existe deux grandes catégories de sociétés de personnes : les sociétés en nom collectif et les sociétés en commandite simple.

Les sociétés en nom collectif ne nécessitent aucun document écrit pour être créées. Le fait que deux particuliers s'occupent d'une affaire ensemble crée *de facto* une société en nom collectif. Il en résulte que des particuliers n'ont pas conscience d'appartenir à une société de personnes, ce qui peut soulever des problèmes en cas de litige puisque les associés sont conjointement et solidairement responsables, sans aucune limite, des dettes de l'entreprise. Il est par conséquent recommandé aux éventuels associés de signer une convention d'association, ou de demander à un avocat d'affaires de rédiger et d'expliquer un contrat d'association. La société peut être dissoute pour des raisons variées, la mort, la faillite ou le départ en retraite d'un associé ; l'affaire peut alors être liquidée ou maintenue si les autres associés le désirent.

Limited partnerships may be set up by at least one or more general partners and one or more limited partners. The former are liable for the debts of the business, the latter are liable only to the amount of capital they contributed insofar as they do not participate in the management of the partnership. A limited partnership is created after a certificate of registration is filled out and sworn to by the minimum number of partners, i.e. one general partner and one limited partner. The name of the business must include "limited partnership"; in Delaware the acronym "LP" is enough.

Two other types of unicorporated associations are to be mentioned:

— **Joint stock association**, in wide use during the xviiith and early xixth centuries, were partnerships with contracts drawn up in such a way as to provide for the issue and transfer of shares; however limited liability, such as it is enjoyed by corporations, was never achieved and this led to the adoption by joint-stock associations of the corporate form.

— A **Massachusetts (business) trust** is an organization (initiated in the state of Massachusetts), where a business and the whole of its assets are managed by trustees.

● A **corporation** can be viewed as a legal entity, an association of individuals, a privilege granted by a sovereign power, a compact or contract between the members (shareholders), the corporation and the state, or a web of contracts among individuals. Its advantages are that it gives limited liability to its owners or members who can transfer their shares freely.

2. Setting up a corporation

Corporations were first set up in the xviiith and early xixth centuries for public or semi-public purposes: the construction of bridges, roads, canals, and were given monopoly privileges. Then, gradually, states enacted statutes to attract the largest number of incorporations; in this competition, Delaware emerged as the leader since more than one half of all corporations listed on the New York Stock Exchange are incorporated in that state. The **American Bar Association** helped develop the **Model Business Corporation Act** in **1950** (**MBCA**), which was given a new version in 1984 and is known as the **Revised Model Business Corporation Act** (**RMBCA**).

Les sociétés en commandite peuvent être créées par un ou plusieurs commandités et par un ou plusieurs commanditaires. Les premiers sont responsables des dettes de l'entreprise, les seconds ne sont responsables qu'en proportion du capital qu'ils ont apporté à l'entreprise et dans la mesure où ils ne participent pas à la gestion de celle-ci. La société en commandite est créée après que le nombre minimum d'associés, un commandité et un commanditaire, ont rempli et signé un certificat d'immatriculation. La raison sociale de l'entreprise doit inclure « **limited partnership** » ; au Delaware, le sigle « **LP** » est suffisant.

Deux autres formes associatives sans constitution doivent être mentionnées :

— Les « associations de capitaux », très répandues au cours du XVIIIe et au début du XIXe siècle, étaient des sociétés de personnes avec des contrats prévoyant l'émission et le transfert d'actions. Cependant, la responsabilité limitée telle qu'elle est donnée aux sociétés de capitaux ne leur fut jamais accordée, ce qui amena ces « associations de capitaux » à adopter la constitution des premières.

— Le fidéicommis pour affaires (créé au Massachusetts) est une forme d'entreprise où l'ensemble des biens et avoirs sont gérés par un fidéi-commissaire.

● On peut considérer la **société de capitaux** comme une personne morale, une association de particuliers, un privilège accordé par un pouvoir souverain, un contrat passé entre les associés (actionnaires), la société elle-même et l'État, ou un réseau de contrats passés entre des particuliers. Elle jouit de l'avantage de conférer une responsabilité limitée à ses propriétaires (actionnaires) qui peuvent transférer librement leurs actions.

2. Constitution d'une société

Les sociétés de capitaux furent d'abord créées au XVIIIe et au début du XIXe siècle dans des buts d'utilité publique ou semi-publique : constructions de ponts, de routes et de canaux, et se voyaient accorder un privilège de monopole. Peu à peu, les États passèrent des lois afin d'attirer le plus grand nombre de constitutions de société. De cette compétition, le Delaware fut le vainqueur puisque plus de la moitié de toutes les sociétés cotées à la Bourse de New York (Wall Street) ont été constituées dans cet État. L'**American Bar Association** aida à développer en 1950 la loi-cadre sur les sociétés de capitaux (**MBCA**), qui reçut une nouvelle version en 1984 et est connue comme la loi-cadre révisée sur les sociétés de capitaux (**RMBCA**).

2. Setting up a corporation *(ctd)*

It is an enabling rather than regulatory statute; states may, following California's example, impose greater substantive regulation on corporations. Congress enacted the **Securities Act** in **1933** and the **Securities Exchange Act** in **1934** to regulate on the federal level the internal operations of publicly held (public) corporations; the former and its state equivalents go by the name of "blue sky laws" since around the end of the last century crooks would advertize wild-cat schemes and sell even "lots in the blue sky in fee simple absolute".

These two acts are protections for investors and regulates the professions of stockbrokers: securities offered to the public must be registered with the **Securities and Exchange Commission** (**SEC**), their negotiations on stock exchanges must be reported to the latter by insiders (stockholders owning 10% of any category of shares, directors or officers).

Corporations, according to their sizes and the way their capital is raised, are publicly held (public) corporations or closely held (close) corporations.

Public corporations have assets of more than $5,000,000 value and common stock held by more than 500 shareholders; they must register their common stock with the SEC, hence their names of registered corporations.

Close corporations have less than 15 shareholders; their shares are not quoted on any stock exchange. The distinctions, however, are not that clearcut since some close corporations are bigger than public ones and some public ones have almost no assets. State incorporation statutes and the **RMBCA** provide for the creation of both types of corporations.

Corporations are also divided into **S-corporations** and **C-corporations**. This division is linked to the way businesses are taxed. Broadly speaking, corporations are taxed as separate entities while partnerships are as individuals. Partners are taxed only once. However double taxation is applied when earnings are taxed to corporations and dividends, which are incomes, to shareholders. Subchapter C of the **Internal Revenue Code** regulates general corporate taxation, i.e. federal income taxes, hence the name C-corporations; subchapter S allows corporations to be taxed like partnerships, hence S-corporations. To be eligible for the latter treatment, a corporation must be domestic, have no more than 35 shareholders, have only one class of stock; shareholders must be US citizens or residents; S-corporations cannot be banks, insurance companies, domestic international sales corporations, members of affiliated groups. Small businesses opt for the S-corporation status.

2. Constitution d'une société *(suite)*

Il s'agit d'une loi d'habilitation plutôt que de réglementation ; les États, suivant en cela l'exemple de la Californie, peuvent imposer des règlements positifs plus importants aux sociétés. Le Congrès promulga la loi sur les valeurs mobilières en 1933 puis la loi sur les transactions des valeurs mobilières en 1934 afin de régler au niveau fédéral les opérations internes des sociétés anonymes américaines. La première de ces lois et ses équivalents promulgués dans les États sont connus comme « les lois sur le ciel bleu » ; en effet, au tournant du siècle dernier, des escrocs annonçaient des projets extravagants et vendaient jusqu'à des « parcelles de ciel bleu en propriété inconditionnelle et incommutable ».

Ces deux lois protègent les investisseurs et réglementent la profession des agents de change : les valeurs mobilières vendues au public doivent être enregistrées auprès de la SEC (Commission des opérations en Bourse, COB), leur négociation sur les marchés doit être portée à la connaissance de cette Commission par les « initiés » (actionnaires détenant 10 % de n'importe quelle catégorie d'actions, administrateurs et gestionnaires).

Les sociétés de capitaux, selon leur taille et la manière dont leurs capitaux sont levés, sont soit des sociétés anonymes soit des SARL.

Les **public corporations** possèdent des avoirs dont la valeur dépasse 5 millions de dollars et des actions ordinaires détenues par plus de 500 actionnaires. Leurs actions ordinaires doivent être enregistrées à la SEC, ce qui explique leur appellation de sociétés « enregistrées ».

Les **close corporations** ont moins de 15 actionnaires ; leurs actions ne sont cotées dans aucune Bourse. Cependant ces distinctions ne sont pas aussi marquées ; en effet, certaines **close corporations** sont plus importantes que les **public corporations** et certaines parmi ces dernières n'ont presque aucun avoir. Les lois sur la constitution des sociétés dans les différents États ainsi que la **RMBCA** réglementent la création de ces deux types de sociétés.

Les sociétés de capitaux se divisent aussi en **C-corporations** et en **S-corporations** ; cette division est liée au règlement fiscal pour lequel les entreprises ont opté. De manière générale, les sociétés de capitaux sont imposées en tant que personnes morales tandis que les sociétés de personnes le sont en tant que particuliers. Les associés des dernières ne subissent qu'une imposition ; mais une double imposition intervient lorsque les bénéfices des sociétés de capitaux sont imposés ainsi que les dividendes, revenus perçus par les actionnaires. Le sous-chapitre C du code fiscal réglemente l'impôt général sur les sociétés, soit l'impôt fédéral sur le revenu, d'où le nom de **C-corporations** ; le sous-chapitre S permet aux sociétés de capitaux d'être imposées comme les sociétés de personnes, d'où le nom de **S-corporations**. Afin de bénéficier de ce régime, la société doit être nationale, ne pas avoir plus de 35 actionnaires, n'avoir qu'une catégorie d'actions ; les actionnaires doivent avoir le statut de citoyen ou résident des États-Unis. Les **S-corporations** ne peuvent être des banques, des compagnies d'assurances, des sociétés d'export, les membres d'un groupe de filiales. Les petites entreprises optent pour le régime des **S-corporations**.

State authority (secretary of state) gives formal existence to a corporation after it files the **articles of incorporation** (**certificate of incorporation**, **charter**... according to the terminology adopted in certain states) and pays the required filing fee. The articles of incorporation must state: the name of the corporation (including **corporation**, **company**, **incorporated** or their abbreviations, **corp.**, **Co**, **inc.**), its period of duration, sometimes perpetual, its purpose(s), shares authorized to be issued with their rights and preferences, address of its registered office and agent.

3. Management

The board of directors, elected by the shareholders, adopt **by-laws** which are a set of rules for governing the internal affairs of the corporation. Directors elect or appoint officers, such as president and vice-president; the former is the principal executive officer of the corporation, the latter may be called upon to replace the president. Other officers are the secretary and the treasurer. Public corporations also create officers such as the CEO (chief executive officer, who may also be called president, chairman of the board...), the COO (chief operating officer, reporting to the CEO), the CLO (chief legal officer) and the CFO (chief financial officer).

A corporation raises capital in two ways:

— by the issuance of shares of stock; this leads to the creation of equity securities, also known as common shares, capital stock, common stock, stock or shares. There are four types of equity securities, 1) preferred shares (they contain preferences as to dividends and liquidation), 2) classes of common stock (class A common, class B common... with different dividends, voting rights), 3) non-voting shares (usually preferred shares...), 4) options to purchase shares which provide capital, incentives to employees (employee stock purchase or option plans are controlled by the **Internal Revenue System**). Warrants are transferable options, just like rights (short-term warrants);

2. Constitution d'une société *(suite)*

L'autorité de l'État (secrétaire d'État) accorde une existence légale à la société après le dépôt de l'acte constitutif (selon l'État, « **articles, certificate of incorporation, charter**... ») et le règlement des droits requis. Cet acte doit porter : le nom de la société (où doit figurer « **corporation, company, incorporated** » ou les abréviations correspondantes, « **corp., Co, inc.** »), la durée prévue, parfois perpétuelle, l'objet, les actions autorisées à être émises ainsi que leurs droits et privilèges, l'adresse du siège social et de son agent.

3. Gestion

Le conseil d'administration, élu par les actionnaires, adopte les statuts qui sont un ensemble de règles prévues pour la gestion interne de la société. Les administrateurs élisent ou nomment les gestionnaires, tels que le président et le vice-président ; le premier est à la tête de la société, le second peut se voir demander de le remplacer. D'autres cadres sont le secrétaire et le trésorier. Les « sociétés anonymes » créent aussi d'autres postes comme celui de directeur général, qui peut aussi être le président du conseil d'administration, celui de responsable des opérations courantes qui rend compte au directeur général, au responsable du contentieux et au responsable des finances.

La société a deux sources de capitaux :

— l'émission d'actions qui donnent les fonds propres de la société ou le capital social. Il existe quatre types d'actions : 1) les actions préférentielles qui comportent des privilèges concernant les dividendes et les liquidations, 2) les différentes classes d'actions ordinaires (classe A, classe B... ayant différents dividendes et droits de vote), 3) les actions sans droit de vote (en général, des actions préférentielles), 4) les options sur les achats d'actions qui produisent des capitaux et des stimulants pour les employés (les plans de participation des employés sont contrôlés par le service des impôts). Les certificats donnant droit à un achat sont des options qu'on peut transférer, tout comme les droits (certificats à court terme) ;

— by borrowing from creditors who receive interest on their loans; these are known as debt securities which are **bonds** or **debentures** (the former are liens or mortgages on corporate property, the latter are unsecured corporate obligations). The word bond is often used for both types of long-term debt securities; they are negotiable, bearer instruments.

The **RMBCA** provides that shareholders shall meet annually; the meeting is held to elect every year the directors. Notice of annual or special meetings must be given between ten and sixty days before the date. A quorum, i.e. a majority of the outstanding shares, is necessary; no statutory minimum is fixed by the **RMBCA**, though the usual minimum majority is one-third. Cumulative voting may allow minority participation on the board of directors; instead of applying the formula, one share, one vote, shareholders have the right to give their votes, according to their shares, to one or more candidates and thus ensure the election of their candidates. Shareholders also vote on proposals of consolidation, dissolution and merger.

Directors, whose number is fixed by the by-laws, receive compensation or payment for attending meetings, which can be telephonic as permitted by the **RMBCA**.

A corporation can be dissolved either voluntarily or involuntarily. In the first instance, the process is launched by the directors with the consent of the shareholders, after or before business has started; in the second instant, the state, the shareholders or the creditors may decide to dissolve the corporation when it did not pay taxes, in the event of a deadlock between directors and shareholders...

The **Bankruptcy Act**, revised in 1979 and effective since October 1979, provides, under **Chapter 11**, for insolvent corporations to reorganize without going into liquidation. **Chapter 7** of the same Act provides for the liquidation of the bankrupt firm under the supervision of a trustee if a reorganization was not deemed possible by the courts.

When a corporation merges into another corporation, the latter survives while the former disappears. When two corporations opt for consolidation, they both disappear to create a new one.

— l'emprunt auprès de créanciers qui reçoivent un intérêt sur leur prêt ; ceux-ci sont connus comme étant des dettes garanties, des obligations : les **bonds** sont des hypothèques sur des biens de la société, les **debentures** sont des obligations sans garantie. Le terme **bond** est souvent utilisé pour ces deux types de dettes garanties à long terme ; ce sont des instruments au porteur négociables.

La **RMBCA** dispose que les actionnaires doivent se réunir une fois par an. Cette assemblée a pour but d'élire chaque année les administrateurs. L'avis de l'assemblée générale annuelle ou extraordinaire doit être adressé entre dix et soixante jours avant la date prévue. Le quorum, soit la majorité des actions non libérées, doit être atteint ; aucun minimum légal n'est fixé par la **RMBCA**, bien que le minimum requis pour la majorité soit habituellement d'un tiers. Le droit de réunir sur un candidat toutes les voix dont dispose un actionnaire selon le nombre de ses actions permet la participation des membres minoritaires au conseil d'administration. Au lieu d'appliquer la formule « une action, une voix », les actionnaires ont le droit de voter, selon le nombre de leurs actions, pour un ou plusieurs candidats et ainsi assurer l'élection de leur candidat. Les actionnaires votent aussi sur les propositions de consolidation, de dissolution ou de fusion.

Les administrateurs, dont le nombre est fixé par les statuts, reçoivent des jetons de présence lorsqu'ils assistent aux réunions du conseil, qui peuvent se tenir par téléphone comme le permet la **RMBCA**.

La société peut être dissoute de manière soit volontaire soit forcée. Dans le premier cas, la procédure est lancée par les administrateurs avec l'accord des actionnaires après ou avant le début de l'entreprise ; dans le second cas, l'État, les créanciers ou les actionnaires peuvent décider de la dissolution de l'entreprise si elle ne paie pas ses impôts, si les administrateurs et les actionnaires ne peuvent s'entendre...

La loi sur les faillites, révisée en 1979 et mise en vigueur à compter d'octobre 1979, prévoit, dans son chapitre 11, un redressement sans liquidation pour les société insolvables. Le chapitre 7 de la même loi prévoit la liquidation de la société en faillite sous la surveillance d'un liquidateur si le redressement n'a pas été reconnu comme étant possible par les tribunaux.

Lorsqu'une société fusionne avec une autre, la seconde est maintenue tandis que la première disparaît. Lorsque deux sociétés décident de se consolider, elles disparaissent toutes les deux pour en créer une nouvelle.

MODEL BUSINESS CORPORATION ACT 1984

54. Articles of incorporation

The articles of incorporation shall set forth:

a) The name of the corporation.

b) The period of duration, which may be perpetual.

c) The purpose or purposes for which the corporation is organized which may be stated to be, or to include, the transaction of any or all lawful business for which corporations may be incorporated under this Act.

d) The aggregate number of shares which the corporation shall have authority to issue; if such shares are to consist of one class only, the par value of each of such shares, or a statement that all such shares are without par value; or, if such shares are to be divided into classes, the number of shares of each class, and a statement of the par value of the shares of each such class or that such shares are to be without par value [...].

e) If the shares are to be divided into classes, the designation of each class and a statement of the preferences, limitations and relative rights in respect of the shares of each class.

[...]

g) If any preemptive right is to be granted to shareholders, the provisions therefore.

h) Any provision, not inconsistent with law, which the incorporators elect to set forth in the articles of incorporation for the regulation of the internal affairs of the corporation, including any provision restricting the transfer of shares and any provision which under this Act is required or permitted to be set forth in the by-laws.

i) The address of its initial registered office [...].

j) The number of directors constituting the initial board of directors [...].

k) The name and address of each incorporator.

It shall not be necessary to set forth in the articles of incorporation any of the corporate powers enumerated in this Act.

LOI CADRE DE 1984 POUR LA CRÉATION DE SOCIÉTÉS

54. Acte constitutif

Doivent figurer dans l'acte constitutif :

a) La raison sociale de la société.

b) La durée d'existence de la société, qui peut être à perpétuité.

c) L'objet ou les objets pour lesquels la société est créée, qui peuvent être déclarés comme étant, ou comme comprenant, les opérations d'un ou de tout type d'entreprise commerciale admise par la loi pour lesquelles une société peut être créée aux termes de la présente loi.

d) Le nombre total d'actions que la société aura le droit d'émettre ; si ces actions ne comprennent qu'une classe, la valeur au pair de chacune de ces actions, ou une déclaration comme quoi toutes ces actions n'ont pas de valeur au pair ; ou, si ces actions se divisent en plusieurs classes, le nombre d'actions de chaque classe, et une déclaration de la valeur au pair des actions de chaque classe, ou une déclaration comme quoi ces actions n'ont pas de valeur au pair [...].

e) Si les actions se divisent en plusieurs classes, la désignation de chaque classe, et une déclaration des actions préférentielles, des restrictions de droits et des droits relatifs pour les actions de chaque classe.

[...]

g) Si un droit de préemption est accordé aux actionnaires, les dispositions relatives à ce droit.

h) Toute disposition, non contraire à la loi, que les fondateurs choisissent de faire figurer dans l'acte constitutif eu égard au règlement intérieur de la société, y compris toutes les dispositions limitant le transfert des actions et toutes les dispositions qui, aux termes de la présente loi, sont exigées ou sont autorisées à figurer dans les statuts.

i) L'adresse de son premier siège social [...].

j) Le nombre d'administrateurs qui constituent le conseil d'administration originel [...].

k) Le nom et l'adresse de chacun des fondateurs.

Il n'est pas nécessaire de préciser dans l'acte constitutif les différentes capacités que la présente loi confère à la société.

5. Key sentences

1. Neither proprietorships nor partnerships pay federal income tax; C-corporations pay such taxes.

2. A proprietorship is not legally a separate entity from its owner.

3. A partnership exists as soon as two or more persons carry on a business with a view to making and sharing a profit among themselves.

4. A partnership may be created by express agreement, implied agreement or estoppel.

5. The contribution of a limited partner may be cash or other property, but not services.

6. The doctrine of *ultra vires* (i.e. beyond the scope of the purposes or powers of a corporation) still applies in charitable and political contributions, stock option plans, fringe benefits, loans to officers and directors.

7. A promoter is one who decides to develop and organize a new business venture.

8. Courts pierce the corporate veil when, because of misdeeds, they impose liability on persons or entities different from the offending corporation.

9. There is leverage when borrowed capital yields more than the interest on the debt costs.

10. Rights or warrants are options to buy additional shares.

11. The rights and duties of partners are defined in a contract.

12. A limited partnership is brought to an end when one of the general partners retires, dies or becomes insane.

13. A trustee is charged with liquidating all assets and distributing the proceeds to satisfy claims in order of priorities.

14. In Chapter 7 bankruptcies, the creditors often receive a fraction of their claims and the stockholders receive nothing.

15. Both creditors and owners of a bankrupt firm, under Chapter 11, must vote approval of the reorganization plan before it can be confirmed by Bankruptcy Court order.

1. *Ni l'entreprise individuelle ni la société de personnes ne paient d'impôt fédéral sur le revenu. Les sociétés régies par le sous-chapitre C du code des impôts le paient.*

2. *L'entreprise individuelle n'a pas d'existence légale distincte de son propriétaire.*

3. *Il y a société de personnes dès que deux personnes ou plus gèrent une entreprise dans le but d'en partager les bénéfices.*

4. *Une convention expresse ou une convention tacite ou par mandat irréfragable est la création d'une société de personnes.*

5. *La contribution du mandataire peut être une somme d'argent, des biens, mais aucunement des services.*

6. *La doctrine des excès de pouvoirs ou de compétences s'applique encore dans les cas de contributions à des organisations politiques ou charitables, plans d'intéressement au capital, avantages divers, prêts aux gestionnaires et aux administrateurs.*

7. *Le promoteur est celui qui prend l'initiative de créer une entreprise.*

8. *Les tribunaux décident de ne plus tenir compte des responsabilités limitées lorsque, en raison de délits, ils rendent responsables des personnes physiques ou morales, distinctes de la société qui est coupable.*

9. *Il y a effet de levier lorsque le capital emprunté rapporte plus que les intérêts du remboursement de la dette.*

10. *Les droits de souscription sont des options permettant l'achat d'autres actions.*

11. *Les droits et les obligations des associés d'une société de personnes sont définis par un contrat.*

12. *On met un terme à la société en commandite lorsqu'un des commandités prend sa retraite, décède ou est atteint de folie.*

13. *Le liquidateur est chargé de réaliser les biens corporels et incorporels et d'en distribuer le produit afin de régler les créanciers par ordre de priorité.*

14. *Dans les faillites régies par le chapitre 7, les créanciers ne reçoivent souvent qu'une partie de leur créance et les actionnaires ne reçoivent rien.*

15. *Les créanciers et les actionnaires d'une société en faillite, dans le cadre du chapitre 11, doivent approuver par un vote le plan de redressement avant que celui-ci soit confirmé par une décision du tribunal des faillites.*

agreement : *accord, convention*
  express agreement : *convention expresse*
  implied agreement : *convention tacite*
articles of incorporation : *acte constitutif*

bearer (adj.) : *au porteur*
benefit : *allocation, indemnité*
bidder : *surenchérisseur, racheteur* (d'entreprises)
bond : *obligation* (garantie par des biens)
bondholder : *obligataire*
by-laws : *statuts*

capital stock : *capital social*
certificate of incorporation : *acte constitutif*
certificate of registration : *certificat d'immatriculation, d'enregistrement*
charter : *acte constitutif, charte*
chief executive officer (CEO) : *directeur général, président*
chief financial officer (CFO) : *responsable du service financier*
chief legal officer (CLO) : *responsable du service du contentieux*
chief operating officer (COO) : *responsable des opérations*
common stock : *capital social, actions ordinaires*
compact : *contrat*
compensation : *règlement* (des administrateurs), *jetons de présence*
to consolidate : *consolider, grouper*
consolidation : *consolidation*
corporate (adj.) : *de société*
  corporate tax : *impôt sur les sociétés*
corporation : *société de capitaux*
  publicly held/public corporation : *société anonyme* (≃ SA)
  closely held/close corporation : *société anonyme à responsabilité limitée* (≃ Sarl)
  C-corporation : *société régie par le sous-chapitre C du code des impôts*
  S-corporation : *société régie par le sous-chapitre S du code des impôts*
  registered corporation : *société dont les actions sont enregistrées auprès de la SEC (COB)* (voir SEC ci-dessous)

dba : *connu sous le nom de*
debenture : *obligation* (non garantie)
  debenture holder : *obligataire*

Employee Stock Option Plan (ESOP) : *intéressement, participation des employés*
equity securities : *capital social*

fully paid-up (shares) : *(actions) libérées*

issuance/issue : *émission* (d'actions)
to issue : *émettre*

jointly and severally : *conjointement et solidairement*
junk : *camelote*
junk bond : *obligation à hauts risques*

6. Vocabulaire

lien : *privilège, gage*
to list : *coter* (des actions)
loan : *emprunt, prêt*

MBCA : *loi sur les sociétés de capitaux*
mortgage : *hypothèque*

name : *nom*
  fictitious name/trade name : *raison sociale*

officer : *responsable*
option : *option*
outstanding (shares) : *actions non libérées*
to overrule : *passer outre, annuler*

to pierce the corporate veil : *déchirer le voile de la société* = ne plus tenir compte du principe de la responsabilité limitée de la société pour poursuivre les personnes physiques ou les personnes morales
poison pill : mesure rendant une OPA coûteuse, afin de décourager l'acheteur
preferred (shares) : *(actions) privilégiées*
premium : *prime, au-dessus du prix du marché*
promoter : *promoteur*
proprietorship : *entreprise individuelle*
proxy contest/proxy fight : *bataille de procurations* (afin de gagner la direction d'une entreprise)

to quote : *coter*

RMBCA : *loi révisée sur les sociétés de capitaux*
RULPA : *loi révisée sur les sociétés en commandite*

Securities Act : *loi sur les valeurs mobilières*
Securities Exchange Act : *loi sur les transactions de valeurs mobilières*
Securities Exchange Commission (SEC) : commission réglementant les transactions de valeurs mobilières = *Commission des opérations en Bourse (COB)*
statute : *loi*
statutory : *légal*
stock : *propriété d'une partie du capital de la société* : les *actions* (shares) en sont les divisions

tender : *offre, proposition*
to tender : *proposer, offrir, présenter*

ULPA : *loi uniformisée sur les sociétés en commandite*
ultra vires : *au-delà de la compétence, hors de la compétence*
UPA : *loi uniformisée sur les sociétés de personnes*

warrant : *droit de souscription*

to yield : *rapporter, produire*

In the US the fortunes of takeover offence and defence have been shifting back and forth for years [...]. Recently [...] two developments have converged so that hostile takeovers may soon become much more difficult [...]. The newest of these developments is a type of state corporation law that grants boards of directors the discretion to act in what they consider to be the long-term interests of the shareholders, the companies and various other constituencies such as employees, customers, suppliers and local communities. These new laws would apply even when the board of a target company is facing a bid at a premium price. Combined with "flip-in" poison pill rights the result in many situations could be conclusive — no takeover.

By Leo HERZEL and Richard W. SHEPRO,
The Financial Times, May 11, 1989.

Aux États-Unis, depuis des années, la fortune des offensives menées par les OPA et des mesures de défense prises contre elles connaît des hauts et des bas [...]. Récemment [...], deux changements ont tous deux visé à rendre désormais plus difficiles les OPA agressives [...]. Le plus récent de ces changements est un type de loi sur les sociétés, adoptée au niveau de chaque État, par laquelle les conseils d'administration se voient accorder le droit d'agir dans ce qu'ils considèrent être à long terme l'intérêt des actionnaires, de la société et des autres différentes composantes, tels les employés, les clients, les fournisseurs et l'environnement social local. Ces nouvelles lois s'appliquent même lorsque le conseil d'administration de la société cible est confronté à une OPA avec prime à l'appui. Si on y ajoute des droits de souscription « injectés » comme des pilules empoisonnées, le résultat dans de nombreuses situations risque d'être concluant : pas d'OPA.

Par Léo HERZEL et Richard W. SHEPRO,
The Financial Times, *11 mai 1989.*

15

LABOUR LAW
LE DROIT DU TRAVAIL

A. English Law
   Droit anglais

B. American Law
   Droit américain

A. English law

The relationships between employer and employee are based in both the United Kingdom and the United States on the agency principles. However the rights and duties of principals and agents as they evolved from the individualistic tradition of common law do not correspond with the inequality of the bargaining powers their respective status gives employers and employees. Therefore two counterbalancing elements emerged in both countries to help the latter : 1) organized labour which was legalized at the end of the last century giving trade unions (GB) and labor unions (US) more leverage in bargaining; 2) statutory law asserting rights of employees in definite sectors, such as safety at work, discrimination and termination of employment.

Labour, employment or industrial law originates in the law of contract and of tort, though immunities for tort have been either granted in order to help industrial action or removed in order to control it.

Labour law depends on common law and, as showed above, on statutes. The former is the basis of the relationships between master and servant, which entails a contract of employment and certain rules. The contract may be written or simply oral; it may also be a letter of appointment giving the names of the parties, the job title, the date of commencement, initial wage or salary, and the duration of the appointment. It also states the number of working hours, holidays and so on...

According to the contract, and at common law, an employer has the following duties: he must pay wages, provide work, a safe system of work and maintain the working relationship under mutual trust and confidence. Various statutes provide for other duties which prohibits discrimination against employees because of race or sex as far as job opportunities and wages are concerned.

An employee must do the job for which he is paid, obey lawful and reasonable orders given by his employer, perform his duties with reasonable care, behave in good faith with mutual trust and confidence, account to his employer for any property his job make him use, not allow any conflict of interest during or after employment (neither set up his business in competition with his employer while still employed nor use a trade secret after the termination of his contract).

Les relations entre les employés et les employeurs reposent, à la fois au Royaume-Uni et aux États-Unis, sur les principes du mandat. Cependant les droits et les devoirs des mandants et de leurs agents comme les ont façonnés les traditions individualistes de la **common law** ne correspondent pas aux pouvoirs de négociation inégaux que donne respectivement aux employeurs et aux employés leur position. C'est pourquoi sont apparus dans les deux pays deux éléments compensateurs afin d'aider les derniers : 1) les syndicats qui furent légalement autorisés à la fin du siècle dernier, ce qui donna à leurs organisations plus de poids dans les négociations, 2) la législation confirmant le droit des travailleurs dans des secteurs déterminés tels que l'hygiène et la sécurité, la discrimination et les résiliations de contrat d'emploi.

Le droit social (du travail) a son origine dans le droit des contrats et de la responsabilité civile, bien que des immunités concernant la seconde aient été accordées afin de promouvoir les revendications sociales ou levées afin de les réduire.

Le droit du travail dépend de la **common law** ainsi que de la législation, comme le montre le survol précédent. La première est la base des relations existant entre maître et serviteur, ce qui implique un contrat de travail et certaines règles. Ce contrat peut être écrit ou simplement oral. Ce peut être aussi une lettre d'engagement indiquant le nom des parties au contrat, la description de l'emploi, la date de début d'emploi, le salaire de début, et la durée de l'engagement. Elle donne également le nombre d'heures de travail prévues, les vacances, etc.

Selon le contrat et la **common law**, l'employeur doit s'acquitter des obligations suivantes : il doit donner un salaire, fournir du travail, assurer la sécurité dans l'emploi et maintenir les relations avec son employé dans un climat de confiance mutuelle. Différentes lois prévoient d'autres obligations qui interdisent toute discrimination à l'égard des employés pour des raisons de race ou de sexe en ce qui concerne l'emploi et le salaire.

L'employé doit accomplir le travail pour lequel il est payé, obéir aux ordres légitimes et raisonnables que lui donne l'employeur, s'acquitter de ses obligations avec diligence, se conduire avec bonne foi dans un climat de confiance mutuelle : il est responsable devant l'employeur de tout matériel que son emploi lui fait utiliser ; il doit s'interdire tout conflit d'intérêt pendant ou au terme de sa durée d'emploi (ne pas créer une entreprise qui fasse concurrence à celle de son employeur durant la durée de son contrat ni se servir d'un secret de production après la fin de son contrat).

A. English law *(ctd)*

A contract of employment may be terminated by mutual consent of the parties, frustrated as any other contract. It may also be brought to an end by performance if it is for a fixed term. It may be terminated on the death of either party, on the winding up of a company, appointment of a receiver or on the employer's cessation of business.

A dismissed employee is able to bring a claim on three grounds: wrongful dismissal, unfair dismissal, redundancy payment (after a business failure, insolvency, or its transfer). The claim for wrongful dismissal must be brought before the ordinary civil courts while, since the **Industrial Relations Act 1971** and **Employment Protection (Consolidation) Act 1978**, a dismissed employee has been allowed to complain to an **industrial tribunal** if there was no good reason for his dismissal or the procedure was not reasonable.

Industrial tribunals were established by the **Industrial Training Act** in 1964. They are now governed by the **1978 Employment Act**. They consist of two lay members representing the employers and the employees with a legally qualified chairman. Appeals from them lie with the Employment Appeal Tribunal. Their task is not conciliatory; this has been left since 1975 to the **Advisory, Conciliation and Arbitration Service**, whose officers do their best to promote collective bargaining.

The Employment Appeal Tribunal, a superior court, set up by the **Employment Protection Act 1975**, replaced the **National Industrial Relations Court**. It consists of one judge seconded from the High Court, Court of Appeal or Court of Session (Scottish Court of Appeal) and two lay members, representing the employers and the employees. They hear appeals on questions of law from the industrial tribunals in their central office in London or sit at any time in any part of Great Britain. Their jurisdiction covers redundancy payments, equal pay, sex discrimination, contracts of employment, employment protection. Appeals from the Tribunal lie to the Court of Appeal or the Court of Session (for Scotland).

A. Droit anglais *(suite)*

Le contrat d'emploi peut être résilié par consentement mutuel des deux parties ; son exécution peut être rendue impossible comme pour n'importe quel autre contrat. Il peut aussi être mené à terme par son exécution, s'il est conclu pour une durée précise. Il peut être résilié au décès de l'une des parties, à la liquidation d'une société, à la nomination d'un mandataire liquidateur ou lorsque l'employeur cesse son activité.

L'employé licencié peut intenter une action pour trois raisons : licenciement illicite, licenciement abusif ou indemnités pour licenciement économique (à la suite de la fermeture d'une entreprise, de son insolvabilité ou de son transfert). Le recours pour licenciement illicite doit être porté devant les tribunaux civils ; cependant, depuis la loi de 1971 sur les conflits du travail et la loi de 1978 codifiant la sécurité de l'emploi, l'employé licencié est autorisé à déposer sa plainte devant un **industrial tribunal** (≃ prud'hommes) s'il n'y avait pas de réelles raisons à son licenciement ou si la procédure n'était pas régulière.

Les conseils de prud'hommes furent établis par la loi de 1964 sur la formation professionnelle. Ils sont maintenant régis par la loi sur l'emploi de 1978. Ils comprennent deux membres non juristes représentant les employeurs et les employés et un président juriste. Les appels sont portés devant le Tribunal d'appel pour l'emploi. Leur but n'est pas de parvenir à une conciliation : ceci est laissé depuis 1975 au soin du Service d'arbitrage, de conciliation et de conseil, dont les agents font de leur mieux pour encourager les négociations collectives.

Le Tribunal d'appel pour l'emploi, cour supérieure de justice établie par la loi de 1975 sur la sécurité de l'emploi, a remplacé la Cour nationale des conflits sociaux. Il comprend un juge détaché de la Haute Cour, de la Cour d'appel ou de la Cour de session (cour d'appel pour l'Ecosse), et deux membres non juristes, représentant les employeurs et les employés. Ils entendent les appels contre les décisions des prud'hommes sur des points de droit à leur siège central à Londres ou bien n'importe quand et n'importe où en Grande-Bretagne. Leur compétence s'étend aux indemnités de licenciement, à l'égalité des salaires, à la discrimination sexuelle, aux contrats d'emploi et à la sécurité de l'emploi. Les appels émanant de ce tribunal sont portés devant la Cour d'appel anglaise ou devant la Cour d'appel écossaise.

The Advisory, Conciliation and Arbitration Service was established in 1975 to promote and develop collective bargaining machinery. It deals with conciliation advice and questions raised by the recognition of a union. It issues Codes of Practice which are guidelines both to employers and employees for their relationship and are referred to by industrial tribunals and the Central Arbitration Committee (CAC) set up in 1975. The Committee consists of three members: a legal chairman and two lay members representing employers and employees. It is independent of the government and the judiciary and arbitrates disputes with the parties' consent.

B. American law

Unlike British trade unions, US labor unions are independent of political parties; they are now fully recognized by the law and subject to regulation by the federal government.

The first general union, the **American Federation of Labor**, was founded in Canada and the US in 1881. The split that took place in 1935 led to the establishment of the **Congress of Industrial Organizations** which reunited to the former in 1955 to create the present **AFL-CIO**. Membership represents 20% of all workers without counting agriculture.

The **Clayton Act** in 1914 amended the Sherman Antitrust Law; it gave labor unions and their members exemption from antitrust regulations for their activities and prohibited federal judges from using injunctions against strikes and picketing to improve work conditions. In 1932 the **Norris-La Guardia Act** repeated the provisions of the preceding act. **The National Labor Relations Act (Wagner Act)**, 1935, established the workers' right to unionize and to bargain collectively to reach the settlements of their disputes; it also set up a government agency, the **National Labor Relations Board**, to settle issues on unfair labor practices by employers and labor organizations and to certify secret ballot elections among employees in order to have bargaining units. The **Federal Social Security Act** passed in 1935 provided for old-age and survivors insurance, contributions to unemployment insurance and old-age assistance.

A. Droit anglais *(suite)*

Le Service d'arbitrage, de conciliation et de conseil fut institué en 1975 afin de promouvoir et de développer le principe des négociations collectives. Ce service donne des conseils en matière de conciliation et traite les problèmes que suscite la reconnaissance d'un syndicat. Il publie des codes de pratiques qui servent de guide à la fois aux employeurs et aux employés pour leurs relations, et de référence aux prud'hommes et à la Commission centrale d'arbitrage instituée en 1975. Cette commission comprend trois membres : un président juriste et deux membres non juristes, représentant les employeurs et les employés. Elle ne dépend ni du gouvernement ni de la justice et arbitre les conflits avec l'accord des parties concernées.

B. Droit américain

À l'encontre des syndicats britanniques, les syndicats américains ne dépendent pas des partis politiques. Ils sont maintenant reconnus par la loi et soumis à une réglementation fédérale.

Le premier syndicat général, l'**American Federation of Labor**, fut créé en 1881 au Canada et aux États-Unis. La scission qui eut lieu en 1935 conduisit à la création du **Congress of Industrial Organizations** qui se réunit au premier en 1955 pour former l'actuel syndicat, **AFL-CIO**. Les membres représentent 20% des salariés sans compter ceux de l'agriculture.

La loi Clayton de 1914 amenda la loi contre les trusts de Sherman en exemptant les syndicats et les membres des règlements antitrusts concernant leurs activités et en interdisant aux juges fédéraux d'user d'injonctions contre les grèves et les piquets visant à améliorer les conditions de travail. En 1932, la loi Norris-La Guardia reprit les mesures de la loi précédente. Le **National Labor Relations Act** ou **Wagner Act** (loi nationale sur les conflits sociaux) de 1935 établit le droit des employés à se syndiquer et à prendre part à des négociations collectives pour parvenir à un règlement de leurs conflits ; la loi créa aussi une agence gouvernementale, le **National Labor Relations Board** (Conseil national des conflits sociaux), pour résoudre les problèmes de réglementation abusive du travail impliquant les employeurs et les syndicats et assurer des élections à bulletin secret parmi les employés afin de former des équipes de négociateurs. Le **Federal Social Security Act** (loi fédérale sur la sécurité sociale [retraites et assurances]), voté en 1935, établit des mesures pour l'assurance vieillesse et celle des veuves, la contribution aux assurances chômage, et l'aide aux personnes âgées.

B. American law *(ctd)*

The **Fair Labor Standards Act**, 1938, set a minimum standard wage and a maximum work week of forty hours (the federal minimum wage is periodically adjusted by Congress); the Federal Act also regulated the labor of children. After World War II, in 1947, the **Taft-Hartley Act**, also known as the **Labor Management Relations Act**, limited the unions' rights by prohibiting closed shop contracts, declaring some of their activities unfair labor practices and fixing an eighty-day cooling period to have negotiation and mediation settle disputes; therefore the act set up the **Federal Mediation and Conciliation Service**. In 1959 the **Landrum-Griffin Act** or **Labor Management Reporting and Disclosure Act** imposed regulations to prevent corruption in unions, dishonesty in internal union affairs, "hot cargo" agreements in collective bargaining. The **Equal Pay Act**, 1963, and the **Civil Rights Act**, 1964, blazed the trail for the **Equal Opportunities Act**, 1972; these laws make it illegal to discriminate because of race, color, religion, national origin, sex, physical or mental handicap or age. The **Equal Employment Opportunity Commission**, set up in 1974, is responsible for the enforcement of these laws. In 1970 the **Occupational Safety and Health Act** established health and safety standards to prevent occupational hazards and diseases. The **Pension Reform Act** or **Employment Retirement Income Security Act** was enacted in 1974 to create minimum standards and regulations for employee retirement, pension fund, benefit, stock option, share ownership plans (**ESOP**).

As the chronological survey shows, legislation attempts to regulate labor management relationship after taking into account collectively negotiated agreements which provide for additional benefits not listed in statutory measures. Some of these benefits do not appear in case-law either (employee participation in the settlement of grievances, paid vacations, seniority, severance pay, sick leave). There is no special law court; most disputes are resolved in three non-judicial ways, by negotiation, mediation and arbitration. A collective bargaining agreement has legal authority and as such must be enforced.

Le **Fair Labor Standards Act** (loi sur les normes du travail) de 1938 fixa un salaire minimum et un maximum de quarante heures hebdomadaires de travail (le salaire minimum fédéral est ajusté périodiquement par le Congrès) ; cette loi fédérale réglementait aussi le travail des enfants. Après la Seconde Guerre mondiale, en 1947, la loi Taft-Hartley, ou **Labor Management Relations Act** (loi sur les relations employeurs/employés), limita les droits des syndicats en interdisant les contrats liés à l'appartenance préalable à un syndicat, en déclarant illégales certaines de leurs activités, en fixant une période de réflexion de quatre-vingts jours afin de régler les conflits par la négociation et la médiation ; cette loi institua par conséquent le **Federal Mediation and Conciliation Service** (Service fédéral de médiation et de conciliation). En 1959, la loi Landrum-Griffin ou **Labor Management Reporting and Disclosure Act** (loi sur les révélations et les rapports à faire sur les syndicats) imposa une réglementation afin d'éviter la corruption, les pratiques malhonnêtes dans la gestion interne des syndicats et, dans les conflits, les accords passés avec des employeurs neutres afin que ceux-ci usent de leur influence pour faire céder les employeurs concernés. L'**Equal Pay Act** (loi sur l'égalité des salaires), de 1963, et le **Civil Rights Act** (loi sur les droits civiques), de 1964, ouvrirent la voie à l'**Equal Opportunities Act** (loi sur les chances égales pour tous), de 1972 ; ces lois rendirent illégales toutes les formes de discrimination fondée sur la race, la couleur, la religion, l'origine nationale, le sexe, les handicaps physiques ou mentaux et l'âge. L'**Equal Employment Opportunity Commission** (Commission pour l'égalité devant l'emploi), créée en 1974, est chargée de l'application de ces lois. En 1970, l'**Occupational Safety and Health Act** (loi sur l'hygiène et la sécurité dans l'emploi) établit des normes d'hygiène et de sécurité afin d'éviter les maladies et les accidents professionnels. Le **Pension Reform Act** (loi sur la réforme des plans de retraite) ou **Employment Retirement Income Security Act** (loi sur la sécurité du montant des retraites des employés) fut voté en 1974 afin d'établir des normes et des règles minimales concernant les plans de retraite, les fonds de retraites, le montant de celles-ci, l'intéressement des employés aux bénéfices des entreprises par l'actionnariat.

Comme le révèle ce résumé chronologique, la législation tente de règlementer les relations dans le monde du travail après avoir tenu compte des accords obtenus dans les négociations collectives qui prévoyaient des mesures supplémentaires qui ne figuraient pas dans les lois. Certaines de ces mesures n'apparaissent pas non plus dans la jurisprudence (participation des employés aux règlements de conflits, congés payés, promotion par l'ancienneté, indemnités de licenciement, congés de maladie). Il n'existe pas de tribunaux spéciaux ; la plupart des conflits sont réglés de trois manières non juridiques, par la négociation, la médiation et l'arbitrage. Les accords de convention collective ont force légale et en tant que tels doivent être respectés.

Public Law 102-244
102nd Congress

AN ACT

To increase the number of weeks for which benefits are payable under the Emergency Unemployment Compensation Act of 1991, and for other purposes.

Be it enacted by the Senate and House of Representatives of the United States of America in Congress assembled,

Section 1. INCREASE IN AMOUNT OF EMERGENCY UNEMPLOYMENT BENEFITS.

a) Increase in benefits

1. Subparagraph (A) of section 102 (b) (2) of the Emergency Unemployment Compensation Act of 1991 (Public Law 102-164, as amended) is amended to read as follows:

    (A)"In general. Except as otherwise provided in this paragraph,

    (I) In general,

    (i) In the case of weeks beginning during a high unemployment period, the applicable limit is 33.

    (ii) In the case of weeks not beginning in a high unemployment period, the applicable limit is 26.

    (II) Reduction for weeks after June 13, 1992.
        In the case of weeks beginning after June 13, 1992,

    (i) clause (I) of this subparagraph shall be applied by substituting '20' for '33', and by substituting '13' for '26', and

    (ii) subparagraph (A) of paragraph (1) shall be applied by substituting '100 per cent' for '130 per cent'.

    In the case of an individual who is receiving emergency unemployment compensation for a week which includes June 13, 1992, the preceding sentence shall not apply for purposes of determining the amount of emergency unemployment compensation payable to such individual for any week thereafter beginning in a period of consecutive weeks for each of which the individual meets the eligibility requirements of this Act."

Loi d'intérêt général n° 102-244
102ᵉ congrès

LOI

Pour augmenter le nombre de semaines pendant lesquelles des allocations sont payables aux termes de la loi de 1991 sur les allocations d'urgence pour chômage.

Que soit proclamé par le Sénat et la Chambre des représentants des États-Unis d'Amérique assemblés en Congrès,

Article 1. AUGMENTATION DU MONTANT DES ALLOCATIONS D'URGENCE POUR CHÔMAGE.

a) Augmentation des allocations

1. Le paragraphe (A) de l'article 102 (b) (2) de la loi de 1991 sur les allocations d'urgence pour chômage (loi d'intérêt général n° 102-164), amendée) est amendé comme suit :

(A)« En général. Sauf dispositions contraires prévues au présent alinéa,

(I) En général,

(I) Dans le cas de semaines commençant pendant une période de chômage aigu, la durée des allocations est portée à 33 semaines.

(II) Dans le cas de semaines ne commençant pas pendant une période de chômage aigu, la durée est portée à 26 semaines.

(II) Réduction pour les semaines commençant après le 13 juin 1992. Dans le cas de semaines commençant après le 13 juin 1992,

(I) la clause (I) du présent paragraphe sera appliquée en substituant "20" à "33", et "13" à "26", et

(II) le paragraphe (A) de l'alinéa (1) sera appliqué en substituant "100 %" à "130 %".

Dans le cas d'une personne qui reçoit des allocations d'urgence pour chômage pour une semaine qui inclut le 13 juin 1992, la phrase précédente ne s'appliquera pas aux fins de calculer le montant des allocations d'urgence de chômage payables à cette personne pendant aucune des semaines suivantes constituant une période de semaines consécutives pour chacune desquelles cette personne satisfait aux exigences d'éligibilité fixées par la présente loi. »

1. There is an agency, a consensual relationship, when a principal employs or appoints an agent, the employee, who gives his acceptance.

2. An employee, agent, shall not compete with his employer, principal; he shall not either act without giving full disclosure to and receiving consent of his principal.

3. Besides loyalty, the agent must obey the principal's lawful instructions, act with reasonable care and not be negligent.

4. The agent must receive a reasonable compensation for his services.

5. Tort liability may be imposed upon one person for the conduct of another one. It is vicarious liability.

6. An agency may be brought to an end by the parties or by operation of law.

7. The remedy for unfair dismissal is an award of compensation.

8. An employer is vicariously liable for the tort his employee has committed during his employment.

9. Statute and the common law give rights to employees such as maternity leave, holiday with pay...

10. A two-year service entitles most employees to receive a payment when dismissal is caused by redundancy.

11. In the United Kingdom, organized labour was recognized in 1871 when the Trade Union Act was passed.
The Trades Union Congress was created in 1868.

12. After the national strike of 1926 the **Trade Disputes and Trade Union Act**, passed in 1927, restricted union activity by declaring strikes and lockouts illegal.

13. Picketing and intimidation were prohibited by the same Act which also reversed the procedure of contracting out into that of contracting in, i.e. written notice of a member's willingness to contribute to the Union's political fund (Labour Party).

14. In 1946 this Act was repealed under the Labour government; then the Conservative government passed two Employment Acts in 1980 and 1982 prohibiting pickets, closed shop practices and encouraging ballots at union mass meetings.

15. The Race Relations Acts (1965, 1968, 1976), the Sex Discrimination Act (1975) and the Equal Pay Act (1970) provided for the abolition of any discrimination against any employee.

1. *Il existe un mandat, consentement mutuel, lorsqu'un mandant emploie ou nomme un mandataire, l'employé, qui donne son accord.*

2. *L'employé, mandataire, ne doit pas faire concurrence à son employeur, mandant ; il ne doit pas non plus agir sans avertir son mandant ou en obtenir le consentement.*

3. *Outre son devoir de loyauté, le mandataire doit obéir aux ordres licites de son mandant, agir avec une diligence normale et ne pas se montrer négligent.*

4. *Le mandataire doit recevoir une rémunération correcte pour son service.*

5. *La responsabilité extra-contractuelle d'une personne peut être engagée du fait d'autrui ; il s'agit de la responsabilité civile du fait d'autrui.*

6. *Le mandat peut arriver à terme soit par décision des parties soit sous l'effet de la loi.*

7. *Le licenciement abusif est réparé par l'octroi d'un dédommagement.*

8. *L'employeur est responsable des préjudices commis par l'employé pendant son emploi.*

9. *La législation et la* common law *accordent des droits aux employés, tels que les congés de maternité, les congés payés...*

10. *Après deux ans d'emploi, la majorité des employés a le droit de recevoir une indemnité en cas de licenciement pour causes techniques.*

11. *Au Royaume-Uni, les syndicats furent reconnus en 1871 lorsque fut voté le* Trade Union Act *(loi sur les syndicats).*
    Le TUC (Fédération intersyndicale) fut créé en 1868.

12. *Après la grève générale de 1926, la loi sur les conflits sociaux et les syndicats, votée en 1927, restreignit les activités syndicales en déclarant illégales les grèves et les fermetures d'usines par les employeurs.*

13. *Les piquets et les manœuvres d'intimidation furent interdits par cette loi, qui, à l'option laissée aux syndiqués de ne pas contribuer au soutien financier du parti travailliste, substitua l'obligation d'indiquer par écrit qu'ils désiraient le faire.*

14. *Cette loi fut abrogée en 1946 sous le gouvernement travailliste ; le gouvernement conservateur fit ensuite voter deux lois en 1980 et 1982 pour interdire les piquets, la syndicalisation nécessaire à toute embauche et pour encourager le vote à bulletin secret dans les assemblées générales de syndiqués.*

15. *Les lois contre la discrimination raciale (1965, 1968, 1976), sexuelle (1975) et pour l'égalité des salaires entre hommes et femmes (1970) prévoyaient des mesures contre toute discrimination à l'encontre de tout employé.*

AFL-CIO (American Federation of Labor-Congress of Industrial Organizations) : *centrale syndicale* (US)
agency : *mandat, contrat de représentation*
agent : *mandataire* (employé)
appointment : *nomination*

ballot : *vote* **secret ballot :** *vote à bulletin secret*
to bargain : *négocier* **bargaining power :** *pouvoir de négociation*

CBI (Confederation of British Industry) (GB) **:** équivalent du CNPF (Centre national du patronat français)
claims : *revendications*
closed shop : *entreprise qui n'emploie pas de travailleurs non syndiqués*
collective bargaining : *négociation collective*
collective bargaining agreement : *convention collective*
compensation : *dédommagement, rémunération*
contrat : *contrat* **employment contract :** *contrat de travail*
to contract in : *participer, par sa cotisation syndicale, au fonds politique du* Trades Union Congress (TUC) (GB)
to contract out : *ne pas contribuer au fonds politique du TUC*

disclosure : *révélation, notification*
discrimination : *discrimination*
dismissal : *renvoi*
 unfair dismissal : *licenciement abusif*
 wrongful dismissal : *licenciement illicite*

employee : *employé*
Employee Stock Option (Share Ownership) Plan (ESOP) : *actionnariat* (US)
employer : *employeur*
employment : *emploi* **employment contract :** *contrat de travail*

to frustrate (contract) : *rendre l'exécution (d'un contrat) impossible*
frustration : *impossibilité d'exécution*

grid : *grille, échelle*
grievances : *revendications*
 to voice grievances : *exprimer des revendications*

hot cargo : *produits fabriqués par une entreprise en conflit avec un syndicat*

industrial : *du travail, du monde du travail*
 industrial action : *grève*
to take industrial action : *faire grève*
 industrial law : *droit du travail*
 industrial relations : *relations entre employeurs et employés ; conflits sociaux*
 industrial training : *formation professionnelle*
 industrial tribunals : *tribunaux administratifs du travail, conseils de prud'hommes*
injury : *blessures* **personal injury :** *préjudice corporel*

job : *travail, emploi* (familier)
  job enrichment : *enrichissement des tâches*

labour (GB) / **labor** (US) : *travail ; main-d'œuvre, employés*
  labour law : *droit du travail*
  labor union (US) : *syndicat*
  organized labor (US) : *syndicats, syndicalisation*
laid off (adj.) : *licencié*   **to lay off** : *licencier*
lay-off(s) : *un (des) licencié(s)*
letter of appointment : *lettre d'engagement*
leverage : *avantage* (dans une négociation)
levy : *taxe, impôt*

picket : *piquet de grève*
picketing : *constitution de piquets de grève*
principal : *mandant* (employeur) (in agency)

reasonable care : *diligence raisonnable*
redundancy : *licenciement économique*
redundancy payment : *indemnité de licenciement pour motifs économiques*
redundant : *en surnombre* (ouvrier/employé)
remedy : *recours, dédommagement*

safety : *sécurité et hygiène*
  safety at work : *hygiène et sécurité de l'emploi*
to second : *détacher, déléguer*
seniority : *ancienneté*
severance : *licenciement*
statute : *texte de loi*   **statutory** : *légal, prévu par la loi*
strike : *grève*
  to call a strike : *lancer une grève*
  to go on strike : *faire grève*
  sympathetic strike : *grève de solidarité*

tenure : *stabilité dans l'emploi* ou *la fonction*
to terminate (contract) : *résilier, mettre fin à (un contrat)*
termination of contract : *fin du contrat, résiliation*
tort : *responsabilité civile, délit civil*
trade-union : *syndicat*
TUC (Trades Union Congress) : *centrale syndicale* (GB)

vicarious : *substitué, qui agit pour un autre*
vicariously : *par personne interposée, par substitution*

wages : *gages, salaire* (secteur secondaire)
  wage arrears : *arriérés de salaire*
to wield (power) : *avoir/exercer (le pouvoir)*
work : *travail*
work conditions (US) / **working conditions** (GB) : *conditions de travail*
working hours : *horaires de travail*
wrong : *préjudice*   **wrongful** : *illicite, abusif*

LABOUR LAW
Document (US)

At $ 33,000 a year, Bob Huxford's pay as a corporate chauffeur for Merck & Co. doesn't put him in the same league as P. Roy Vagelos, the company's $ 7 million-a-year chief executive. But Huxford feels that a new company program that grants stock options to nearly all employees — not just top managers — will give him one thing in common with the boss [...]. Merck's program, announced on Sept. 11, puts it in the growing ranks of companies that want employees to own more of their stock. The trend first developed in the early 1980s, when thousands of employers set up Employee Stock Ownership Plans (ESOPs) [...].

Excerpt from *Business Week*, October 7, 1991.

Les 33 000 dollars par an que reçoit Bob Huxford pour son emploi de chauffeur à la société Merck & Co. ne le placent pas dans la catégorie à laquelle appartient P. Roy Vagelos, le directeur général, qui touche 7 millions de dollars par an. Cependant, Huxford pense que le nouveau plan mis en place par l'entreprise pour donner à presque tous les employés (et pas seulement les cadres supérieurs) la possibilité d'acquérir des actions lui donne un point commun avec son patron [...]. Avec l'annonce du plan, le 11 septembre, la société Merck a rejoint le nombre croissant d'entreprises qui veulent que leurs employés possèdent une part plus importante de leur capital-actions. Cette tendance est apparue au début des années 80 lorsque des milliers d'employeurs établirent des plans d'actionnariat.

Extrait de Business Week, *7 octobre 1991.*

16

COMPETITION LAW
LE DROIT DE LA CONCURRENCE

A. American Law
Droit américain

B. English Law
Droit anglais

COMPETITION LAW

Introduction

Competition law assumes different forms according to the causes of concern it raises in various countries. The first aspect of its function is to protect individuals, consumers, against the power of monopolies or cartels, and against agreements on various levels of production and distribution. The second aspect is to disperse power and redistribute wealth, that is protect smaller firms against larger ones. The latter view, upheld in the US until the 1950s, has been criticized by the so-called "Chicago School" economic experts who deemed competition law should first and foremost increase consumer welfare without impeding an efficient allocation of resources. Besides, the trend has been to reduce the stringency of antitrust laws, which was accompanied by the deregulation process.

If 1890 and 1948 mark respectively in the USA and the United Kingdom starting points for the creation of statutes and institutions to protect consumers, as early as the XIIIth century common law courts gave decisions which were landmarks for the development of the restraint of trade doctrine in both countries where for many years the "buyer beware" principle was applied.

Competition law in the United States shall be dealt with first, since this country initiated the process of legislation to ensure fair trading.

A. American law

The **Sherman Act** was enacted in **1890** to fight the first business trusts whose purpose was to control sectors of the industry and prevent competition. This was an improvement on the common law since a public authority imposed rules and regulations of firms, without hindering anyone to bring an action for damages at common law. Since this enactment, the phrase "antitrust" has referred to any action against anti-competitive behavior.

In the terms of the act, "every contract, combination [...], or conspiracy, in restraint of trade or commerce among the several states or with foreign nations" were forbidden (Section 1). It also made monopolization illegal except when a firm has a technical, better quality, lower profit margin... edge on other businesses.

16 LE DROIT DE LA CONCURRENCE
Introduction

Selon les problèmes soulevés, le droit de la concurrence prend des formes variées dans les différents pays. Le premier aspect de sa fonction est de protéger les particuliers, les consommateurs, contre le pouvoir des monopoles ou des cartels, contre les accords signés à différents niveaux de la production et de la distribution. Le second aspect est de répartir le pouvoir et de redistribuer la richesse, c'est-à-dire de protéger les petites entreprises contre les grandes. Ce point de vue, soutenu aux États-Unis jusque dans les années 50, a été l'objet de critiques de la part des économistes de l'école de Chicago qui estimaient que le droit de la concurrence devait avant tout accroître le bien-être du consommateur sans freiner une répartition efficace des ressources. En outre, la tendance est d'adoucir la sévérité des lois antitrusts, ce qui a été accompagné de déréglementations.

Si 1890 et 1948 marquent, respectivement aux États-Unis et au Royaume-Uni, le début des lois et des institutions concernant la protection des consommateurs, dès le xiiie siècle les tribunaux de la **common law** rendirent des jugements qui furent des jalons dans le développement de la doctrine des entraves au commerce dans les deux pays, où, pendant des années, on appliqua le principe selon lequel « l'acheteur doit se méfier ».

On étudiera d'abord le droit de la concurrence aux États-Unis, dans la mesure où ce pays fut le premier à voter des lois destinées à protéger la libre concurrence.

A. Droit américain

La loi Sherman fut votée en 1890 pour lutter contre les premiers trusts d'affaires, dont le but était de contrôler certains secteurs de l'industrie et ainsi d'empêcher la concurrence. C'était là une amélioration par rapport à la **common law**, puisqu'une autorité publique imposait aux entreprises des règlements sans pour autant interdire à quiconque d'engager des poursuites en dommages et intérêts selon la **common law**. Depuis la promulgation de cette loi, le terme « antitrust » désigne toute action en justice contre une attitude contraire à la libre concurrence.

Selon la loi, « tout contrat, toute association [...] ou toute coalition visant à entraver les échanges ou le commerce entre les États ou avec des pays étrangers » étaient interdits (article 1). La loi Sherman rendait également illégale la monopolisation, sauf lorsqu'une entreprise offre un avantage technique, une meilleure qualité, ou une marge de bénéfice plus réduite, par rapport à d'autres entreprises.

A. American law *(ctd)*

While some violations are called *"per se"* and as such are prohibited by the Sherman Act (when firms arrange boycotts, market- or territory-divisions, price-fixing, requirements for exclusive dealings, tie-in sales of separate products), others have to be assessed qualitatively by the court who then adopt a "rule-of-reason" approach before condemning the agreement leading to it. Price-fixing among firms is however legal when products are to be exported as stipulated in the **Webb-Pomerene Act** in 1918 and the **Export Trading Company Act** in 1984.

In 1914 Congress enacted a second antitrust act, the **Clayton Act**, whose objective was to give a more specific definition to anticompetitive activities on the basis of their probable consequence. Section 2 prohibited price discrimination in interstate commerce, except when commodities differed in quality and quantity. In 1936 the **Robinson-Patman Act** prohibited discriminatory practices and pricing, limiting quantity discount to chain stores, thus amending Section 2 of the Clayton Act.

Section 3 of the Clayton Act prohibits exclusive selling and dealing as well as tying, i.e. the obligation for a buyer to buy other products, practices tending to create monopolies and lessen competition.

Mergers and acquisitions were regulated by Section 7 of the Act: the acquisition of shares of other corporations could lead to a monopolistic situation and was therefore prohibited. This section was amended in 1950 by the **Cellar-Kefauver Act**: it now prohibits not only horizontal acquisitions but also vertical acquisitions. In 1976 the **Hart-Scott-Rodino Anti-trust Improvements Act** added Section 7 (A) to the Clayton Act: all projects of mergers and acquisitions (when the target company yearly turnover or assets are above $ 10,000,000 and raiding company's assets or turnover does not exceed $ 100 M.) must be submitted to the Justice Department and the Federal Trade Commission. The **Merger Guidelines**, published in 1984, spell out the government policy: mergers and acquisitions are prohibited only when they lead to a lessening of competition. The rule of reason regulates joint ventures in all fields and under the provisions of the National Cooperative Research Act 1984 in the R (Research) and D (Development) sector after they have been declared with the Justice Department and the Federal Trade Commission.

Si certaines infractions à la loi sont connues sous l'expression *per se* (en soi) et, en tant que telles, sont interdites par la loi Sherman (c'est le cas des entreprises qui organisent des boycottages, des divisions de marchés ou de territoires, la fixation des prix, des conditions préalables à la réalisation d'une affaire, la vente jumelée et forcée de produits distincts), la gravité d'autres infractions doit être évaluée par le tribunal, qui adopte alors le principe de la « raison » avant de condamner l'entente qui a conduit à l'infraction. Il est cependant légal pour les entreprises de fixer leurs prix lorsque les produits sont destinés à l'exportation, comme le stipulèrent en 1918 la loi Webb-Pomerene et en 1984 la loi sur les sociétés d'exportation.

En 1914, le Congrès adopta une seconde loi antitrust, la loi Clayton, dont le but était de définir avec plus de précision les activités portant préjudice à la concurrence en se fondant sur les conséquences qu'elles peuvent entraîner. L'article 2 de la loi Clayton interdisait les différences de prix dans les échanges entre les États, sauf lorsque les produits différaient en quantité et en qualité. En 1936, la loi Robinson-Patman interdit l'établissement de prix différents, limitant les remises pour grosses quantités aux magasins à succursales multiples, amendant ainsi l'article 2 de la loi Clayton.

L'article 3 de la loi Clayton interdit les ventes et les négociations exclusives, tout comme la vente forcée, c'est-à-dire l'obligation pour l'acheteur d'acheter d'autres produits, pratiques qui tendent à créer des situations de monopoles et à réduire la concurrence.

Les fusions et les rachats étaient régis par l'article 7 de la loi : le rachat d'actions d'autres sociétés pouvait créer une situation de monopole et était donc interdit. Cet article fut amendé en 1950 par la loi Cellar-Kefauver, qui interdit les rachats, non seulement horizontaux, mais aussi verticaux. En 1976, la loi sur l'amélioration des mesures contre les trusts (loi Hart-Scott-Rodino) a ajouté l'article 7 (A) à la loi Clayton : tous les projets de fusions et de rachats (lorsque le chiffre d'affaires annuel ou l'actif de la société cible dépasse 10 millions de dollars, et lorsque l'actif ou le chiffre d'affaires de la société prédatrice ne dépasse pas 100 millions de dollars) doivent être soumis au ministère de la Justice et à la Commission fédérale du commerce. Les directives relatives aux fusions (**Merger Guidelines**) publiées en 1984 exposent la politique gouvernementale : les fusions et les rachats sont interdits lorsqu'ils ont comme conséquence une réduction de la concurrence. Le principe de la raison régit les associations en participation dans tous les secteurs et, selon les termes de la loi de 1984 sur la coopération nationale pour la recherche, dans celui de la Recherche et du Développement, après qu'ils ont été déclarés auprès du ministère de la Justice et de la Commission fédérale du commerce.

A. American law *(ctd)*

Section 8 of the Clayton Act prohibits interlocking directorates which may cause common control of corporations and therefore restrict competition since directors sit on several boards.

The enforcement of antitrust legislation is vested in both the Antitrust Division of the Justice Department and the Federal Trade Commission. The latter was set up after the enactment of the Clayton Act in 1914. The FTC determines when competition is unfair or advertising deceptive. It is first and foremost responsible for consumer protection. The **Consumer Product Safety Act 1972** provides for the safety control of all products with the exception of cars, planes, food and drugs, and firearms. The **Food and Drug Administration**, an agency within the Department of Health, Education and Welfare, set safety and quality standards for food, drugs, cosmetics and household goods and administer the **Food, Drug and Cosmetic Act** enacted in 1938. Federal legislation also regulates packaging and labelling.

The **Magnusson-Moss Warranty Act 1974** requires warranties for products to be written in plain and easily understood language.

Consumer credit is regulated by a series of federal acts ranging from the **Consumer Credit Protection Act**, **Truth-in Lending Act**, **Equal Credit Opportunity Act**, **Fair Credit Billing Act** to the **Fair Credit Reporting Act** and **Fair Debt Collection Practices Act**, as well as, in some states, by the **U3C** (Uniform Consumer Credit Code).

The Federal Trade Commission has jurisdiction over all anticompetitive acts and practices provided for in the Sherman and Clayton Acts. It can issue temporary injunctions as well as administrative complaints leading to cease and desist orders; it also allows plaintiffs, private persons or state attorneys, to bring an action for damages which are trebled if the defendant is proved guilty.

L'article 8 de la loi Clayton interdit l'imbrication des conseils d'administration de plusieurs sociétés, ce qui peut conduire à un contrôle commun des sociétés et, de ce fait, réduire le champ de la concurrence puisque les administrateurs siègent dans plusieurs conseils.

L'application de la législation antitrust est confiée à la fois au Service antitrust du Ministère de la justice et à la Commission fédérale du commerce : cette dernière fut établie en 1914 après le vote de la loi Clayton. La Commission fédérale du commerce décide des cas de concurrence déloyale ou de publicité mensongère. Elle est avant tout responsable de la protection des consommateurs. La loi de 1972 sur la sécurité des produits de consommation prévoit des contrôles de sécurité pour tous les produits à l'exception des avions, des voitures, de l'alimentation et des médicaments, et des armes à feu. Le Bureau de l'alimentation et des médicaments (**Food and Drug Administration**), organisme rattaché au ministère de la Santé, de l'Éducation et de la Prévoyance sociale, établit des normes de sécurité et de qualité pour les produits alimentaires, les médicaments, les cosmétiques et les produits ménagers, et applique la loi sur les produits alimentaires, les médicaments et les cosmétiques promulguée en 1938. La législation fédérale réglemente aussi le conditionnement et l'étiquetage.

La loi Magnusson-Moss de 1974 sur les garanties exige que la garantie des produits soit rédigée dans des termes simples et compréhensibles par tous.

Le crédit à la consommation est réglementé par une série de lois fédérales qui vont de la protection du crédit à la consommation, la transparence dans les conditions de crédit, la non-discrimination en matière de crédit, la facturation juste du crédit, aux enquêtes équitables sur les demandeurs de crédit et aux recouvrements équitables des créances, et, dans certains États, par le Code uniforme du crédit à la consommation (U3C).

La Commission fédérale du commerce a compétence pour toutes les pratiques et tous les actes de concurrence déloyale, comme le prévoient les lois Sherman et Clayton. Elle peut délivrer des ordonnances temporaires et rédiger des plaintes administratives conduisant à des injonctions de ne pas faire. Elle peut aussi autoriser les demandeurs, particuliers ou procureurs d'État, à intenter un procès en dommages et intérêts ; les compensations peuvent être triplées si les preuves de la culpabilité du défendeur sont établies.

The competitive process in the UK is characterized by the sanction of restraint of trade practice, as well as by other common law principles, such as economic torts by which the injured plaintiff may recover damages from the defendant. Passing off, conspiracy leading to wilfull denigration of goods, breach of contract inducement on the part of a third party, are types of liability connected with unfair competition.

After World War II there were many instances of restrictive trade as well as anticompetitive practices in many sectors of British industry. This situation led the Labour government to adopt various measures and to pass the **Monopolies and Restrictive Practices** (Inquiry and Control) **Act** in 1948. This Act set up the Board of Trade and the Monopolies and Restrictive Practices Commission. In 1973 the latter became the Monopolies and Mergers Commission whose role is to investigate and report on any monopoly or merger situation referred to it by the Director General of Fair Trading or the Secretary of State for Trade and Industry who deem that public interest is at stake.

In 1956 the first **Restrictive Trade Practices Act** was passed. It was the acceptance by a trader of limits to his freedom as far as concentration in a region, customers, prices, quantities and specifications are concerned. The Act also set up the Restrictive Practices Court. In 1976 and 1977 two Restrictive Practices Acts established that the public interest was attacked by any such practices. The **Companies Act 1989** effected various changes in mergers and restrictive trade practices.

The **Resale Prices Acts**, in 1968 and 1976, deal with resale price maintenance. The last Act is superseded by Article 85 of the Rome Treaty when trade with another member state is affected; the difference between the two legislations is that the public interest aspect is not implied in European law.

The Monopolies and Mergers Commission set up in 1973 is the descendant of the Monopolies and Restrictive Practices Commission established in 1948 to investigate in any monopoly situations where the two key-terms are "public interest" and "market share".

16

B. Droit anglais

Le respect de la concurrence au Royaume-Uni se caractérise par la sanction des entraves au commerce et par d'autres principes de **common law**, comme la responsabilité civile en matière économique, selon laquelle le demandeur lésé peut demander au défendeur des dommages et intérêts. La contrefaçon, les ententes conduisant à dénigrer sciemment des produits, un tiers qui amène une partie à rompre un contrat, sont des exemples de responsabilité liée à la concurrence déloyale.

Après la Seconde Guerre mondiale, de nombreux secteurs de l'industrie britannique furent l'objet d'entraves au commerce et de concurrence déloyale. Cette situation amena le gouvernement travailliste à prendre plusieurs mesures et à faire voter en 1948 la loi sur les monopoles et les entraves au commerce (enquêtes et contrôles). Cette loi institua le ministère du Commerce et la Commission des monopoles et des entraves au commerce. Celle-ci devint en 1973 la Commission des fusions et des monopoles, dont le rôle est de faire des enquêtes et des rapports sur toute situation de monopole ou de fusion que lui signalent le directeur général chargé du respect de la liberté du commerce et le ministre du Commerce et de l'Industrie lorsqu'ils estiment que l'intérêt du public est en jeu.

C'est en 1956 que la première loi contre les entraves au commerce fut votée : c'était la reconnaissance par le commerçant que des limites s'imposaient à sa liberté en ce qui concerne la concentration dans une région, la clientèle, les prix, les quantités et les spécifications. Cette loi fut aussi à l'origine du Tribunal des entraves au commerce. En 1976 et 1977, les lois contre les entraves au commerce disposèrent que ces entraves allaient à l'encontre de l'intérêt du public. La loi de 1989 sur les sociétés apporta plusieurs changements relatifs aux fusions et aux entraves au commerce.

Les lois de 1968 et 1976 sur les prix de vente traitent du contrôle de ces prix. La dernière de ces lois est remplacée par l'article 85 du traité de Rome lorsqu'il s'agit d'échanges avec un autre pays membre. La différence entre ces deux législations réside dans le fait que la loi européenne ne tient pas compte de l'intérêt du public.

La Commission des fusions et des monopoles, établie en 1973, est l'héritière de la Commission sur les monopoles et les entraves au commerce instituée en 1948 pour enquêter sur toute situation de monopole, où les mots clés étaient « intérêt du public » et « part de marché ».

In 1973 the **Fair Trading Act** legalised the concept of consumer protection, creating the office of the Director General of Fair Trading whose role is to refer any unfair trading practices to the Consumer Protection Advisory Committee and the Monopolies and Mergers Commission, and direct the working of the **Consumer Credit Act**.

In 1980 the **Competition Act** gave the Director General power to investigate anti-competitive practices which are also dealt with by Article 86 of the Rome Treaty.

Both the Fair Trading Act and the Competition Act will be reformed, along the lines of Article 85 and Article 86 of the Rome Treaty, as announced by the Department of Trade and Industry.

Beside the Restrictive Practices Court, the Director General of Fair Trading and the Monopolies and Mergers Commission, the High Court of Justice also plays an important role in the protection of fair trading: it hears litigations about unreasonable contracts or contracts against public interest, as well as about agreements which are void under the Restrictive Trade Practices Act 1976 or illegal under Articles 85 and 86 of the Rome Treaty.

Since the **Criminal Justice Act 1987**, Section 1 (1), the Serious Fraud Office has powers to investigate into any offences involving serious or complex fraud. The decisions of the European Commission and the European Court of Justice, as well as the latest developments in American law, must also be taken into account by businessmen in the UK.

En 1973, la loi sur le commerce sans entraves rendit légal le concept de protection du consommateur et créa la fonction de Directeur général chargé du respect de la liberté du commerce, dont le rôle est de signaler tout acte de commerce avec entraves à la Commission consultative chargée de la protection des consommateurs et à la Commission des fusions et des monopoles, et de veiller à l'application de la loi sur le crédit à la consommation.

En 1980, la loi sur la concurrence donna au Directeur général le pouvoir d'enquêter sur les pratiques contraires à la concurrence, que concerne également l'article 86 du traité de Rome.

Ces deux lois (loi sur le commerce sans entraves et loi sur la concurrence) doivent être amendées selon les termes des articles 85 et 86 du traité de Rome, ainsi que l'a annoncé le ministre du Commerce et de l'Industrie.

Outre le Tribunal des entraves au commerce, le Directeur général chargé du respect de la liberté du commerce et la Commission des fusions et des monopoles, la Haute Cour de justice joue également un rôle important dans la protection de la libre concurrence : elle statue sur les litiges relatifs aux contrats dépourvus de caractère raisonnable ou contraires à l'intérêt du public, ainsi que sur les accords nuls aux termes de la loi de 1976 contre les entraves au commerce ou illégaux aux termes des articles 85 et 86 du traité de Rome.

Depuis la loi de 1987 sur la justice criminelle (article 1, alinéa 1), le Bureau des fraudes graves a le pouvoir d'enquêter sur tout délit impliquant une faute grave ou complexe. Les décisions de la Commission européenne et de la Cour européenne de justice, ainsi que les derniers développements du droit américain, doivent également être pris en compte par les hommes d'affaires du Royaume-Uni.

FEDERAL TRADE COMMISSION ACT

Act of Sept. 1914, amended by Acts of Feb. 1925,
March 1938 and June 1938

Section 5

a) Unfair methods of competition in commerce, and unfair or deceptive acts or practices in commerce, are hereby declared unlawful.

   The Commission is hereby empowered and directed to prevent persons, partnerships, or corporations, except banks, common carriers subject to the Acts to regulate commerce, air carriers and foreign air carriers subject to the Civil Aeronautics Act of 1938, and persons, partnerships, or corporations subject to the Packers and Stockyards Act, 1921 [...], from using unfair methods of competition in commerce and unfair or deceptive acts or practices in commerce.

b) Whenever the Commission shall have reason to believe that any such person, partnership, or corporation has been or is using any unfair method of competition or unfair or deceptive act or practice in commerce, and if it shall appear to the Commission that a proceeding by it in respect thereof would be to the interest of the public, it shall issue and serve upon such person, partnership, or corporation a complaint stating its charges in that respect and containing a notice of a hearing upon a day and at a place therein fixed at least thirty days after the service of said complaint. The person, partnership, or corporation so complained of shall have the right to appear at the place and time so fixed and show cause why an order should not be entered by the Commission requiring such person, partnership, or corporation to cease and desist from the violation of the law so charged in said complaint. Any person, partnership, or corporation may make application, and upon good cause shown may be allowed by the Commission to intervene and appear in said proceeding by counsel or in person.

LOI FÉDÉRALE SUR LA COMMISSION CHARGÉE DU COMMERCE

Loi de sept. 1914, amendée par les lois de fév. 1925,
mars 1938 et juin 1938

Article 5

a) Les méthodes de concurrence déloyales, ainsi que les actions ou les pratiques commerciales déloyales ou frauduleuses, sont ici déclarées illégales.

La Commission a pouvoir et mandat pour empêcher les personnes, personnes morales ou sociétés, à l'exception des banques, des organismes de transport en commun régis par les lois réglementant le commerce, des transporteurs aériens et des transporteurs aériens étrangers régis par la loi de 1938 sur l'aéronautique civile, ainsi que des personnes, personnes morales ou sociétés régies par la loi de 1921 sur les conditionneurs et les parcs de matériaux [...], d'avoir recours à des méthodes de concurrence commerciale déloyales et à des actions ou des pratiques commerciales déloyales ou frauduleuses.

b) Chaque fois que la Commission aura des motifs de croire qu'une telle personne, personne morale ou société a eu recours, ou a recours, à des méthodes de concurrence déloyales ou à des actions ou des pratiques commerciales déloyales ou frauduleuses, et qu'il apparaîtra à la Commission qu'il conviendrait, dans l'intérêt du public, qu'elle engage une procédure contre ces pratiques, elle adressera et elle signifiera à cette personne, personne morale ou société une plainte faisant état des accusations qu'elle porte contre ces pratiques et l'avertissant que l'affaire sera jugée en un lieu précis trente jours au moins après la signification de ladite plainte. La personne, personne morale ou société contre laquelle la plainte est portée aura le droit d'être entendue au lieu et à la date fixés et d'apporter la preuve que la Commission n'est pas fondée à prendre une ordonnance exigeant de cette personne, personne morale ou société qu'elle cesse et arrête les infractions à la loi alléguées dans la plainte. Toute personne, personne morale ou société peut demander et, après avoir apporté la preuve qu'elle est fondée à ce faire, peut être autorisée par la Commission à intervenir et à comparaître dans ladite procédure par l'intermédiaire d'un avocat ou en personne.

1. Many companies will have to review their agreements to determine the extent to which they are bound by the new Act.

2. By comparison the registration of registrable agreements, the keystone of the Restrictive Trade Practices Act 1976, is a known and straightforward procedure.

3. Both companies were engaged in a secret cartel which fixed prices and shared out the markets.

4. The Director General now proposes to refer the agreement to the Restrictive Practices Court so as to obtain orders against the companies.

5. Actions before the Court resulted in undertakings being given and orders made against those who participated in the cartels.

6. Someone affected by the unlawful operation of a registrable agreement may sue for damages any party who gives effect to it.

7. The Office of Fair Trading must be notified of the existence of any unregistered agreements.

8. Monopolization is forbidden by Section 2 of the Sherman Act.

9. Section 2 makes illegal monopolies and attempts, combinations or conspiracies to monopolize.

10. The Clayton Act singled out four practices for regulation: price discrimination, tying or exclusive-dealing contracts, stock acquisitions, interlocking directorates.

11. The United Kingdom is now subject to EEC competition laws, notably Articles 85 and 86 of the Treaty of Rome.

12. Company mergers leading to reduced competition may be disallowed.

13. Partitioning of markets, refusal to supply or selection of outlets are declared illegal.

14. Agreements for controlling retail prices (except those of books and drugs) are void under the present law in the UK.

15. Monopolization means having sufficient economic power to control prices and exclude competitors.

16 LE DROIT DE LA CONCURRENCE
Phrases types

1. *De nombreuses sociétés se verront obligées de réviser leurs ententes afin de savoir dans quelle mesure elles tombent sous le coup de la nouvelle législation.*

2. *En comparaison, la notification des ententes qui sont à déclarer, qui constitue la base de la loi de 1976 contre les entraves au commerce, est une procédure connue et directe.*

3. *Les deux sociétés avaient créé un cartel secret afin de s'entendre sur les prix et de se partager les marchés.*

4. *Le Directeur général se propose maintenant de porter cette entente devant le tribunal des entraves au commerce afin d'obtenir des ordonnances à l'encontre des sociétés.*

5. *Les actions en justice menèrent à des prises d'engagement et à des ordonnances dirigées contre ceux qui participaient aux cartels.*

6. *La personne qui est victime de manœuvres illégales dues à une entente devant être déclarée a le droit de poursuivre pour dommages et intérêts toute partie rendant cette entente opérationnelle.*

7. *Le service chargé de faire respecter la libre concurrence doit être averti de toute entente non déclarée.*

8. *Les monopoles sont interdits par l'article 2 de la loi antitrust Sherman.*

9. *L'article 2 rend illégaux les monopoles ainsi que les tentatives, les associations ou coalitions qui visent à établir des monopoles.*

10. *La loi Clayton a retenu quatre pratiques pour sa réglementation : discrimination par les prix, vente forcée et concession exclusive, acquisition d'actions, imbrication de conseils d'administration.*

11. *Le Royaume-Uni est maintenant soumis à la législation européenne sur la concurrence, notamment aux articles 85 et 86 du traité de Rome.*

12. *Les fusions de sociétés, conduisant à une réduction de la concurrence, peuvent être interdites.*

13. *Le partage des marchés, le refus de fournir des marchandises ou produits, ou le choix des clients sont illégaux.*

14. *Les ententes visant à contrôler les prix de détail, à l'exception de ceux des livres et des médicaments, sont nulles selon la loi en vigueur au Royaume-Uni.*

15. *Il y a monopolisation lorsqu'une entreprise possède assez de pouvoir économique pour contrôler les prix et exclure toute concurrence.*

acquisition : *achat*
action for damages : *requête en dommages et intérêts*
antitrust laws : *lois antitrusts*

billing : *facturation*
boycott : *boycottage*
breach of contract : *rupture de contrat*
business : *affaires, entreprise*
  business trust : *trust d'affaires*
buyer beware/let the buyer beware (latin : *caveat emptor*) : *mise en garde de l'acheteur contre tout risque éventuel*

cartel : *cartel*
cease and desist order (US) (= restrictive injunction, GB) : *ordonnance de ne pas faire*
combination : *association*
competition : *concurrence*
  competition law : *droit de la concurrence*
concentration : *concentration*
conspiracy : *coalition, complot*
consumer : *consommateur*
  consumer goods : *biens de consommation*
  consumer protection : *protection des consommateurs*
  consumer welfare : *bien-être du consommateur*
credit : *crédit*
  consumer credit : *crédit à la consommation*
  credit reporting : *enquête sur l'emprunteur*
  equal credit opportunity : *absence de discrimination dans l'obtention du crédit*

debt : *dette*
  debt collection : *recouvrement de dette*
deceptive advertising : *publicité mensongère*
deregulation : *déréglementation*
discrimination : *discrimination*
discriminatory practices : *établissement de prix et de services différents*

exclusive dealing : *concession exclusive*

fair credit : *conditions de crédit non discriminatoires*
fair debt collection : *recouvrement équitable des créances*
fair trading : *loyauté commerciale, libre-échange, libre concurrence*

guarantee : *garantie* (GB)

household goods : *produits ménagers*

inducement : *incitation*
injunction : *injonction* (du tribunal), *ordonnance*
  restrictive injunction (GB) : *ordonnance de ne pas faire*
interlocking directorates : *imbrication de conseils d'administration*

joint venture : *association en participation*

Vocabulaire

labelling : *étiquetage*

market division : *division des marchés*
market share : *part de marché*
merger : *fusion*
monopolisation : *monopolisation*
monopoly : *monopole*

packaging : *conditionnement, emballage*
passing-off : *contrefaçon*
***per se* violation** : *violation en soi*
plaintiff : *demandeur*
price discrimination : *différence de prix*
price-fixing : *détermination des prix, tarification*
profit : *profit, bénéfice*
  profit margin : *marge bénéficiaire*
public interest : *l'intérêt du public*

raiding company : *société prédatrice*
R and D : *recherche et développement*
resale price/retail price : *prix de détail*
resale price maintenance : *prix de vente imposé* (par le fabricant)
restraint of trade : *entrave au commerce*
restrictive trade practices : *entraves au commerce*
rule of reason : *principe de la raison*

safety control : *contrôle de sécurité* (des produits)
Serious Fraud Office : *Service de la répression des fraudes graves* (GB)

takeover : *rachat, OPA*
target company : *société cible*
territory division : *division des territoires*
tie-in sales/tying : *vente forcée*
tort : *responsabilité civile, délit civil*
truth-in-lending : *prêt honnête, crédit honnête*

unfair competition : *concurrence déloyale*
U3C (Uniform Consumer Credit Code) : *Code uniforme de crédit à la consommation* (US)

warrant : *mandat ; droit de souscription*
warranty : *garantie* (US) ; *clause subsidiaire d'un contrat* (GB)
wholesale price : *prix de gros*

Over the last 12 years, there have been several reviews of restrictive trade practices law culminating in the publication in July 1989 of the white paper "Opening markets: new policy on restrictive trade practices". The white paper envisaged new legislation closely following Article 85 of the Treaty of Rome. Agreements curbing competition would be prohibited unless they were notified and specific exemption could be justified, or they came within certain general exemptions. If an agreement was in breach of the prohibitions both the contracting parties and their directors and managers could be subject to penalties of up to 10% of total UK turnover and £ 100,000 respectively...

Excerpt from *The Financial Times*,
January 24, 1991.

Au cours de ces douze dernières années, on a procédé à plusieurs révisions de la loi sur les entraves au commerce ; ces révisions ont atteint leur point culminant en juillet 1989 avec la publication d'un avant-projet de loi intitulé « Ouverture de marchés : nouvelles directives sur les entraves au commerce ». L'avant-projet prévoyait une nouvelle législation qui suivrait de près l'article 85 du traité de Rome. Les ententes commerciales restreignant la concurrence seront interdites à moins qu'elles ne soient portées à la connaissance des autorités et qu'une exonération spécifique ne puisse être justifiée ou qu'elles n'entrent dans le cadre de certaines exonérations générales. Si l'entente se faisait en dépit de l'interdiction, les parties contractantes ainsi que les administrateurs et la direction des entreprises concernées seraient passibles d'amendes allant jusqu'à 10% du chiffre d'affaires réalisé au Royaume-Uni pour les premières et 100 000 livres sterling pour les seconds...

Extrait du Financial Times, *24 janvier 1991.*

17

TAX LAW AND BANKING LAW
LE DROIT FISCAL ET LE DROIT BANCAIRE

A. Tax Law   1. Britain
                                 2. United States
      Le droit fiscal   1. *En Grande-Bretagne*
                                 2. *Aux États-Unis*

B. Banking Law   1. Britain
                                 2. United States
      Le droit bancaire   1. *En Grande-Bretagne*
                                 2. *Aux États-Unis*

The Budget, which is usually announced in March, sets out the Government's proposals for changes in taxation. The proposals are presented to the House of Commons by the Chancellor of the Exchequer in the Budget statement which is followed by the moving of a set of Budget resolutions. The latter are the foundation of the Finance Bill.

The main sources of revenue are: taxes on income (including profits), which include personal income tax, corporation tax, and petroleum revenue tax; taxes on capital (inheritance tax and capital gains tax); and taxes on expenditure, which include value added tax (**VAT**) and customs and excise duties. Other sources of revenue are National Insurance contributions and the community charge and business rates.

● Income tax

The **Inland Revenue** assesses and collects the taxes on income, profits and capital and also stamp duty. HM Customs and Excise collects most taxes on expenditure (VAT, most duties and car tax). The community charge and business rates are collected by local authorities.

Certain income is not taxable; this includes interests on National Savings Certificates, scholarship income, bounty payment to armed service members, interests arising from Tax Exempt Special Savings Accounts (**TESSA**) opened with a building society or bank after December 1990, if the account is kept for five years.

Most social security benefits are not liable to income tax, namely income supplement, long-term sickness benefit, child benefit, war widow's pension, mobility allowance... A limited range of benefits are taxable: retirement pension, widow's allowance, widowed mother's allowance, unemployment benefits. Employers pay short-term sickness benefits and maternity pay, which are also taxable.

Most wage and salary earners pay their income tax under a Pay-As-You-Earn (**PAYE**) system whereby tax is deducted (and accounted for to the Inland Revenue) by the employer.

A. Droit fiscal   1. En Grande-Bretagne

Les changements fiscaux proposés par le gouvernement sont exposés dans le budget, annoncé habituellement en mars. Ils sont présentés devant la Chambre des communes par le ministre des Finances dans sa déclaration budgétaire, qui est suivie d'une série de propositions. Celles-ci constituent la base du projet de loi de finances.

Les principales sources de revenu sont : l'impôt sur le revenu (qui inclut les bénéfices commerciaux et industriels), ce qui comprend l'impôt sur le revenu des personnes physiques, l'impôt sur les sociétés et l'impôt sur les bénéfices pétroliers ; l'impôt sur le capital (droits de succession et impôt sur les plus-values) ; les taxes sur les achats, à savoir la taxe sur la valeur ajoutée (TVA) et les droits de douane et de régie. Les autres sources de revenu sont les cotisations de la Sécurité sociale (assurance maladie et vieillesse) et les impôts locaux (payés par les particuliers et les entreprises).

● Impôt sur le revenu

L'**Inland Revenue** évalue et collecte les impôts sur le revenu, les bénéfices des entreprises et le capital, ainsi que les recettes des timbres fiscaux. **H(er) M(ajesty's) Customs and Excise** collecte la plupart des taxes sur les achats (TVA, la plupart des droits de douane et les taxes sur les automobiles). Les impôts locaux sur les particuliers et les entreprises sont collectés par les autorités locales (municipalités).

Certains revenus ne sont pas imposables, tels les intérêts provenant de caisses d'épargne, les bourses d'études, les primes versées aux militaires, les intérêts provenant des comptes d'épargne spéciaux non imposables ouverts dans les sociétés mutuelles de prêts d'épargne-logement et les banques après décembre 1990, si le compte est prévu pour une durée de cinq ans.

La plupart des indemnités sociales ne sont pas soumises à l'impôt, à savoir le supplément de revenu familial, les indemnités pour maladie de longue durée, les allocations familiales, les pensions de veuve de guerre, les indemnités pour mobilité d'emploi... Un nombre limité d'indemnités sociales sont imposables : les retraites, les indemnités versées aux veuves, aux mères veuves, aux chômeurs. Les employeurs paient les indemnités pour maladie de courte durée et pour maternité, qui sont également imposables.

La plupart des salariés paient leurs impôts selon un système de retenue à la source par lequel les impôts sont déduits (et adressés à l'**Inland Revenue**) par l'employeur.

313

• Corporation tax

Profits, gains and income accruing to companies in the United Kingdom are liable for corporation tax. The main rate is 33%, with a reduced rate of 25% for small companies (with profits below £ 250,000 in a year). Marginal relief between the main rate and the small companies' rate is allowed for companies with profits between £ 250,000 and £ 1,250,000. Expenditure on plant and machinery qualifies for annual allowances of 25% and expenditure on scientific research for 100%.

• Taxes on capital

Inheritance tax applies to transfers of personal wealth made on, or up to seven years before, the donor's death. For events (gifts during lifetime, death) taking place after April 5, 1991, a nil rate applies to an initial slice of £ 140,000. Any excess is taxed at a single rate of 40%.

Capital gains tax: capital gains realised on the disposal of assets are liable to the tax or in the case of companies to corporation tax. Individuals are exempt for gains up to £ 5,500. The disposal of many assets does not give rise to chargeable gains or allowable losses: private motor cars, government securities, loan stock and other securities (not shares), dwelling houses and land which is an individual's only and main residence, works of art, etc.

• Taxes on expenditure

Value added tax is the responsibility of Customs and Excise. It is collected at each stage of the production and distribution of goods and services. The final tax is borne by the customer. A large number of supplies are zero-rated, such as exports, most food, books and newspapers... Customs duties are chargeable in accordance with the Common Tariff of the European Community (no such duties are chargeable on Community goods). Excise duties are levied on spirits, wine, beer, cigarettes and excise licence duty on vehicles. Cars, moto cycles... are chargeable with car tax at 10% of their value.

Certain kinds of transfers, such as purchases of houses, leases, are subject to stamp duties. Transfers of stocks and shares are exempted as from 1992.

● **Impôt sur les sociétés**

Les bénéfices, les plus-values et les revenus des sociétés installées au Royaume-Uni sont soumis à l'impôt. Le taux principal est de 33 %, avec un taux réduit à 25 % pour les petites sociétés (dont les bénéfices sont inférieurs à 250 000 livres par an). Une réduction (comprise entre le taux principal et celui appliqué aux petites sociétés) peut être accordée aux sociétés dont les bénéfices se situent entre 250 000 et 1 250 000 livres. Les dépenses pour équipement et machines donnent droit à un forfait de 25 %, les dépenses pour recherche scientifique à un forfait de 100 %.

● **Impôt sur le capital**

Les droits de succession s'apliquent aux transferts de biens s'effectuant au décès du légataire ou dans les sept ans avant celui-ci. Pour tout legs effectué après le 5 avril 1991, aucun droit n'est prélevé sur une première fraction de 140 000 livres. Un taux unique de 40 % est appliqué pour toute somme supérieure.

Impôt sur les plus-values de capitaux : les plus-values réalisées par la vente de biens sont soumises à cet impôt ou, dans le cas de sociétés, à l'impôt sur les sociétés. Les particuliers sont exonérés de tout droit pour les plus-values ne dépassant pas 5 500 livres. La vente de nombreux biens n'entraîne ni gains imposables ni pertes ouvrant droit à des abattements : voiture personnelle, valeurs gouvernementales, obligations ou autres titres (sauf les actions), résidence et propriété principale, œuvres d'art, etc.

● **Taxes sur les achats**

La taxe sur la valeur ajoutée (TVA) est gérée par le service des douanes et de la régie. Elle est prélevée à chaque étape de la production et de la distribution des biens et des services. La taxe ultime est payée par le consommateur. Un grand nombre de produits, comme les exportations, la plupart des produits d'alimentation, les livres et journaux..., ne sont pas taxés. Les droits de douane sont prélevés selon le tarif commun de la Communauté européenne (les marchandises communautaires ne sont pas soumises à ces droits). Les droits de régie sont imposés sur les alcools, le vin, la bière, les cigarettes et sur les licences délivrées pour les véhicules. Les voitures, motos... sont soumises à la redevance automobile à 10 % du prix de gros du véhicule.

Certains transferts, comme les achats de maisons, les baux, sont soumis à des droits payables en timbres fiscaux. Depuis 1992, les ventes de valeurs mobilières sont exonérées de droits.

The **Internal Revenue Code**, part of the US Code, was adopted in 1954 and reformed by the 1986 **Tax Act**. The **Internal Revenue Service** is responsible for the administration of internal revenue laws that deal with individual income taxes and corporate income taxes. Excise taxes also contribute to federal revenue, as well as various other taxes such as estate and inheritance taxes... The **Federal Unemployment Tax Act (FUTA)** and the **Federal Insurance Contribution Act (FICA)** provide for social security and hospital benefits as well as unemployment benefits. State and local taxation duplicates the federal system: states have individual taxes, corporate and franchise taxes, unemployment taxes, sales taxes, property taxes and taxes on the sale of property and on business activities.

● **Income tax** is based on the person and not the household. Three cases may be considered: the taxpayer is single, he is married and the couple files separate returns, or he is married and the couple files a joint return. Partnerships, S-corporations, trusts or estates are assimilated to persons.

The following are not considered as income : welfare benefits, disability retirement payments, worker's compensation benefit, insurance damages for injury and sickness, child support, gifts, property inherited under a will, interests on state or municipal bonds, amounts received from insurance because you lost the use of home due to fire or other casualty.

● **Corporation income tax** applies to legal entities defined as "associations, business trusts, joint stock companies and insurance companies" and characterized by the existence of members, a business activity resulting in profits, continuity of life, centralized management, limited liability of shareholders and free transferability of interest. Corporations are granted deductions for business expenses and losses, and depreciation for the exhaustion, wear and tear of property used in a trade or business or production of goods.

In both countries, tax evasion is regarded as a crime while tax avoidance is a legal means to reduce tax liability.

17

A. Droit fiscal 2. Aux États-Unis

Le Code fiscal, qui fait partie du Code américain, fut adopté en 1954 et révisé par la loi fiscale de 1986. Le service du fisc est responsable de l'application des lois fiscales qui traitent des impôts sur les revenus des personnes physiques et des impôts sur les sociétés. Les droits de régie contribuent également au revenu fédéral, ainsi que divers autres droits, comme les droits de succession et les droits sur les biens immobiliers... La loi sur la taxe pour l'aide aux sans-emploi (**FUTA**) et la loi sur la contribution à l'aide sociale (**FICA**) assurent les indemnités de retraite, de frais d'hospitalisation et de chômage. Les impôts locaux et d'État suivent le modèle fédéral : les États imposent les revenus des personnes, des sociétés, les concessions et franchises, et lèvent des impôts pour l'aide aux chômeurs, des impôts sur les ventes, sur les biens immeubles et divers impôts sur les ventes de biens et sur les entreprises.

● **L'impôt sur le revenu** est fondé sur les personnes et non les foyers. Trois cas peuvent se présenter : le contribuable est célibataire, il est marié et chaque conjoint remplit une déclaration séparée, ou il est marié et le couple remplit une déclaration commune. Les sociétés de personnes, les petites sociétés par actions, les fidéicommis ou les titres fonciers sont traités comme les personnes physiques.

Ne sont pas considérés comme revenus : les aides sociales, pensions pour invalidité civile, indemnités pour accidents du travail, dédommagements versés par une assurance pour accident ou maladie, allocations familiales, dons, sommes d'argent ou biens immeubles hérités, intérêts provenant de certains bons émis par des États ou des municipalités, dédommagements d'assurances pour perte de la résidence à la suite d'un incendie ou d'une autre catastrophe.

● **L'impôt sur les sociétés** s'applique aux personnes morales définies comme étant « des associations, des fidéicommis d'affaires, des sociétés de capitaux et des compagnies d'assurances » et caractérisées par l'existence de membres associés, une activité professionnelle procurant des bénéfices, une existence perpétuelle, une direction centrale, la responsabilité limitée des actionnaires et la liberté de transférer des actions. Les sociétés se voient accorder des déductions pour leurs dépenses et pertes, ainsi que des frais d'amortissement pour le remplacement et l'usure des équipements et machines utilisés dans une profession ou une entreprise ou pour la production de marchandises.

Dans les deux pays, la fraude fiscale est un délit pénal, tandis que l'évasion fiscale est un moyen légal de réduire l'imposition.

17

B. Banking Law   1. Britain

Like all sectors of economic and business life, banking activities have been regulated in Britain by various Acts.

The Bank of England, the central bank of the United Kingdom, was founded as private enterprise in 1694. It was nationalized in 1946 when stockholders were paid with funds raised through a government bond issue. One of the functions of the Bank is to issue banknotes and to loan money to underwriters who deal with Treasury bills. As part of the monetary policy the Bank establishes a Bank Rate, in effect a rediscount rate used when purchasing bills from discounting houses. The Bank Rate influences other interest rates and therefore economic activities.

The **Banking Acts 1979, 1987**, almost in compliance with the first EC banking directive, regulate the acceptance of deposits. The Bank administers the Acts and applies them to companies issuing debt securities and securities dealers. The Act's name is somewhat a misnomer since its ambit is that of prudential supervision. In 1979 its two main provisions were: the regulation of deposit-taking business and the establishment of a deposit protection scheme; in 1987 it provided first and foremost for the protection of depositors by ensuring the integrity of the deposit-taking scheme, stability of the financial system, fitness of the individuals who manage the institution, certain level of net assets, adequate liquidity, provision for depreciation, bad debts and contingent liabilities together with adequate record-keeping. The Banking Act also provided for the establishment of an advisory board, the **Board of Banking Supervision** whose members are appointed by the Governor of the Bank and the Chancellor of the Exchequer. The Board's decisions are subject to judicial review.

A series of Acts regulate various aspects and sectors of banking and investment: the **Bill of Exchange Act** 1882, the **Cheque Act** 1957, the **Insurance Companies Act** 1982 and the **Building Societies Act** 1986. The **Financial Services Act** 1986 regulates the practices of all sectors, those of brokers, dealers in securities, investment advisers and managers; the statute applies to most investments (long-term insurance contracts with a view to investing, unit trusts and futures...) except commodities, antiques and stamps. Any investment business carried out in the United Kingdom must be authorized by a supervisory agency (the **Securities and Investment Board**) or by belonging to a self-regulatory organization recognized by the SIB. The main objective is investor protection, full disclosure, fair dealing and the best execution.

LE DROIT FISCAL ET LE DROIT BANCAIRE

B. Droit bancaire   1. En Grande-Bretagne

Une série de lois réglemente en Grande-Bretagne les activités bancaires comme tous les secteurs de l'activité économique et commerciale.

La Banque d'Angleterre, banque centrale du Royaume-Uni, fut fondée en tant qu'entreprise privée en 1694. Elle fut nationalisée en 1946 ; ses actionnaires furent alors payés grâce à des fonds provenant d'obligations gouvernementales. L'une des fonctions de la Banque est d'émettre des billets et de prêter de l'argent aux soumissionnaires qui investissent en bons du Trésor. La Banque, responsable d'une partie de la politique monétaire, fixe le taux national d'escompte, en fait le taux de ré-escompte utilisé pour le rachat des effets de commerce auprès des établissements d'escompte. Le taux d'escompte influence d'autres taux d'intérêt et par conséquent l'activité économique.

Les lois bancaires de 1979 et de 1987, qui suivent presque la première directive bancaire de la Communauté européenne, réglementent l'acceptation des dépôts. La Banque applique la loi aux sociétés qui émettent des obligations et aux agents de change. Le nom de cette loi est en quelque sorte erroné puisque son champ d'application est celui de la surveillance dictée par la prudence. En 1979, elle avait deux buts principaux : la réglementation des organismes acceptant des dépôts et l'établissement d'un projet de protection des dépôts ; en 1987, la loi prévoyait avant tout des mesures de protection en faveur des déposants en assurant l'intégrité du projet des comptes de dépôt, la stabilité du système financier, les aptitudes des personnes responsables de l'institution, un certain niveau d'actifs disponibles, des liquidités suffisantes, des réserves pour amortissements, créances douteuses et engagements afférents, ainsi qu'une comptabilité correcte. La loi prévoyait l'établissement d'un conseil consultatif, le **Board of Banking Supervision** (Conseil de surveillance bancaire), dont les membres sont nommés par le gouverneur de la Banque et par le ministre des Finances. Les décisions du **Board** peuvent être soumises au contrôle des tribunaux.

Une série de lois réglementent les différents aspects et secteurs des activités bancaires et des opérations d'investissement : le **Bill of Exchange Act** de 1882 (loi sur les lettres de change), le **Cheque Act** de 1957, l'**Insurance Companies Act** de 1982 et le **Building Societies Act** de 1986 (loi sur les associations de prêts épargne-logement). Le **Financial Services Act** de 1986 (loi sur les opérations financières) réglemente la pratique dans tous les secteurs, ceux des courtiers, agents de change, conseillers et gestionnaires en investissements ; cette loi s'applique à presque tous les investissements (contrats d'assurance à long terme en vue de placements, SICAV et valeurs à terme...) sauf aux denrées, aux antiquités et aux timbres de collection. Toute agence d'investissement travaillant au Royaume-Uni doit avoir l'autorisation d'un organisme de surveillance (le **Securities and Investment Board** [SIB], Conseil des valeurs mobilières et des investissements) ou appartenir à un organisme chargé de sa propre réglementation et reconnu par le SIB. L'objectif principal est la protection des investisseurs, la complète transparence, l'honnêteté des opérations et la meilleure exécution.

The **Federal Reserve System** was created in 1913 to provide the country with tools to contract or expand its money supply, set up facilities for discounting commercial paper, and have a better supervision on banking.

The System consists in a network of twelve Federal Reserve Banks, central banks; it is headed by a seven-member **Board of Governors** appointed by the President and confirmed by the Congress for fourteen-year terms.

The Board formulates the national monetary policy and supervises its execution, it also has full authority over the reserve requirements for member banks, establishes maximum rates of interest to be paid on deposits, reviews and determines discount rates established by Reserve Banks. The members of the Board, as well as the President of the **New York Federal Reserve Bank** and four other Federal Reserve Banks' Presidents, sit on the **Federal Open Market Committee**, the System's most important policy-making body; it oversees the System's operations on government and other securities and in foreign exchange markets. A group of twelve citizens, each elected by the boards of governors of each FR Bank and usually bankers, make up the **Federal Advisory Board** whose quarterly meetings with the **Federal Board** help the latter decide on financial and monetary matters with "grassroots" information in business conditions.

In 1927 the **McFadden-Pepper Act** allowed national banks to establish branches in other states; federal law allows a bank or a bank holding company to acquire a bank in another state if the latter allows it.

In 1932 the **Federal Home Loan Bank Act** established savings institutions (**Savings and Loan Associations**); the same act set up the **Federal Home Loan Bank Board** whose function, akin to that of the **Federal Reserve Board** towards commercial banks, is to supervise thrift institutions.

In 1933 the **Glass-Steagall Act** separated commercial banking from investment banking: commercial banks were prohibited from most underwriting and investment activities. The **Federal Deposit Insurance Corporation** was created by the same Banking Act to insure individual commercial bank accounts and prevent runs on banks.

Le **Federal Reserve System** fut créé en 1913 afin de fournir au pays des instruments pour réduire ou augmenter sa masse monétaire, établir les services pour l'escompte des effets de commerce et mettre en place une meilleure surveillance des activités bancaires.

Le Système comprend un réseau de douze Banques de la Réserve fédérale, banques centrales; il est dirigé par un **Board of Governors** (Conseil de gouverneurs) de sept membres, nommés par le Président et confirmés par le Congrès pour des mandats de quatorze ans.

Le **Board** formule la politique monétaire nationale et en surveille l'exécution ; il a aussi tout pouvoir sur le montant des réserves obligatoires des banques faisant partie du système, établit les taux d'intérêts maximum devant être versés sur les dépôts, révise les taux d'escompte établis par les Banques de la Réserve et les fixe. Les membres du **Board**, le président de la **New York Federal Bank** et ceux de quatre autres Banques fédérales siègent au **Federal Open Market Committee** (Commission fédérale du marché des effets à court ou moyen terme), l'organisme le plus important dans l'élaboration de la politique du Système. Cette commission supervise les opérations du Système dans les marchés de valeurs mobilières et gouvernementales ainsi que dans ceux des devises étrangères. Un groupe de douze citoyens, dont chacun, habituellement banquier de profession, est élu par les conseils des gouverneurs des Banques fédérales, forme le **Federal Advisory Board** (Comité consultatif fédéral) dont les réunions trimestrielles avec le **Federal Board** aident celui-ci à prendre des décisions en matière financière et monétaire en tenant compte des renseignements sur la situation économique recueillis sur le terrain.

En 1927, la loi McFadden-Pepper autorisa les banques nationales à ouvrir des agences dans d'autres États ; la loi fédérale autorise les banques et les sociétés financières à acquérir une banque dans un autre État si celui-ci le permet.

En 1932 le **Federal Home Loan Bank Act** (loi sur les banques de prêts immobiliers) créa des institutions d'épargne (**Savings and Loan Associations**). Cette même loi créa le **Federal Home Loan Bank Board** dont le rôle, semblable à celui du **Federal Reserve Board** vis-à-vis des banques d'affaires, est de surveiller les organismes d'épargne.

En 1933, la loi Glass-Steagall établit une distinction entre les banques d'affaires et les banques d'investissement. Les banques d'affaires ne furent plus autorisées à garantir les émissions d'actions et à faire des investissements. La **Federal Deposit Insurance Corporation** fut créée par cette même loi bancaire afin de garantir les comptes des particuliers dans les banques d'affaires et empêcher les paniques bancaires.

In 1934 the **Federal Savings and Loan Insurance Corporation** was created to insure individual thrift accounts, which did not preclude problems in 1990.

In 1956 legislation allowed bank holding companies (holding companies that use their liquidities to purchase the capital stock of banks and to exert management control) and placed them under the supervision of the regulation of the Federal Reserve.

With competition growing in the investment sector, new products were offered: certificates of deposit (CD), mutual fund shares, negotiable orders of withdrawal (NOW). NOW accounts in Savings and Loan Associations were allowed nationwide in 1980 by the **Depository Institutions Deregulation and Monetary Control Act** which also phased out over a six-year period interest rate ceilings on time deposits. The Act also allowed federally chartered thrifts to make commercial real estate loans, consumer loans and investments in commercial paper and corporate debt securities.

In 1970 the **Securities Investor Protection Act** established the **Securities Investor Protection Corporation** to shield investors against financial losses caused by brokerage houses failures.

In 1982 the **Garn-St Germain Act** allowed the same institutions to make investments in bank and government securities.

The **Federal Deposit Insurance Corporation Improvement Act** voted by Congress in 1991 enforces new capital and reporting requirements, a code of "safety and soundness" standards in management, financial and pay practices.

En 1934 fut créée la **Federal Savings and Loan Insurance Corporation** afin de garantir les comptes d'épargne des particuliers, ce qui n'évita pas la crise de 1990.

En 1956, la législation reconnut les sociétés financières (sociétés de portefeuilles qui utilisent leurs liquidités afin d'acquérir le capital social des banques et d'exercer le contrôle de leur gestion) et les plaça sous la surveillance de la réglementation de Réserve fédérale.

Tandis que la concurrence s'intensifiait dans le secteur des investissements, de nouveaux produits apparurent sur le marché : les bons de caisse (**CD**), les parts de SICAV, les retraits avec préavis (**NOW**). Les comptes-chèques nécessitant un préavis avant retrait dans les institutions d'épargne-logement furent autorisés à travers tout le pays en 1980 par le **Depository Institutions Deregulation and Monetary Control Act** (loi sur le contrôle monétaire et la déréglementation des institutions de dépôt) qui prévoyait aussi l'élimination par étapes en six ans des plafonds de taux d'intérêt sur les dépôts à terme. La loi permit également aux institutions d'épargne ayant des chartes fédérales d'accorder des prêts immobiliers à usages commerciaux, des prêts pour l'achat de biens de consommation et d'investir dans les effets de commerce et obligations de sociétés.

En 1970, le **Securities Investor Protection Act** (loi sur la protection des investissements en valeurs mobilières) créa la **Securities Investor Protection Corporation** afin de protéger les investisseurs contre les pertes financières occasionnées par la faillite des maisons d'agents de change.

En 1982, la loi Garn-St Germain autorisa ces maisons à faire des investissements dans les valeurs mobilières émises par les banques et le gouvernement.

Le **Federal Deposit Insurance Corporation Improvement Act**, voté par le Congrès en 1991, met en place de nouvelles exigences en matière de capital et de divulgation de la comptabilité des banques, un code de normes « de sécurité et de solvabilité » pour ce qui est de la gestion, des finances et des salaires.

Document (GB)

FINANCE ACT 1991

Preliminary note

GENERAL

Rates of income tax. For 1991-1992 the basic and higher rates of income tax are unchanged at 25 and 40 per cent respectively but the basic rate limit is increased from £20,700 to £23,700 (s. 21).

Personal allowances. For 1991-1992 the married couple's allowance where both spouses are under 65, the additional personal allowance and the widow's bereavement allowance all remain at £1,720 (s. 22). The indexation provisions apply to increase the other personal allowances, the amounts for 1991-1992 being set out in the Income Tax (Indexation) Order 1991, SI 1991/732.

Rates of corporation tax. For the financial year 1990, which began on 1 April 1990, the rate of corporation tax is reduced from 35 to 34 per cent [...] (s. 23).

For the financial year 1991, which began on 1 April 1991, the rate of corporation tax is further reduced to 33 per cent (s. 24). The small companies' rate for that year is unchanged at 25 per cent but the lower and upper profits limits for marginal relief are increased from £200,000 and £1,000,000 to £250,000 and £1,250,000 respectively [...] (s. 25).

Relief for interest. The mortgage interest relief limit (the qualifying maximum) remains at £30,000 for 1991-1992 (s. 26).

Relief for interest on home loans [...] is restricted to basic rate tax. The interest is disregarded in computing tax liability in excess of the basic rate [...]. This applies to interest paid in 1991-1992 and later years, but where a bridging loan was made before 6 April 1991 and runs concurrently with an existing loan, full relief continues for the original loan [...].

Car benefits. The flat rate cash equivalents for employee car benefits are increased for 1991-1992 (s. 29). There is no change in the corresponding amounts for car fuel benefits [...].

LOI DE FINANCES POUR 1991

Note préliminaire

GÉNÉRALITÉS

Taux de l'impôt sur le revenu. Pour 1991-1992, le taux de base et le taux le plus élevé de l'impôt sur le revenu restent inchangés, à 25 % et 40 % respectivement, mais le plafond pour le taux de base est porté de 20 700 livres à 23 700 livres (art. 21).

Abattement personnel. Pour 1991-1992, l'abattement pour un couple marié dont les deux époux ont moins de 65 ans, l'abattement personnel supplémentaire et l'abattement pour les veuves restent fixés à 1 720 livres (art. 22). Les dispositions d'indexation s'appliquent aux autres abattements personnels : leur montant pour 1991-1992 est fixé par l'Ordonnance n° 732 de 1991 relative à l'Indexation de l'Impôt sur le Revenu.

Taux de l'impôt sur les sociétés. Pour l'année financière 1990, qui a commencé le 1er avril 1990, le taux de l'impôt sur les sociétés est réduit de 35 à 34 % [...] (art. 23).

Pour l'année financière 1991, qui a commencé le 1er avril 1991, le taux de l'impôt sur les sociétés fait l'objet d'une réduction supplémentaire et est ramené à 33 % (art. 24). Le taux pour les petites entreprises pour 1991 reste inchangé à 25 %, mais les seuils inférieurs et supérieurs de profits donnant droit à un dégrèvement fiscal marginal sont portés respectivement de 200 000 livres à 250 000 livres et de 1 000 000 livres à 1 250 000 livres [...] (art. 25).

Déduction des intérêts. Le plafond de déduction des intérêts sur les prêts hypothécaires (maximum autorisé) reste fixé à 30 000 livres pour 1991-1992 (art. 26).

La déduction des intérêts sur les prêts immobiliers [...] est limitée au taux de base. Les intérêts ne sont pas pris en compte pour le calcul de l'impôt supérieur au taux de base [...]. Ceci s'applique aux intérêts payés en 1991-1992 et les années suivantes, mais lorsqu'une personne a obtenu avant le 6 avril 1991 un prêt-relais qui court en même temps qu'un autre prêt, le prêt originel continue à ouvrir droit aux déductions [...].

Frais de voiture. Les sommes, calculées d'après le taux unique, déductibles par les employés pour l'usage de leur véhicule sont augmentées pour 1991-1992 (art. 29). Les déductions correspondantes pour les dépenses de carburant restent inchangées [...].

17

Key sentences

1. The stockholders own the bank by putting up the necessary capital. (US)

2. Most of a banker's work has to do with checking and savings accounts and making loans. (US)

3. A state bank gets its charter from the state it is in while the national bank gets its from the federal government.

4. Federal Reserve Banks, fiscal agents of the US Treasury, assist in the issue and redemption of government bonds.

5. Employees and self-employed persons (including partners) can deduct certain moving expenses. (US)

6. The Bank of England is responsible for the supervision of the main wholesale markets for money, foreign exchange and bullion.

7. Most investment businesses have opted to achieve authorisation by obtaining membership of an SRO (self-regulating organisation).

8. Building societies are mutual institutions, owned by their savers and borrowers. (GB)

9. The community charge is paid into a national pool and then redistributed to local authorities.

10. Companies pay corporation tax on all their profits, including a proportion of any capital gains, whether distributed or not.

11. Liability to income tax is determined by establishing the taxable income for a year of assessment.

12. In Britain income can be reduced by an individual's personal allowance of £3,295 and other reliefs, such as life insurance relief or payments on loans.

13. In Britain the Community Charge replaced the domestic rates and is the basis of local authority finance.

14. In the USA taxpayers can take one exemption for themselves, two if they are blind, or 65 or over, three if they are blind and 65 or over.

15. One exemption is given for a spouse when a joint return has been filed, and one for a child or any other dependents. (US)

Phrases types

1. *Les actionnaires possèdent leur banque en versant le capital demandé.*

2. *La plus grande partie du travail du banquier consiste à s'occuper de comptes courants, de comptes de dépôt et à accorder des prêts.*

3. *La banque d'État obtient son acte constitutif (charte) de l'État où elle est établie, la banque nationale obtient le sien du gouvernement fédéral.*

4. *Les Banques de la Réserve fédérale, agents du fisc et du Trésor américain, participent à l'émission et au rachat des bons gouvernementaux.*

5. *Les employés et les travailleurs indépendants (y compris les associés) peuvent déduire certains frais de déménagement.*

6. *La Banque d'Angleterre est chargée de la surveillance des principaux marchés monétaires, des devises étrangères et de l'or.*

7. *La plupart des sociétés financières d'investissement choisissent d'obtenir leur autorisation d'existence en étant membres d'une organisation édictant son propre règlement.*

8. *Les associations d'épargne-logement sont des mutuelles possédées par les épargnants et les emprunteurs.*

9. *Les impôts locaux et taxes d'habitation sont versés dans une caisse nationale puis redistribués aux collectivités publiques.*

10. *Les sociétés de capitaux paient un impôt sur tous leurs bénéfices ainsi que sur une partie des plus-values, distribuées ou non.*

11. *L'imposition est déterminée par l'établissement du revenu imposable pour une année.*

12. *En Grande-Bretagne, le revenu bénéficie d'un abattement par personne de 3 295 livres et d'autres réductions, par exemple pour l'assurance-vie ou pour les remboursements de prêts.*

13. *En Grande-Bretagne, les redevances payées à la communauté ont remplacé les impôts locaux et forment la base des finances des municipalités.*

14. *Aux États-Unis, le contribuable a droit à un abattement forfaitaire pour lui-même, à deux s'il est aveugle ou âgé de 65 ans ou plus, et trois s'il est aveugle et âgé de 65 ans ou plus.*

15. *Un abattement forfaitaire est accordé pour le conjoint si le couple a rempli une déclaration commune, plus un par enfant ou autre personne à charge.*

to account to : *rendre compte à, déclarer à*
to accrue : *augmenter, provenir de*
alimony : *pension alimentaire* (pour ex-conjoint)
allowance : *forfait*
ambit : *champ d'application, portée*
assessment : *évaluation*
asset : *capital, possession, propriété*
avoidance : *action d'éviter*
  avoidance of contract : *rescision* (= rescission)
  tax avoidance : *évasion fiscale*

barter : *troc, échange*
bounty payment : *prime, indemnité*
broker : *agent de change, courtier*
building society (GB) : *institution d'épargne-logement*

capital gains : *plus-value*   **capital market** : *marché financier*
certificate of deposit (US) : *bon de caisse*
to collect : *collecter, percevoir*
commercial paper : *effet de commerce*
community charge (GB) : *impôts locaux et taxe d'habitation* (= rates)
to complete (form) : *remplir, compléter (un formulaire)*
consideration : *cause, contrepartie* (dans un contrat)
corporate : *social, de société* **corporation** (US) : *société*
customs : *douane*

dependent : *personne à charge*
depreciation (allowance) : *amortissement pour compenser l'usure*
disclosure : *divulgation*   **discount** : *escompte*

to embezzle : *détourner* (des fonds)
evasion : *échappatoire, fraude*
  tax evasion : *fraude fiscale*
Excise : *régie, accise*
exemption (US) : *forfait déductible*

fees : *honoraires, jetons de présence*
to file : *déposer*
foreign exchange market : *marché de devises étrangères*
form : *formulaire*

government stocks (GB) : *titres d'État, obligations d'État*
guarantee (GB) : *garantie, caution*

household : *ménage, foyer*

income : *revenu*
Internal Revenue (US) : *le fisc*
issue : *émission*
to itemize : *ventiler, répartir*

joint : *commun*
judicial review : *révision judiciaire, contrôle des tribunaux*

to levy : *lever*
to loan : *prêter*

memorandum : *note, document*
misnomer : *erreur de nom*
money market : *marché monétaire*
mutual fund (US) : *SICAV*

negotiable order of withdrawal (NOW) (US) : *retrait avec préavis d'un compte d'épargne (S & L)*

option : *option, droit d'achat prioritaire d'actions*

Pay-As-You-Earn (PAYE) system : *retenue à la base*
proceeds : *recettes, sommes gagnées*
to provide for : *prévoir*
provision : *prévision, provision, mesure, disposition légale*
provisional : *provisoire*
prudential : *de prudence, prudent*

to qualify (for) : *avoir qualité (pour) ; classer ; nuancer*

receipt [ri'si:t] : *recette, rentrée*
rediscount : *réescompte*
relief : *abattement*
rent : *loyer, rente*
royalties : *droits d'auteur*
run (on bank) : *panique bancaire*

Savings and Loan Associations (S & L) (US) : *institution d'épargne-logement*
Savings Bonds : *bons d'épargne*
schedule : *barème, échelle, programme, annexe*
scholarship income : *bourse d'études*
securities : *valeurs mobilières*
security for : *caution, garantie*
self-employed : *travailleur indépendant*
social security (US) : *retraite, pension*
Social Security benefit (GB) : *indemnité versée par la Sécurité sociale*
stamp duties : *timbre fiscal, droits d'enregistrement*
sundry : *varié*
supervision : *surveillance, contrôle*

tax : *impôt, taxe*
taxable : *imposable*
threshold : *seuil*
tax return : *déclaration de revenus*
taxation : *impôt, imposition*
thrift institutions (Thrifts) (US) : *caisses d'épargne-logement*
tip : *pourboire*
title deed : *titre de propriété*
Treasury bill (US) : *bon du Trésor*

underwriter : *soumissionnaire, membre d'un syndicat de garantie*
undue influence : *intimidation, abus de pouvoir*
unit trust (GB) : *SICAV*

value added tax (VAT) : *taxe à la valeur ajoutée (TVA)*

wager : *pari, somme pariée*
War Loan : *emprunt de la Défense*
(fair) wear and tear : *usure normale*
welfare benefits (US) : *indemnité de la Sécurité sociale*

Bank cannot retain leases as security for overdraft.

A bank is not barred by the unenforceability of an overdraft guarantee for lack of written memorandum from asserting its right to retain title deeds deposited with it under a contract to secure the overdraft. But the owner of the deeds is entitled to their return if there was no contract between him and the bank, in that consideration for the deposit passed not to him but to the customer. Also, he would be entitled to their return even if a contract were to exist, if he agreed to their deposit as a result of the customer's undue influence of which the bank had notice.

Financial Times, Wednesday January 15, 1992.

Une banque ne peut garder des baux laissés en caution pour un découvert éventuel.

On ne peut interdire à une banque, en raison de l'impossibilité d'appliquer une garantie de découvert en l'absence de document écrit, d'établir ses droits à garder des titres de propriété déposés auprès d'elle dans le cadre d'un contrat établi pour garantir un découvert. Cependant, le propriétaire des titres peut exiger leur restitution s'il n'existe pas de contrat entre lui-même et la banque, dans la mesure où la contrepartie de ce dépôt ne le concernait pas, mais concernait le client de la banque. Il peut également exiger leur restitution, même s'il existe un contrat, s'il a donné son accord pour déposer ces titres à la suite de manœuvres d'intimidation, connues de la banque, de la part du client.

Financial Times, *mercredi 15 janvier 1992.*

18

INSURANCE LAW
LE DROIT DES ASSURANCES

There are certain general principles common to all classes of insurance business. These general principles, recognized both in the United Kingdom and in the United States, are:

1. Insurable interest

The principle of insurable interest is laid down mainly in three statutes: the **Life Assurance Act, 1774**, the **Gaming Act, 1845**, and the **Marine Insurance Act, 1906**. The last-mentioned Act deals with marine insurance, but the law as laid down in many sections applies equally to other classes of insurance.

The clearest definition of the principle of insurable interest is that given in the case of Lucena v. Craufurd (1806): "A man is interested in a thing to whom advantage may arise or prejudice happen from the circumstances which may attend it. Interest does not necessarily imply a right to the whole, or a part of a thing, nor necessarily and exclusively that which may be the subject of privation, but the having some relation to, or concern in the subject of the insurance, which relation or concern by the happening of the perils insured against may be so affected as to produce a damage, detriment, or prejudice to the person insuring [...]. To be interested in the preservation of a thing, is to be so circumstanced with respect to it as to have benefit from its existence, prejudice from its destruction."

In the XVIIIth century, there was an extraordinary wave of gambling under the guise of insurance, and policies were effected on the lives of public men without any insurable interest. The **Life Assurance Act, 1774** (otherwise known as the Gambling Act) put an end to that pernicious practice: "For remedy whereof, [...] from and after the passing of this Act, no insurance shall be made by any person or persons, bodies politic or corporate, on the live or lives of any person or persons, or on any event or events whatsoever, wherein the person or persons for whose use, benefit, or on whose account such policy or policies shall be made, shall have no interest, or by way of gaming or wagering." The Act also provides that no policy on the life of any person shall be made without inserting in such policy the name or names of the beneficiaries...

LE DROIT DES ASSURANCES
Introduction

Certains principes généraux sont communs à toutes les catégories de contrats d'assurance. Ces principes généraux, reconnus tant au Royaume-Uni qu'aux États-Unis, sont :

1. Existence d'un titre à assurance

Le principe du titre à assurance peut être défini par référence à trois textes de loi : la loi de 1774 sur les assurances sur la vie, la loi de 1845 sur les jeux, et la loi de 1906 sur les assurances maritimes. Bien que cette dernière loi traite de l'assurance maritime, les dispositions de nombreux articles s'appliquent également à d'autres catégories d'assurances.

La définition la plus claire du titre à assurance est celle donnée dans l'arrêt Lucena c/ Craufurd (1806) : « Une personne est réputée avoir un titre à une chose si elle peut tirer un avantage ou subir un préjudice du fait des circonstances afférentes à cette chose. Titre ne signifie pas nécessairement droit sur la totalité, ou sur partie, de la chose, ni nécessairement et exclusivement ce qui peut être sujet à privation, mais implique une relation ou un soin, envers la chose assurée, laquelle relation ou lequel soin peut, si les risques contre lesquels la personne s'est assurée se produisent, être affecté de telle sorte qu'il en résulte un dommage, détriment, ou préjudice pour l'assuré [...]. Avoir un titre à la protection d'une chose signifie entretenir avec cette chose des liens tels que l'on tire profit de son existence et que l'on subisse un préjudice si elle est détruite. »

Au XVIIIe siècle, un nombre incroyable de paris furent pris sous couvert d'assurances et des polices d'assurance furent contractées sur la vie d'hommes publics sans aucun titre à assurance. La loi de 1774 sur les assurances sur la vie (encore appelée loi sur les paris) mit un terme à ces pratiques pernicieuses : « Pour y remédier, [...] aucune assurance ne pourra désormais être contractée par aucune personne ou personnes, ni aucun corps politique ou moral, sur la vie d'aucune personne ou personnes, ni sur aucun événement quel qu'il soit, si les personnes pour l'usage, le bénéfice ou le compte desquelles la police est établie n'ont aucun titre à assurance, ou si l'assurance relève du jeu ou du pari. » Désormais, les noms des bénéficiaires de la police d'assurance devaient figurer sur le contrat...

1. Insurable interest *(ctd)*

The **Gaming Act, 1845**, extended the scope of the 1774 Act to "insurances *bona fide* made by any person or persons on ships, goods, or merchandise". Section 18 of the act provides that: "All contracts or agreements, whether by parole or in writing, by way of gaming or wagering, shall be null and void." All insurance on goods without insurance interest is, in effect, a wager, and therefore unenforceable.

Section 5 (2) of the **Marine Insurance Act, 1906**, defines the principle of insurable interest as regards ships and cargoes: "[...] a person is interested in a marine adventure where he stands in any legal or equitable relation to the adventure or to any insurable property at risk therein, in consequence of which he may benefit by the safety or due arrival of insurable property, or may be prejudiced by its loss, or by damage thereto, or by the detention thereof, or may incur liability in respect thereof." The 1906 Act provides that every contract of marine insurance by way of gaming or wagering is void.

General application:

The principle of insurable interest applies generally to insurances of the person, property, liability, or any contingency which is properly the subject of a policy of insurance.

2. Utmost good faith

Until the **Misrepresentation Act, 1967**, most commercial contracts were governed by the common law principle of *caveat emptor* (let the buyer beware): in a contract for the sale of goods, the seller was under no duty to disclose defects; it was the duty of the purchaser to examine the goods and discover any defects by himself. But insurance contracts have always been regarded as contracts *uberrimae fidei* (of the utmost good faith): in so far as the full circumstances are known to the proposer only and the insurers must rely on the information supplied by him, the courts impose utmost good faith both upon the insured and the insurers.

1. Existence d'un titre à assurance *(suite)*

La loi de 1845 sur les jeux étendit la portée des dispositions de la loi de 1774 aux « assurances contractées de bonne foi par une personne ou des personnes sur les navires, les biens et les marchandises ». L'article 18 dispose : « Tout contrat ou convention, qu'il soit oral ou écrit, qui relève du jeu ou du pari, sera nul et non avenu. » Toute assurance sur des marchandises contractée par une personne n'ayant pas de titre sur ces marchandises constitue, en fait, un pari et, en conséquence, n'est pas exécutoire.

L'article 5, alinéa 2, de la loi sur les assurances maritimes de 1906 définit le concept de titre à assurance dans le cas de navires et de leur chargement comme suit : « [...] une personne a un titre dans une entreprise maritime si elle se trouve dans une situation de droit ou d'équité vis-à-vis de cette entreprise ou d'un quelconque bien pouvant faire l'objet d'une assurance et qui court un risque dans l'affaire, si bien qu'elle peut tirer profit de la sauvegarde ou de l'arrivée à bon port du bien assurable, ou qu'elle peut subir un préjudice si le bien est perdu ou endommagé ou retenu, ou encore si sa responsabilité peut être mise en jeu par rapport à ce bien. » Aux termes de cette même loi, tout contrat d'assurance maritime qui relève du jeu ou du pari est réputé nul.

Portée du concept de titre à assurance :

Le concept de titre à assurance s'applique de manière générale aux assurances sur la personne, sur les biens, sur la responsabilité ou à toute éventualité pouvant donner lieu à une police d'assurance.

2. La totale bonne foi

Jusqu'à la loi de 1967 sur les déclarations erronées, la plupart des contrats commerciaux étaient régis par le principe de **common law** selon lequel l'acquéreur achète à ses risques et périls : dans un contrat de vente de marchandises, le vendeur n'avait aucune obligation de signaler les vices éventuels ; il appartenait à l'acheteur d'examiner les marchandises et de découvrir si celles-ci étaient défectueuses. En revanche, les contrats d'assurance ont toujours été considérés comme des contrats *uberrimae fidei* (exigeant une totale bonne foi) : dans la mesure où seul l'assuré potentiel connaît toutes les données et où la compagnie d'assurances est contrainte de se fonder sur les renseignements qu'il fournit, les tribunaux exigent une totale bonne foi à la fois de l'assuré et de l'assureur.

3. Indemnity

Except for life insurances, almost all insurance policies are contracts of indemnity. The object of indemnity is to place the insured after a loss in the same position as he was immediately before the event. For life insurance, the payment of a certain (ascertainable) sum of money is irrespective of whether or not the insured has suffered loss or of the amount of such loss if he has suffered any. The life insurance contract is a mere contract to pay a certain sum on the death of a person, in consideration of the due payment of a certain annuity (or premium) for his life. The amount for which a person is assured is governed by the amount of premium that he decides to pay.

4. Proximate cause

In Pawsey and Co. v. Scottish Union and National Insurance Co. (1907), proximate cause was defined as "the active, efficient cause that sets in motion a train of events which brings about a result, without the intervention of any force started and working actively from a new and independent source". The rule is that the insurers are liable for the immediate and not the remote cause. If there is a single cause which is an insured peril, this is the proximate cause of the loss and there is a valid claim under the policy. If there are concurrent causes and no perils are excepted, the loss is recoverable provided one of the causes is an insured peril. If there is a direct chain of events with no excepted perils, the insured peril is the direct and natural cause of the loss.

The **Marine Insurance Act, 1906**, states special provisions for marine insurance: the insurer is not liable for any loss attributable to the wilful misconduct of the assured, but, unless the policy otherwise provides, he is liable for any loss proximately caused by a peril insured against; unless the policy otherwise provides, the insurer on ship or goods is not liable for any loss proximately caused by delay even though the delay is caused by a peril insured against; unless the police otherwise provides, the insurer is not liable for ordinary wear and tear, ordinary leakage and breakage... or for any injury to machinery not proximately caused by maritime perils (section 55 [2]).

3. L'indemnité

À l'exception des assurances sur la vie, pratiquement tous les contrats d'assurance sont des contrats d'indemnité. L'objet de l'indemnité est de replacer l'assuré, après le sinistre, dans la situation où il se trouvait avant. Dans les cas des assurances sur la vie, l'assuré recevra une certaine somme d'argent (déterminable par avance), qu'il ait subi ou non un préjudice et quelle que soit l'importance de ce préjudice. Le contrat d'assurance sur la vie est un contrat par lequel l'assureur s'engage simplement à payer une certaine somme à la mort d'une personne, en contrepartie du paiement effectif d'une annuité (ou prime) sur la vie de cette personne. Le montant pour lequel une personne est assurée dépend du montant de la prime qu'elle décide de payer.

4. La cause immédiate

Dans l'affaire Pawsey and Co. contre Scottish Union and National Insurance Co. (1907), la cause immédiate a été définie comme « la cause active et vitale qui est à l'origine d'une série d'événements produisant un résultat, sans qu'intervienne aucune force mise en marche et activée par une autre source indépendante ». La règle est que seule la cause immédiate, et non la cause lointaine, engage la responsabilité de l'assureur. S'il existe une cause unique et que celle-ci fait partie des risques couverts, elle est considérée comme étant la cause immédiate du préjudice et l'assuré peut faire valoir ses droits. S'il existe plusieurs causes concurrentes et qu'aucun risque n'est exclu, l'assuré peut faire valoir ses droits à condition que l'une des causes fasse partie des risques couverts. S'il existe une chaîne directe d'événements et qu'aucun risque n'est exclu, le risque couvert est la cause directe et naturelle du préjudice.

La loi de 1906 sur les assurances maritimes contient des dispositions spécifiques aux assurances maritimes : l'assureur n'est pas responsable des préjudices résultant de la mauvaise conduite délibérée de l'assuré. Mais, en l'absence de conditions contraires dans la police, il est responsable pour tout préjudice dont la cause immédiate est un risque couvert ; en l'absence de clauses stipulant le contraire, l'assureur d'un navire ou de marchandises n'est pas responsable pour les préjudices résultant d'un retard, même si ce retard est la conséquence d'un risque couvert ; en l'absence des clauses stipulant le contraire, l'assureur n'est pas responsable pour l'usure normale et les pertes normales (coulage et casse) ni pour les dégâts mécaniques dont la cause immédiate n'est pas un risque maritime (article 55, alinéa 2).

THE STAMP ACT 1891

Section 92

1. For the purposes of this Act the expression "policy of marine insurance" means any insurance (including re-insurance) made upon any ship or vessel, or upon the machinery, tackle, or furniture of any ship or vessel, or upon any goods, merchandise, or property of any description whatever on board of any ship or vessel, or upon the freight of, or any other interest which may be lawfully insured in or relating to any ship or vessel, and includes any insurance of goods, merchandise, or property for any transit which includes not only sea risk, but also any kind of risk incidental to the transit insured from the commencement of the transit to the ultimate destination covered by the insurance.

2. Where any person in consideration of any sum of money paid or to be paid for additional freight or otherwise agrees to take upon himself any risk attending goods, merchandise, or property of any description whatever while on board of any ship or vessel, or engages to indemnify the owner of any such goods, merchandise, or property from any risk, loss or damage, such agreement shall be declared to be a contract for sea insurance.

Section 93

1. A contract for sea insurance (other than such insurance as is referred to in the fifty-fifth section of the Merchant Shipping Amendment Act 1862) shall not be valid unless the same is expressed in a policy of sea insurance.

2. No policy of sea insurance for time shall be made for any time exceeding twelve months.

3. A policy of sea insurance shall not be valid unless it specifies the particular risk or adventure, the names of the subscribers or underwriters, and the sum or sums insured, and is made for a period not exceeding twelve months.

Section 94

Where any sea insurance is made for a voyage and also for time, or to extend or to cover any time beyond thirty days after the ship shall have arrived at her destination and have been moored at anchor, the policy is to be charged with duty as a policy for voyage, and also with duty as a policy for time.

LOI DE 1891 SUR LE TIMBRE

Article 92

al. 1. Aux fins de la présente loi, l'expression « police d'assurance maritime » signifie toute assurance (y compris ré-assurance) prise sur un navire ou vaisseau, ou sur les machines, équipements, ou meubles d'un navire ou vaisseau, ou sur les objets, marchandises ou biens de toute espèce à bord d'un navire ou vaisseau, ou sur le fret transporté par un navire ou vaisseau, ou sur tout autre droit qui peut légalement être assuré par rapport à un navire ou vaisseau, et comprend toute assurance d'objets, marchandises ou biens pour tout transport, ce qui inclut non seulement les risques en mer, mais également toute sorte de risque que comporte le transport assuré depuis le commencement du transport jusqu'à la destination ultime couverte par l'assurance.

al. 2. Lorsqu'une personne, en contrepartie d'une somme d'argent payée ou payable pour du fret, supplémentaire ou non supplémentaire, accepte de supporter tous les risques afférents à des objets, marchandises ou biens de toute espèce pendant leur présence à bord d'un navire ou vaisseau, ou s'engage à indemniser le propriétaire de ces objets, marchandises ou biens pour tout risque, perte ou préjudice, un tel accord sera déclaré constituer un contrat d'assurance maritime.

Article 93

al. 1. Un contrat d'assurance maritime (autre que le type de contrats prévu à l'art. 55 de la loi d'amendement de 1862 relative à la marine marchande) sera déclaré illicite s'il ne fait pas l'objet d'une police d'assurance maritime.

al. 2. Aucune police d'assurance maritime à temps ne pourra couvrir une durée supérieure à douze mois.

al. 3. Une police d'assurance maritime ne sera valable que si elle précise le risque ou les risques spécifiques, les noms des souscripteurs ou des assureurs, ainsi que la somme ou les sommes assurées, et que si elle est établie pour une période n'excédant pas douze mois.

Article 94

Lorsqu'une assurance maritime est établie pour une traversée et une durée données, ou pour s'étendre ou pour couvrir une durée qui dépasse trente jours après que le navire est arrivé à destination et à son mouillage, la police sera frappée des droits applicables aux polices de voyage, ainsi que des droits applicables aux polices à terme.

1. Every owner must insure his house by taking out an insurance policy.

2. I assured him that I would do my best.

3. The insurance company met the claim very rapidly.

4. The insured can receive compensation only if he has duly paid his premium.

5. The adjuster assessed the prejudice at £2 millions.

6. The owner tried to recover more than he had lost.

7. Social insurance covers people against illness, accidents and old age.

8. The funds necessary to pay allowances and benefits come from the contributions of both employees and employers.

9. In Britain, motor-car insurance policies must now cover third parties.

10. The claim was settled by mutual agreement.

11. In a charterparty, the shipowner lets to a charterer the whole or part of the ship, the charterer undertaking to provide the necessary cargo.

12. Lumpsum freight is freight payable on the basis of a fixed sum irrespective of the quantity of cargo delivered.

13. When two parties to a contract agree, the broker draws up the slip which is signed or initialed by the underwriters.

14. A particular average is the damage resulting from sea risks such as fire, collision, stranding or shipwreck.

15. In the case of particular average, the loss is borne by the owners of the damaged property.

16. In the case of general average, i.e. intentional damage caused to the ship or her cargo to avoid a danger at sea, the owners of ship and cargo bear a proportionate part of the loss.

1. *Tout propriétaire doit assurer sa maison en souscrivant une police d'assurance.*

2. *Je lui ai assuré que je ferais tout ce qui est en mon pouvoir.*

3. *La compagnie d'assurances a réglé le sinistre dans les meilleurs délais.*

4. *L'assuré ne peut toucher un dédommagement que s'il a bien payé la prime d'assurance.*

5. *L'expert a estimé les dégâts à 2 millions de livres sterling.*

6. *Le propriétaire a cherché à recouvrer plus qu'il n'avait perdu.*

7. *Les assurances sociales constituent une garantie contre la maladie, les accidents et la vieillesse.*

8. *Les fonds nécessaires pour payer les indemnités proviennent des cotisations des employés et des employeurs.*

9. *L'assurance automobile des tiers est désormais obligatoire en Grande-Bretagne.*

10. *Le sinistre a été réglé à l'amiable.*

11. *Dans une charte-partie, l'armateur cède la totalité ou partie du navire à l'affréteur, ce dernier s'engageant à fournir la cargaison.*

12. *Le fret forfaitaire est le fret payable sur la base d'une somme fixée par avance, quelle que soit la quantité de cargaison livrée.*

13. *Lorsque les deux parties à un contrat en sont d'accord, l'agent d'assurances rédige une police provisoire que signent ou paraphent les souscripteurs.*

14. *Une avarie simple représente les dégâts causés par les risques encourus en mer, tels que l'incendie, les collisions, l'échouement ou le naufrage.*

15. *Dans le cas d'avarie simple, le préjudice est supporté par le propriétaire des marchandises endommagées.*

16. *Dans le cas d'avarie commune, c'est-à-dire de préjudice causé intentionnellement au navire ou à la cargaison afin d'éviter un danger en mer, le préjudice est réparti proportionnellement entre les propriétaires du navire et les propriétaires de la cargaison.*

accident : *accident*
act of God : *cas de force majeure*
actuary : *actuaire*
addendum : *avenant*
adjuster : *expert* (en assurances)
amicable (settlement) : *(règlement) à l'amiable*
annuity : *annuité, rente ; capital constitutif de rente*
average : *avarie*
  general average : *avarie commune*
  particular average : *avarie simple*
award : *octroi*

barratry : *baraterie*
bearer : *détenteur, porteur*
bill of lading : *connaissement*
blanket : *police globale*
bonus : *bonus*   **no claim bonus** : *bonus* (assurance automobile)
breakage : *casse, bris*
broker : *courtier en assurances, agent d'assurances*
burglary : *vol par effraction*

cargo : *cargaison*
charterer : *affréteur*   **charterparty** : *charte-partie*
claim : *sinistre, déclaration de sinistre*
  to put in a claim : *faire une déclaration de sinistre*
  to claim compensation : *demander une indemnité*
collision : *collision*
contractor : *entrepreneur, maître d'œuvre*
to cover : *couvrir*   **covered** : *couvert*
cover note : *certificat d'assurance provisoire*

damage : *dégâts, sinistre, avarie*   **damages** : *dommages et intérêts*
delay : *retard*
discount : *bonification, rabais*
  no claim discount : *bonus, bonification pour non-sinistre*
to draw up a policy : *établir une police*
duty : *obligation ; droit* (de douane...)   **custom duties** : *droits de douane*

embezzlement : *détournement, malversation*
excepted perils : *risques exclus*
expiry : *échéance*

fire : *incendie*   **flood** : *inondation*
fittings and fixtures : *installations fixes*

gaming : *jeu*
goods : *marchandises*   **guarantee** : *garantie*

hazards : *risques*   **occupation hazards** : *risques professionnels*
hi(gh)jacking : *détournement* (d'avion, de bateau...)

in good faith : *de bonne foi*
insurable interest : *titre à assurance*
insurance : *assurance*   **insured :** *assuré*
  all-in insurance/all-risks insurance/comprehensive insurance :
  assurance tous risques

insured perils : *risques couverts*   **insurer** : *assureur*

jetsam : *marchandises jetées volontairement à la mer, délestage*
to jettison : *jeter à la mer*   **journey** : *voyage*

laydays : *jours de planche, staries*   **leakage** : *coulage*
liability : *responsabilité civile*   **liable for** : *responsable de*
life assurance/life insurance : *assurance sur la vie*
livestock : *bétail, cheptel*
load : *chargement*   **to load** : *charger* (≠ **to unload** : *décharger*)
logbook : *journal de bord*
looting : *pillage*   **loss** : *préjudice, perte, sinistre*
lump : *forfaitaire*

marine insurance : *assurance maritime*
to meet a claim to : *régler un sinistre*
merchandise : *biens, marchandises*

owner/shipowner : *armateur*

pension : *retraite*
peril : *danger, risque*
pilferage : *chapardage*
piracy : *piraterie*   **pirate** : *pirate*
policy : *police d'assurance*
   comprehensive policy : *police tous risques*
   to take out an insurance policy : *contracter une police d'assurance*
prejudice : *préjugé ; préjudice*
premises : *lieux, locaux*
premium : *prime*
proposer : *contractant, assuré potentiel*
to put in a claim : *déclarer un sinistre*

to quash : *infirmer, casser* (un jugement)

recovery : *recouvrement*   **reinsurance** : *réassurance*
rider : *avenant* (à un contrat/police)
robbery : *vol à main armée*

salvage : *sauvetage en mer*   **seaworthiness** : *navigabilité*
shipwreck : *naufrage*
slip : *police provisoire*   **stranding** : *échouement*

tariff : *tarif*
theft : *vol*   **towage** : *remorquage*

underwriter : *Lloyd's* (GB) ; *assureur* (US) ; *souscripteur*
unenforceable : *non exécutoire*

valuables : *objets de valeur*
vessel : *vaisseau, navire de guerre*
void : *nul (de nullité absolue)*   **voyage** : *voyage par mer*

wagering : *pari*
waiver : *abandon, désistement*   **waiver clause** : *clause d'abandon*
wear and tear : *usure*
wreck : *épave*   **wreckage** : *débris, épaves*
write-off : *épave* (voiture accidentée)

The Appeal Court in London [...] called for the law on insurance requirements for private pilots to be tightened [...] [it] quashed a High Court award of £104,720 damages to a man who was seriously injured when his friend crashed the plane in which they were flying [...]. Mr Gary Morris [...] and his friend, Mr Harry Murray, [...] went flying in poor weather conditions after an afternoon drinking [...]. Mr Morris suffered skull, rib, arm and leg injuries. Mr Murray was killed. The judges decided that Mr Morris should receive no award because he had gone flying with a pilot whom he knew was drunk. The pilot was uninsured and his estate would not have met the full High Court award had it been upheld [...].

Excerpt from *The Financial Times*,
August 4/5, 1990.

La Cour d'appel de Londres [...] a demandé que les modalités d'assurance des pilotes privés fassent l'objet d'une législation plus stricte [...] [elle] a infirmé le jugement de première instance octroyant 104 720 livres sterling de dommages et intérêts à un homme qui avait été grièvement blessé dans l'accident d'avion provoqué par un de ses amis [...]. Mr Gary Morris [...] et son ami, Mr Harry Murray, [...] étaient partis en avion en dépit de mauvaises conditions atmosphériques, après un après-midi de beuverie [...]. Mr Morris fut blessé à la tête, aux côtes, aux bras et aux jambes. Mr Murray fut tué. Les juges de la Cour d'appel statuèrent que Mr Morris ne devrait recevoir aucun dédommagement du fait qu'il était monté dans l'avion avec un pilote qu'il savait être ivre. Le pilote n'était pas assuré et ses biens n'auraient pu fournir la somme octroyée par la Haute Cour de justice si les dommages et intérêts avaient été confirmés [...].

Extrait du Financial Times, *4/5 août 1990.*

19

LAW OF INTELLECTUAL PROPERTY
LE DROIT DE LA PROPRIÉTÉ INTELLECTUELLE

A. English Law
   Droit anglais

B. American Law
   Droit américain

Introduction A - ENGLISH LAW

"Intellectual property" is a generic term which includes letters patent, trade marks, copyright and registered designs, all of which can be described as products of the intellect. Intellectual property is also commonly regarded as including rights in know-how.

1. Trade marks and service marks

● Registered marks

— Choosing a mark

A good, well-protected mark is an important asset for a business or product. It is essential to choose a mark which is distinguished from that of other firms dealing in the same business or product. It is also important to avoid choosing a mark belonging to another business in a different field, if that business is well-known. In the United Kingdom, there is no certain way of knowing whether a mark is already being used by another firm. The Register of Companies only reveals the names of companies, which is not necessarily the name under which they trade. The Register of Trade Marks only reveals marks which have been registered and marks which have applied for registration. But many companies use unregistered marks, and if a firm chooses the same mark and trades under it in the same field as another company, it runs the risk of a passing-off action.

A second consideration is to choose a mark that is registrable as a trade mark or service mark. It is better to register one's mark rather than rely on the protection afforded by passing-off actions. For such actions are much more expensive and uncertain in outcome than the infringement actions used in the case of registered marks.

— Registration of a mark

English law protects both trade marks and service marks. Under the **Trade Marks Act 1938** (s. 68 [1]), a trade mark is "a mark used or proposed to be used in relation to goods for the purpose of indicating, or so as to indicate, a connection in the course of a trade between the goods and some person having the right either as proprietor or as registered user to use the mark".

DROIT DE LA PROPRIÉTÉ INTELLECTUELLE

Introduction   A- DROIT ANGLAIS

Le terme « propriété intellectuelle » est un terme générique qui englobe les brevets, les marques, les droits d'auteur et les modèles déposés, en un mot tout ce qui correspond à des produits de l'intellect. Il est communément admis que la propriété intellectuelle comprend également les droits attachés au savoir-faire.

1. Marques de fabrique

● **Marques déposées**

  — Choix de la marque
  Une bonne marque, bien protégée, constitue un atout important pour une entreprise ou un produit. Il est essentiel de choisir une marque distincte de la marque d'autres sociétés qui proposent le même type de produits ou de services. Il convient également d'éviter de choisir une marque qui appartient à une autre société travaillant dans un secteur différent, si cette société jouit d'une certaine réputation. Il n'existe au Royaume-Uni aucun moyen certain de savoir si une marque est déjà utilisée par une autre société. Le Registre des Sociétés contient uniquement le nom des sociétés, qui ne correspond pas nécessairement à leur appellation commerciale. Le Registre des Marques de fabrique fait état uniquement des marques enregistrées ou en voie de l'être. Mais de nombreuses sociétés utilisent des marques non enregistrées, et si une société choisit la même marque et l'utilise à des fins commerciales dans le même secteur qu'une autre société, elle court le risque de se voir attaquer pour usurpation d'appellation commerciale.
  Un second élément à prendre en compte est de choisir une marque qui soit enregistrable comme marque de fabrique ou comme marque commerciale. Il est préférable d'enregistrer sa marque plutôt que de compter sur la protection qu'offrent les recours pour usurpation d'appellation commerciale, infiniment plus coûteux et incertains que les poursuites en contrefaçon auxquelles ouvrent droit les marques enregistrées.

  — Enregistrement d'une marque
  Le droit anglais protège aussi bien les marques de fabrique que les marques commerciales.
  Aux termes de l'article 68, alinéa 1, de la loi de 1938 sur les marques de fabrique, une marque de fabrique est « toute marque utilisée ou en voie de l'être pour des produits dans le but d'indiquer un rapport de nature commerciale entre ces produits et une personne ayant le droit, soit en tant que propriétaire, soit en tant qu'utilisateur dûment désigné, d'utiliser la marque ».

Under the same Act (s. 68 [1]) as amended, a service mark is "a mark used or proposed to be used in relation to services for the purpose of indicating, or so as to indicate, that a particular person is connected, in the course of business, with the provision of those services".

Registration is secured by application to the Trade Mark Registry. Anyone can submit an application, but most of the time applicants resort to a specialist to conduct the application. Firms of patent agents and firms of trade mark agents, as well as some firms of solicitors, specialize in this work.

The Register is divided into two parts: Part A and Part B. An applicant may apply for registration in either. The only clear difference between the two parts of the Register is that registration is conclusive as to the validity of Part A marks after seven years, but not as to the validity of Part B marks. The requirements for registration in Part A are more stringent than for Part B.

• The main requirement for registration in Part A is that the mark should be distinctive and that the name proposed as mark should not cause prejudice to third parties bearing the same name. If the name is a very common name, it will be refused registration in Part A on the ground that it is not distinctive enough. The signature of the applicant, on the contrary, will be regarded as distinctive enough. Fictitious names shall be accepted, provided they are either invented words or words which are not descriptive of the goods or services, i.e. which have no direct reference to their character or quality (**Trade Marks Act 1938**, section 9 [1] [c] and [d]). Names having a geographic connotation will be refused registration as trade names. Initials are not regarded as distinctive, but distinctive combinations of letters or initials are registrable; portraits and devices like logos are regarded as distinctive and registrable (s. 9 [1] [e]).

• The requirement for registration in Part B is that the mark should be capable of distinguishing the goods or services in respect of which it is registered.

It is possible to obtain preliminary advice from the Registry on the distinctiveness of a proposed mark.

1. Marques de fabrique *(suite)*

Aux termes du même article de la même loi, et de ses amendements, une marque commerciale est « toute marque utilisée, ou en voie de l'être, pour des services et qui vise à indiquer, ou qui indique, qu'une personne spécifique est liée, dans le cadre commercial, à la prestation de ces services ».

L'enregistrement s'obtient en adressant une demande au Registre des Marques de fabrique. N'importe qui peut soumettre une demande, mais la plupart du temps le postulant fait appel aux services d'un spécialiste pour introduire sa demande. Les sociétés d'agents en brevets d'invention et d'agents en marques de fabrique, de même que certains cabinets de conseils juridiques, sont spécialisées dans ce travail.

Le Registre est divisé en deux parties : Partie A et Partie B. Un postulant peut faire une demande d'enregistrement dans l'une ou l'autre. La seule différence nette entre les deux parties du Registre est que l'enregistrement quant à la validité de la marque est irréfragable au bout de sept ans dans la Partie A, mais pas dans la Partie B. Les critères d'enregistrement sont plus stricts pour la Partie A que pour la Partie B.

• Le principal critère d'enregistrement pour la Partie A est que la marque doit être distinctive et que le nom proposé comme marque ne cause pas de préjudice à des tiers portant le même nom. S'il s'agit d'un patronyme très commun, il ne pourra pas être enregistré dans la Partie A pour le motif qu'il n'a pas un caractère suffisamment distinctif. En revanche, la signature du postulant sera considérée comme suffisamment distinctive. Les noms fictifs peuvent être acceptés, à condition d'être soit des noms inventés, soit des mots ne décrivant pas les produits ou les services, c'est-à-dire ne faisant pas directement référence à leur nature ou à leur qualité (loi de 1938 sur les marques de fabrique, art. 9, al.1 [c] et [d]). Les noms ayant des connotations géographiques se verront refuser l'enregistrement en tant que marques. Des initiales ne sont pas considérées comme étant distinctives, mais des combinaisons distinctives de lettres ou d'initiales sont enregistrables ; des portraits ou des graphismes, comme des logos, sont considérés comme distinctifs et enregistrables (art. 9, al.1 [e]).

• Le critère d'enregistrement pour la Partie B est que la marque doit permettre de distinguer les produits ou les services pour lesquels elle est enregistrée.

Il est possible d'obtenir un avis préliminaire des services de l'Enregistrement sur le caractère distinctif de la marque envisagée.

1. Trade marks and service marks *(ctd)*

● **Unregistered marks**

Very often, for commercial reasons, firms will use for their marks names which are not registrable. The main protection for unregistered marks is the action of passing off. This action is based on the principle that nobody has any right to represent his goods as the goods of somebody else. The plaintiff must prove that there has been a misrepresentation by a trader in the course of trade, that the misrepresentation was calculated to injure the business or goodwill of another trader, and that the misrepresentation has caused or is likely to cause damage to the business or goodwill of this other trader. Goodwill is said to be attached to the name of the plaintiff when he has a reputation in the goods traded in; it is the value of the attraction which the name and reputation possess to customers.

2. Copyright

The **Copyright, Designs and Patents Act 1988** has effected major alterations in the UK law of copyright. Generally copyright protection for literary and artistic works lasts for the lifetime of the author plus fifty years. Functional objects no longer benefit from copyright protection; they may however be protected under the unregistered design right, dealt with in sections 213-264 of the Act. The unregistered design right provided protection for a maximum of fifteen years, but there is provision for obtaining a licence of right during the last five years. Designs that have "eye appeal" may be afforded greater protection by the registered design right, which can last for twenty-five years. Breeders of varieties of seeds and plants may be protected by plant breeders' rights under the **Varieties of Plants and Seeds Act 1964**.

Because intellectual property rights confer exclusivity upon their owners there is a tension between them and competition law, which usually strives to keep markets open. It is a difficult matter to decide how to balance on the one hand the amount of protection that needs to be afforded to inventors, plant-breeders or artists to encourage them in their endeavours against the desirability of maintaining an open and competitive market on the other hand.

19

1. Marques de fabrique *(suite)*

● **Marques non déposées**

Très souvent, pour des raisons commerciales, les sociétés utilisent pour leurs marques des noms qui ne sont pas enregistrables. La principale protection dans le cas de marques non enregistrées consiste en poursuites pour usurpation d'appellation. Ce type de recours est fondé sur le principe que nul n'a le droit de faire passer ses produits pour les produits de quelqu'un d'autre. Le plaignant doit prouver qu'il y a eu déclaration mensongère par un professionnel à des fins commerciales, dans le but de porter préjudice au chiffre d'affaires ou à la réputation d'un autre professionnel et que la déclaration mensongère a porté ou risque de porter préjudice au chiffre d'affaires ou à la clientèle de l'autre professionnel. La clientèle est considérée comme étant liée au nom du plaignant lorsque celui-ci est réputé pour les produits qu'il commercialise. La « clientèle » est la valeur publicitaire qu'ont le nom de l'entreprise et sa renommée vis-à-vis des clients.

2. Droits d'auteur

La loi de 1988 sur la propriété littéraire et artistique, les modèles et les brevets a introduit des changements fondamentaux dans le droit applicable au Royaume-Uni. De manière générale, la protection des droits d'auteur pour les œuvres littéraires et artistiques s'applique du vivant de l'auteur et cinquante ans après sa mort. Les objets fonctionnels ne bénéficient plus de la protection littéraire et artistique ; ils peuvent cependant être protégés par les droits relatifs aux modèles non déposés, traités aux articles 213-264 de la loi. Les droits relatifs aux modèles non déposés offrent une protection pendant une période maximale de quinze ans, mais il est possible d'obtenir une licence d'exploitation pendant les cinq dernières années. Les modèles qui ont des qualités esthétiques notoires peuvent obtenir une protection étendue à vingt-cinq ans. Les créateurs de variétés de graines et de plantes peuvent être protégés par les droits des créateurs de plantes, aux termes de la loi de 1964 relative aux variétés de plantes et de graines.

Le fait que les droits de la propriété intellectuelle confèrent à leurs propriétaires une exclusivité est générateur de tensions entre eux et le droit de la concurrence, qui s'efforce habituellement de préserver l'ouverture des marchés. Il est difficile de trouver l'équilibre entre, d'une part, le degré de protection nécessaire pour stimuler la créativité des inventeurs, créateurs de plantes ou artistes et, d'autre part, le besoin de préserver l'ouverture et la concurrence du marché.

American patent law is statutory and can be traced to the **English Monopolies Act of 1623**. However, the US Constitution authorized Congress to grant short term monopolies to new and useful inventions. The first patent law was enacted in 1790.

A patent is defined as the disclosure to the public by the inventor of a "new and useful process, machine, manufacture or composition of matter, or any new and useful improvement thereof". To encourage the development and disclosure of useful inventions and new processes , the federal government grants to the inventor the right to make, use and sell the invention or process for a period of seventeen years from issuance of the patent, except for design patents, for which the term is from three and a half to fourteen years. At the end of the term, the patent expires and the invention becomes public property. Patent law is federal: it is contained in Title 35 of the **United States Code**, sections 1-293. The states have no direct control over the issuance or enforcement of patents.

The **Patent Act** (Title 35 of the **United States Code**, section 271) recognizes two types of patent infringement :

— direct infringement, when someone uses or sells a patented item without the authority of the patent holder;

— contributory infringement, when a person actively induces another to infringe a patent, or when a component of a patented item is sold by a person who knows it is part of a patented item. The enforcement of patent rights is the responsibility of the patent holder, and not the federal government. The patent holder must initiate a suit in the US District Court which has exclusive jurisdiction for patent infringements.

2. Copyright

Copyright is the control by an author, composer or artist of the right to reproduce, perform, present, or display his original work. At **common law**, the author of intellectual property had only the exclusive right to first publication.

B - DROIT AMÉRICAIN   1. Brevets

Le droit américain des brevets est de nature législative et remonte à la loi de 1623 contre les monopoles anglais. Cependant, la Constitution des États-Unis a autorisé le Congrès à accorder des monopoles à court terme à des inventions nouvelles et utiles. La première loi sur les brevets a été votée en 1790.

Un brevet est la révélation au public par l'inventeur d'« un nouveau procédé, une nouvelle machine, une nouvelle fabrication ou arrangement de substances, ou toute amélioration nouvelle et utile de ceux-ci ». Pour encourager le développement et la découverte d'inventions utiles et de nouveaux procédés, le gouverment fédéral accorde à l'inventeur le droit de fabriquer, d'utiliser et de vendre son invention ou procédé pendant une période de dix-sept ans à compter de la délivrance du brevet, à l'exception des brevets de modèles, pour lesquels la protection est limitée à une période allant de trois ans et demi à quatorze ans. À la fin de la période de protection, le brevet expire et l'invention tombe dans le domaine public. Le droit des brevets est fédéral : il est contenu dans le titre 35 du Code des États-Unis, articles 1 à 293. Les États n'exercent aucun contrôle direct sur la délivrance ou l'application des brevets.

La loi sur les brevets (titre 35 du Code des États-Unis, article 271) reconnaît deux sortes de contrefaçons aux brevets :
— la contrefaçon directe, lorsqu'une personne utilise ou vend un article breveté sans l'autorisation du détenteur du brevet ;
— la contrefaçon par complicité, lorsqu'une personne incite activement une autre personne à contrefaire un brevet, ou lorsqu'un élément constitutif de l'article breveté est vendu par une personne qui sait que cet élément fait partie de l'article breveté. La mise en œuvre des droits sur un brevet incombe au détenteur du brevet et non au gouvernement fédéral. Le détenteur du brevet doit engager des poursuites devant le tribunal fédéral de première instance, qui a compétence exclusive en matière de contrefaçons de brevets.

2. Droits d'auteur

Les droits d'auteur sont le droit, pour l'auteur, compositeur ou artiste, de reproduire, interpréter, présenter, ou exposer son œuvre originale. Selon la **common law**, l'auteur d'une propriété intellectuelle avait seulement le droit exclusif de première publication.

19

2. Copyright *(ctd)*

Since 1790 there has been a statutory copyright protection under the federal law, under which the author or creator has the continuing control of his work after publication. The statutory law of copyright is controlled exclusively at federal level.

Under the **Copyright Act of 1909**, copyright was obtained by publication with a proper copyright notice. Publication without a copyright notice placed the work in the public domain. The 1909 Act still applies to works published or copyrighted before January 1, 1978.

The **Copyright Revision Act of 1976** altered both the common law copyright and statutory copyright law. The common law copyright was suppressed for works of authorship fixed in a tangible medium of expression, whether published or not. The statutory copyright applies to any work of authorship placed in a tangible medium of expression. ''Work of authorship'' means literary, musical and dramatic creations, choreography, visual works, pictures and video and sound recordings. ''Tangible medium of expression'' means a form which can be perceived, reproduced or communicated directly or by means of a machine or device. Copyright does not protect ideas, processes, methods of operation, concepts, principles or discoveries, which have no definite form.

3. Trademarks and trade names

Trademarks and trade names were originally protected by common law principles of unfair competition. The common law has been incorporated in both federal and state statutes protecting trademarks and trade names.

Trademarks and trade names are protected by a combination of federal and state law and fall within the jurisdiction of federal or state courts, even when the federal legislation applies. The federal legislation consists in the **Lanham Act** (Title 15 of the United States Code, sections 1051-1127), which provides for registration of trademarks and service marks and ensures protection against infringement of any such mark which has been federally registered. Common law principles still apply to protect trade names and unregistered trademarks.

2. Droits d'auteur *(suite)*

Depuis 1790, les droits d'auteur sont protégés par la législation fédérale, qui accorde à l'auteur ou créateur la maîtrise permanente de son œuvre après publication. Le droit applicable aux droits d'auteur est exclusivement la législation fédérale.

Aux termes de la loi de 1909 sur les droits d'auteur, les droits d'auteur pouvaient s'obtenir uniquement sur des publications mentionnant formellement que les droits de reproduction étaient réservés. Une publication sans la mention « droits de reproduction réservés » plaçait l'ouvrage dans le domaine public. La loi de 1909 est toujours applicable aux œuvres publiées ou enregistrées au dépôt légal avant le 1er janvier 1978.

La loi de révision des droits d'auteur de 1976 a modifié à la fois la jurisprudence et la législation relative aux droits d'auteur. La jurisprudence applicable aux droits d'auteur a été supprimée pour les œuvres originales exprimées par un moyen d'expression tangible, qu'elles soient publiées ou non. Les droits d'auteur légaux s'appliquent à toute œuvre originale exprimée par un moyen d'expression tangible. « Œuvre originale » signifie toute création littéraire, musicale et dramatique, chorégraphie, œuvre visuelle, film et film vidéo, et enregistrement sonore. « Moyen d'expression tangible » signifie une forme susceptible d'être perçue, reproduite ou communiquée, soit directement, soit au moyen d'une machine ou d'un dispositif. Les droits d'auteur ne protègent pas les idées, procédés, méthodes d'exploitation, concepts, principes ou découvertes qui n'ont pas de forme définie.

3. Marques de fabrique, de commerce

Les marques de fabrique et les marques de commerce étaient à l'origine protégées par les principes de **common law** s'opposant à la concurrence déloyale. Ces principes ont été incorporés dans la législation fédérale et dans la législation des États.

Les marques de fabrique et les marques de commerce sont protégées par une combinaison de lois fédérales et de lois des États. Elles tombent indifféremment sous la juridiction des cours fédérales ou des cours des États, même lorsque la législation fédérale s'applique. La législation fédérale est contenue dans la loi Lanham de 1946 (titre 15 du Code des États-Unis, articles 1051 à 1127), qui régit l'enregistrement des marques de fabrique et de services et protège contre les contrefaçons toute marque qui a été enregistrée au niveau fédéral. Les principes de la **common law** continuent à s'appliquer pour protéger les marques de commerce et les marques de fabrique non enregistrées.

COPYRIGHT, DESIGNS AND PATENTS ACT 1988

Section 12

1. Copyright in a literary, dramatic, musical or artistic work expires at the end of the period of 50 years from the end of the calendar year in which the author dies, subject to the following provisions of this section.

2. If the work is of unknown authorship, copyright expires at the end of the period of 50 years from the end of the calendar year in which it is first made available to the public; and subsection (1) does not apply if the identity of the author becomes known after the end of that period.

For this purpose making available to the public includes
a) in the case of a literary, dramatic or musical work:
   (I) performance in public, or
   (II) being broadcast or included in a cable programme service;
b) in the case of an artistic work:
   (I) exhibition in public,
   (II) a film including the work being shown in public, or
   (III) being included in a broadcast or cable programme service;
but in determining generally for the purposes of this subsection whether a work has been made available to the public no account shall be taken of any unauthorized act.

3. If the work is computer-generated neither of the above provisions applies and copyright expires at the end of the period of 50 years from the end of the calendar year in which the work was made.

4. In relation to a work of joint authorship
a) the reference in subsection (1) to the death of the author shall be construed
   (I) if the identity of all authors is known, as a reference to the death of the last of them to die, and
   (II) if the identity of one or more of the authors is known and the identity of one or more others is not, as a reference to the death of the last of the authors whose identity is known...

LOI DE 1988 SUR LES DROITS D'AUTEUR, LES MODÈLES ET LES BREVETS

Article 12

al. 1. Les droits d'auteur sur une œuvre littéraire, dramatique, musicale ou artistique expirent à la fin d'une période de 50 ans à partir de la fin de l'année civile de la mort de l'auteur, sous réserve des dispositions du présent article.

al. 2. Si l'auteur de l'œuvre est inconnu, les droits d'auteur expirent à la fin d'une période de 50 ans à partir de la fin de l'année civile de la première diffusion publique de l'œuvre ; l'alinéa 1 ne s'applique pas si l'identité de l'auteur est découverte après l'expiration de cette période.

À ces fins, la première diffusion de l'œuvre inclut
a) dans le cas d'une œuvre littéraire, dramatique ou musicale :
  (I) la représentation publique, ou
  (II) le fait de diffuser l'œuvre à la radio ou à la télévision ou de l'inclure dans un programme de télévision câblée ;
b) dans le cas d'une œuvre d'art :
  (I) l'exposition publique,
  (II) la projection publique d'un film montrant l'œuvre, ou
  (III) le fait de montrer l'œuvre dans un programme de radio, de télévision ou de télévision câblée ;
cependant, pour déterminer de manière générale aux fins du présent alinéa si une œuvre a fait l'objet d'une diffusion publique, il ne sera pas tenu compte d'une diffusion non autorisée.

al. 3. S'il s'agit d'une œuvre produite sur ordinateur, aucune des dispositions précédentes ne s'applique et les droits d'auteur expirent à la fin d'une période de 50 ans à partir de la fin de l'année civile de production de l'œuvre.

al. 4. Dans le cas d'une coproduction,
a) la référence à la mort de l'auteur à l'alinéa 1 signifiera :
  (I) si l'identité de tous les auteurs est connue, la date à laquelle le dernier d'entre eux est mort, et
  (II) si l'identité d'un ou plusieurs auteurs est connue, mais que celle d'un ou plusieurs auteurs ne le soit pas, la date à laquelle est mort le dernier des auteurs dont l'identité est connue...

1. An unregistered mark affords little protection to the business which uses it.

2. To be registrable a mark must not be descriptive of the product it is meant to represent.

3. The only remedy available to owners of unregistered marks is a passing-off action.

4. It is easier to introduce an action for infringement of a registered mark.

5. Copyright lasts during the author's life plus 50 years.

6. Competition law disapproves of too strict a protection of intellectual property.

7. American federal law grants effective protection to patent holders.

8. A trademark, to be registrable, must not infringe upon another's trademark.

9. A trader is said to have goodwill when he has a reputation in the goods traded in.

10. The owner of a trademark can obtain damages if he can prove infringement by another.

11. In the USA disputes concerning infringement and assignment of patents are governed by federal law.

12. The Federal Trademark Law of 1946 known as the Lanham Act draws the distinctions between trademark and trade name. (US)

13. The term "trademark" includes any word, symbol, picture, etc. used by a manufacturer or merchant to identify his goods and distinguish them from others. (US)

14. A "service mark" is a mark used in the sale or advertising of services, to identify them as services of one person, or one firm. (US)

15. A "trade name" includes any individual name, firm name, and trade name used by a manufacturer, merchant... to identify his business or occupation, as well as a name or title used by a person, firm... engaged in trade or commerce and capable at law. (US)

Phrases types

1. *Une marque non enregistrée offre très peu de protection à l'entreprise qui l'utilise.*

2. *Pour être susceptible d'enregistrement, une marque ne doit pas décrire le produit qu'elle est censée représenter.*

3. *Le seul recours qui soit ouvert aux propriétaires de marques non enregistrées est une action en usurpation d'appellation.*

4. *Il est plus facile d'engager des poursuites pour contrefaçon d'une marque enregistrée.*

5. *Les droits d'auteur durent pendant la vie de l'auteur et 50 ans après sa mort.*

6. *Le droit de la concurrence désapprouve une trop grande protection en matière de propriété intellectuelle.*

7. *La législation fédérale américaine protège efficacement les détenteurs de brevets.*

8. *Une marque de fabrique, pour être susceptible d'enregistrement, ne doit pas constituer une contrefaçon de la marque d'un autre.*

9. *Un négociant est réputé avoir une clientèle lorsqu'il est renommé pour les produits dont il fait commerce.*

10. *Le propriétaire d'une marque de fabrique peut obtenir des dommages et intérêts s'il parvient à prouver qu'il y a eu contrefaçon de sa marque.*

11. *Aux États-Unis, les litiges relatifs aux contrefaçons et à la cession des brevets sont régis par la législation fédérale.*

12. *La législation fédérale de 1946 relative aux marques de fabrique, connue sous le nom de loi Lanham, établit les différences entre une marque de fabrique et une marque de commerce.* (US)

13. *Le terme « marque de fabrique » inclut tout mot, symbole, dessin, etc. utilisé par un fabricant ou négociant pour identifier ses produits et les distinguer des autres produits.* (US)

14. *Une « marque de service » est une marque utilisée pour vendre ou promouvoir des services et qui a pour but d'identifier des services comme étant ceux offerts par une personne ou une société spécifique.* (US)

15. *Le terme « marque de commerce » recouvre le nom d'une personne ou d'une société ou le nom commercial utilisé par un fabricant, marchand... pour identifier son entreprise ou sa profession, ainsi que le nom ou le titre adopté par une personne, société ou organisation qui fait des opérations commerciales et qui a la capacité juridique.* (US)

abuse (of rights) : *usurpation (de droits)*
to appropriate (something) : *s'approprier (quelque chose)*
artist : *artiste*
assignable : *cessible*
assignment (of patent) : *cession (de brevet)*
author : *auteur*

to bar from : *exclure de* (= to disqualify from)
business : *affaire, entreprise*

competition : *concurrence*
  fair competition : *concurrence loyale*
  unfair competition : *concurrence déloyale*
composer : *compositeur*
copyright : *droits d'auteur*
  out of copyright : *tombé dans le domaine public*
creation : *création*   **creator** : *créateur*
criterion (pl. criteria) : *critère*

deception : *faux, tromperie*   **deceptive** : *mensonger*
design : *modèle*   **design patent** : *brevet de modèle*
display : *exposition*
  on display : *en exposition*
to display : *montrer, exposer*
to disqualify from : *exclure de* (= to bar from)
to disqualify for : *ne pas remplir les conditions pour*

to enforce : *appliquer*   **enforcement** : *application*
exclusive : *exclusif*
  exclusive right : *droit exclusif*
to exhibit : *exposer*   **exhibition** : *exposition*
to expire : *expirer*

to file an application : *déposer une demande*
to forfeit (something) : *renoncer (à quelque chose)*

goodwill : *pratique, clientèle*

to infringe (a patent) : *contrefaire (un brevet)*
infringement (of patent) : *contrefaçon (de brevet)*
  contributory infringement : *contrefaçon par complicité*
  direct infringement : *contrefaçon directe*
  infringement action : *poursuites en contrefaçon*
  innocent infringement : *contrefaçon involontaire*
  willful infringement : *contrefaçon délibérée*
infringer : *contrefacteur*
intellectual property : *la propriété intellectuelle*
invention : *invention*
issuance (of a patent) : *délivrance (d'un brevet)*
to issue (a patent) : *délivrer (un brevet)*

know-how : *savoir-faire*   **knowledge** : *savoir*

letters patent : *lettres patentes, brevets*

licence (US **license**) : *licence d'exploitation, permis d'exploitation* (d'un brevet)
loss : *perte*

manufacture : *fabrication*
mark : *marque*
  registered mark : *marque déposée*
  service mark : *marque de services*
  trade mark (US **trademark**) : *marque de fabrique*
  unregistered mark : *marque non enregistrée*
monopoly : *monopole*

passing-off (action) : *(poursuites en) usurpation d'appellation commerciale*
patent : *brevet*
  Patent Act : *loi sur les brevets*
  patent holder : *détenteur de brevet* (= patentee)
  patent rules : *la réglementation des brevets*
  valid patent : *brevet valide*
patented : *breveté*
patentee : *détenteur de brevet* (= patent holder)
to perform : *représenter*   **performance** : *représentation*
to present : *présenter, montrer*
presentation : *présentation, exposition*
process : *procédé*
to protect : *protéger*   **protection** : *protection*
public domain : *domaine public*
publication : *publication*
to publish : *publier, diffuser*

to qualify for : *remplir les conditions pour*

record : *disque*
to record : *enregistrer*   **recording** : *enregistrement*
to register (a patent) : *déposer (un brevet) ; enregistrer*
registered (mark) : *(marque) déposée*
registration (of a mark) : *enregistrement (d'une marque) ; dépôt* (d'un brevet)
to reproduce : *reproduire*   **reproduction** : *reproduction*
reputation : *réputation, renommée*
requirement : *exigence*

skill : *compétence*

technology : *technologie*
  technology transfer : *transfert de technologie*
trade : *profession, négoce*
  trademark : *marque*
  trade name : *marque commerciale, marque de commerce*

work : *œuvre*
  work of authorship : *œuvre originale*
  visual work : *œuvre visuelle, œuvre plastique*

While the US argues that law rules on intellectual property elsewhere in the world allow developing countries to "steal" its skills and knowledge, developing countries are being asked to give up freedoms to use these skills and knowledge which they are currently able to appropriate for virtually nothing.

In purely economic terms the US argument is thus difficult for developing countries to swallow. US industry calculates that the loss to holders around the world of patents and other intellectual property through abuse of their rights by others amounts to $60 bn a year. This figure was certainly bumped up to impress Congress, but there is no doubt that the sum of money involved is substantial...

Peter MONTAGNON, *The Financial Times*,
October 17, 1989.

Tandis que les États-Unis prétendent que les règles laxistes en vigueur dans le reste du monde quant à la propriété intellectuelle permettent aux pays en voie de développement de « voler » leur savoir et leur compétence, les pays en voie de développement se voient demander de renoncer à leur liberté d'utiliser cette compétence et ce savoir qu'ils peuvent, à l'heure actuelle, s'approprier pour presque rien.

En termes purement économiques, l'argument des États-Unis est difficilement acceptable par les pays en voie de développement. L'industrie des États-Unis estime que les pertes subies par les détenteurs de brevets et d'autres propriétés intellectuelles dans le monde par suite d'usurpation de leurs droits par d'autres se montent à quelque 60 milliards de dollars. Ce chiffre a certainement été gonflé afin d'impressionner le Congrès, mais il ne fait pas de doute que les sommes d'argent en jeu sont considérables...

*Peter MONTAGNON, The Financial Times,
17 octobre 1989.*

20

EUROPEAN LAW AND ENGLISH LAW
DROIT COMMUNAUTAIRE ET DROIT ANGLAIS

1. Introduction

Since its entry in the European Community (January 1, 1973), Britain has been subjected to the Community Treaties, in application of section 2 (1) of the **European Communities Act 1972**, which provides that: "All such rights, powers, liabilities, obligations and restrictions [...] created or arising by or under the Treaties, [...] as in accordance with the Treaties are without further enactment to be given legal effect or used in the United Kingdom shall be recognized and available in law, and be enforced [...]".

This provision means that all present and future Community law which, under the Treaties, is to be enforced without further enactment is to be incorporated into English law.

● **Definition of Community law**

Community law includes the Treaties establishing the Communities (the **European Economic Community**, the **European Coal and Steel Community**, and the **European Atomic Energy Community**), the regulations and directives of the legislative organs of the Communities (the **Council of Europe** and the **European Commission**), and the decisions of the European Court, in so far as this court interprets the Treaties and Community instruments.

● **Implementation of Community law in the United Kingdom**

To be implemented, directives and decisions of the **Council of Europe** and the **European Commission** usually require specific enactment within the member states. Section 2 (2) of the **European Communities Act 1972** gives the United Kingdom power to implement such provisions by statutory instrument. Some Community law provisions require implementation in the UK either by Act of Parliament or by statutory instrument made under an Act of Parliament.

2. Application of Community law

To become part of the law of the United Kingdom, Community law must be "directly applicable" in the sense of creating rights and duties enforceable by and against individuals. If it is not "directly applicable", it creates obligations only on the part of the UK government and is not to be considered part of English law.

1. Introduction

Depuis son entrée dans la Communauté européenne le 1ᵉʳ janvier 1973, la Grande-Bretagne est soumise aux traités communautaires, en application de l'article 2, alinéa 1, de la loi de 1972 relative aux Communautés européennes, qui dispose que : « Tous les droits, pouvoirs, responsabilités, obligations et limitations créés par les traités ou résultant de ces derniers, [...] et qui, conformément auxdits traités, doivent, sans qu'il soit besoin de texte de loi supplémentaire, avoir force légale et être utilisés au Royaume-Uni, seront reconnus et applicables, et seront appliqués, admis et suivis en conséquence [...]. »

Cette disposition signifie que toute législation communautaire présente et future qui, selon les traités, doit être appliquée sans autre promulgation doit être incorporée au droit anglais.

● **Définition du droit communautaire**

Le droit communautaire inclut les traités qui ont institué les trois Communautés (la Communauté économique européenne, la Communauté européenne du charbon et de l'acier, et la Communauté européenne de l'énergie atomique), les règlements et directives des organes législatifs des Communautés (le Conseil de l'Europe et la Commission européenne), ainsi que les décisions de la Cour européenne de justice, dans la mesure où ce tribunal interprète les traités et la réglementation communautaires.

● **Application du droit communautaire au Royaume-Uni**

Pour entrer en vigueur, les directives et les décisions du Conseil de l'Europe et de la Commission européenne ont besoin de faire l'objet d'un texte de loi spécifique dans chaque État membre. L'article 2, alinéa 2, de la loi de 1972 sur les Communautés européennes accorde au Royaume-Uni le pouvoir de donner force légale à de telles dispositions par décret d'application. Certaines dispositions du droit communautaire, pour être appliquées au Royaume-Uni, doivent être contenues dans un texte législatif du Parlement ou dans un décret pris en application d'un texte législatif.

2. Application du droit communautaire

Pour devenir partie intégrante du droit anglais, le droit communautaire doit être « directement applicable », c'est-à-dire qu'il doit créer des droits et des devoirs applicables par et contre les citoyens. S'il n'est pas « directement applicable », il crée des obligations seulement pour le gouvernement britannique et ne doit pas être considéré comme faisant partie du droit anglais.

2. Application of Community law *(ctd)*

Also, EC law concerns only rights and duties arising out of matters with a European element. As Lord Denning put it in H.P. Bulmer Ltd. v. J. Bollinger SA: "[...] the treaty concerns only those matters which have a European element [... and] does not touch any of the matters which concern solely the mainland of England and the people in it. These are still governed by English law..." This statement only refers to the application of EC law as a direct source.

But European Community law may also be an indirect source of law: when Parliament passes an Act, or when a statutory instrument is made under an Act, even though this Act or statutory instrument has been passed to give effect to a Community directive, it is part of the domestic legislation of the UK and affects purely English matters and people. Thus, English Company Law has undergone important changes under Section 9 of the **European Communities Act 1972**. This Act was passed to give effect to a directive of the Council of the EEC on Harmonisation of Company Law.

3. Conflict of laws

Where there is a conflict between Community law and national law the former must prevail. In case of conflict, it is not necessary that the national law should be set aside, for, given the precedence of Community law, the entry into force of a directly applicable provision of Community law automatically supersedes any existing conflicting national law and forbids the adoption of any new national measure incompatible with EC law. This sets a limitation to the sovereignty of Parliament.

● **Directly applicable European provisions**

Most provisions of the Treaties and secondary legislation of the Communities are not directly applicable: they are concerned with establishing obligations of an economic character between the member states rather than between individuals within the states. Yet a number of Articles of the EEC Treaty have been held by the European Court to be directly applicable and create rights and duties within English law.

2. Application du droit communautaire *(suite)*

En outre, le droit communautaire ne concerne que les droits et les devoirs ayant trait à des questions européennes. Selon la formule de Lord Denning dans l'arrêt H.P. Bulmer Ltd c/ J. Bollinger SA : « [...] le traité concerne seulement les problèmes ayant trait à l'Europe [...]. Le traité n'affecte aucune question qui concerne exclusivement l'Angleterre et ses ressortissants. Ceux-ci continuent à être régis par le droit anglais... » Cette déclaration ne fait cependant référence qu'à l'application directe du droit communautaire.

Mais le droit de la Communauté européenne peut également constituer une source indirecte de droit : lorsque le Parlement vote une loi, ou lorsqu'un décret d'application a été pris en vue de donner effet à une directive de la Communauté, cette loi ou ce décret fait partie du droit interne du Royaume-Uni et affecte exclusivement des questions ou des personnes de ce pays. C'est ainsi que l'article 9 de la loi de 1972 relative aux Communautés européennes a modifié de façon importante le droit anglais des sociétés. La loi de 1972 a été votée pour donner effet à une directive du Conseil de la Communauté économique européenne relative à l'harmonisation du droit des sociétés.

3. Conflits de droits

Lorsqu'il y a conflit entre le droit communautaire et le droit national, le premier l'emporte. En cas de conflit, il n'est pas nécessaire d'écarter le droit national, car, en conséquence de la primauté du droit communautaire, l'entrée en vigueur d'une disposition communautaire qui est directement applicable remplace toute loi nationale existante et s'oppose à l'adoption de toute nouvelle mesure nationale qui serait incompatible avec le droit communautaire. La primauté du droit communautaire limite la souveraineté du Parlement.

● **Dispositions européennes directement applicables**

La plupart des dispositions des traités et de la législation secondaire des Communautés ne sont pas directement applicables : elles ont pour objet d'établir des obligations de nature économique entre les États membres plutôt qu'entre les citoyens à l'intérieur des États. Cependant, la Cour européenne a déclaré qu'une certain nombre d'articles du traité de la Communauté économique européenne sont directement applicables et créent des droits et des devoirs à l'intérieur du système juridique anglais.

3. Conflict of laws (ctd)

These include Article 12, prohibiting the introduction of new custom duties, Article 53, prohibiting the introduction by member states of new restrictions on the establishment in their territories of nationals of other member states, Article 95, prohibiting the imposition of internal charges on the products of other member states in excess of those applied to domestic products, Article 119, which states that men and women should receive equal pay for equal work, and Article 48, which requires to abolish discrimination based on nationality between workers of member states and to ensure the free movement of workers within the Community. A duty created by Community law is a statutory duty for the breach of which an English court can award any remedy normally available to the court.

4. Limits to the impact of European law

● **The European Convention on Human Rights**

Protection of individual rights of British citizens against the state was reinforced by the signature of the **European Convention on Human Rights** by the British Parliament in 1950, by the United Kingdom's acceptance in January 1966 of the jurisdiction of the **European Court of Human Rights**, and by the fact that British citizens are allowed to take their problems before the **European Commission on Human Rights** (a necessary step before bringing an action in the European Court). Thus British citizens may obtain redress for administrative acts which are legal under UK legislation but infringe the rights guaranteed under the **European Convention on Human Rights**.

Contrary to other member states, Britain has not integrated into its domestic law the provisions of the **European Convention on Human Rights**. The European Convention on Human Rights is not regarded as a "European Treaty" under section 2 (1) of the European Communities Act 1972, and is not, in consequence, given any effect upon UK domestic law.

3. Conflits de droits *(suite)*

Ces articles incluent l'art. 12, qui interdit l'introduction de nouveaux droits de douane, l'art. 53, qui interdit aux États membres d'introduire de nouvelles restrictions relatives à l'installation sur leur territoire de ressortissants d'autres pays membres, l'art. 95, qui interdit à un État membre d'imposer sur les produits d'autres États membres des taxes internes supérieures à celles imposées sur les produits de fabrication nationale, l'art. 119, qui dispose qu'hommes et femmes doivent recevoir un salaire égal pour un travail égal, et l'art. 48, qui exige que toute discrimination fondée sur la nationalité entre les travailleurs des États membres soit supprimée et que des mesures soient prises pour assurer la libre circulation des travailleurs à l'intérieur de la Communauté. Un devoir créé par le droit communautaire est un devoir légal : en cas de manquement à un tel devoir, un tribunal anglais peut octroyer n'importe quelle réparation qui est normalement de son ressort.

4. Limites de l'impact du droit communautaire

● La Convention européenne des droits de l'homme

La protection des droits individuels des citoyens britanniques contre l'État a été renforcée par la signature en 1950 par le Parlement britannique de la Convention européenne des droits de l'homme, par l'acceptation en janvier 1966 par le Royaume-Uni de la juridiction de la Cour européenne des droits de l'homme, et par le fait que les citoyens britanniques sont autorisés à porter leurs problèmes devant la Commission européenne des droits de l'homme (étape indispensable avant de pouvoir saisir la Cour européenne). Ainsi, les citoyens britanniques peuvent faire sanctionner certains actes gouvernementaux ou administratifs qui, selon la législation en vigueur au Royaume-Uni, sont légaux, mais qui contreviennent aux droits garantis par la Convention européenne des droits de l'homme.

Contrairement à d'autres États membres, la Grande-Bretagne n'a pas intégré à son droit interne les dispositions de la Convention européenne des droits de l'homme. La Convention européenne des droits de l'homme n'est pas considérée comme un « traité européen » au sens où l'entend l'article 2 alinéa 1 de la loi de 1972 relative aux Communautés européennes et n'a pas, en conséquence, d'effet sur le droit interne du Royaume-Uni.

This does not prevent British citizens to appeal to the European Court of Human Rights against certain acts of the British Government, to such extent that some decisions by this court have resulted in modifications of the British legislation, in order to avoid further infringements of the European Convention.

Nevertheless, in so far as the procedure imposed by the European Convention is long and complicated, such appeals are not very numerous. And since 1974, British public opinion has rather been contemplating the creation of a British **Bill of Rights**.

5. Plans for a British Bill of Rights

The suggestion that it was necessary to protect British citizens against potential arbitrariness by the government and administration was expressed for the first time by Mr Anthony Lester, Queen's Counsel, former president of the Fabian Society, and an expert in anti-discrimination (both sexual and racial) legislation. As early as 1968, Mr Lester had drawn attention to the dangers threatening individual liberties under the British political system, and had put a case for the integration into British legislation of the **European Convention** on **Human Rights**. Between 1968 and 1987 several MPs vainly attempted to introduce bills to protect civil liberties.

At the end of 1988, a movement called "**Charter 88**" was created. One of its aims was to codify civil liberties. Lord Scarman, one of the signatories, in an interview to *The Observer* (January 22, 1989), stressed "the need to strengthen the protection afforded by our law to human rights and fundamental freedoms. We have no declaration of these rights and freedoms in our law... Yet there is no real difficulty in enacting a Bill of Rights: we have available the European Convention on Human Rights to which Britain is a party." The main argument of the opponents to the reform advocated by "Charter 88" is that it would be contrary to the spirit of the **common law**, which is based on a pragmatic approach and not on declarations of abstract general principles. Today, the question remains open: shall Britain have a **Bill of Rights**?

4. Limites du droit communautaire *(suite)*

Ceci n'empêche pas les citoyens britanniques de faire appel devant la Cour européenne des droits de l'homme contre certains actes du gouvernement britannique, au point que certaines décisions de ce tribunal ont entraîné des modifications de la législation britannique, afin d'éviter d'autres contraventions de la Convention européenne.

Néanmoins, dans la mesure où la procédure imposée par la Convention européenne est longue et compliquée, de tels recours ne sont pas très nombreux. Depuis 1984, l'opinion publique britannique a préféré envisager la création d'une Déclaration des droits britannique.

5. Projet de Déclaration des droits britannique

Mr Anthony Lester, avocat de rang supérieur, ancien président de la Société Fabienne et grand spécialiste de la législation contre la discrimination (tant sexiste que raciale), a été le premier à suggérer qu'il était nécessaire de protéger les citoyens britanniques contre d'éventuelles mesures arbitraires du gouvernement et de l'administration. Dès 1968, Mr Lester avait attiré l'attention sur les dangers qui menaçaient les libertés individuelles dans le système politique britannique, et avait prôné l'intégration de la Convention européenne des droits de l'homme dans la législation britannique. Entre 1968 et 1987, plusieurs députés aux Communes ont vainement tenté de présenter des projets de loi pour protéger les libertés individuelles.

Fin 1988, le mouvement appelé « Charte 88 » fut créé. Un des buts de ce mouvement était de codifier les libertés publiques. Lord Scarman, l'un des signataires de la Charte 88, souligna, dans un entretien accordé à l'*Observer* le 22 janvier 1989, « la nécessité de renforcer la protection offerte par notre législation aux droits de l'homme et aux libertés fondamentales. Nous n'avons aucune déclaration affirmant ces droits et ces libertés dans notre droit... Pourtant il n'existe aucun obstacle réel à la promulgation d'une Déclaration des droits : nous avons à notre disposition la Convention européenne des droits de l'homme, qui a été ratifiée par la Grande-Bretagne. » Le principal argument des adversaires de la réforme prônée par la Charte 88 est qu'elle serait contraire à l'esprit de la **common law**, qui repose sur une approche pragmatique et non sur des déclarations de principes généraux abstraits. À ce jour, la question reste posée : la Grande-Bretagne aura-t-elle une Déclaration des droits ?

**CONVENTION FOR THE PROTECTION OF HUMAN RIGHTS
AND FUNDAMENTAL FREEDOMS**

(Rome, 4 November 1950)

The governments signatory hereto, being members of the Council of Europe, considering the Universal Declaration of Human Rights proclaimed by the General Assembly of the United Nations on 10 December 1948, [...] considering that the aim of the Council of Europe is the achievement of greater unity between its members and that one of the methods by which that aim is to be pursued is the maintenance and further realisation of human rights and fundamental freedoms, [...] have agreed as follows:

[...]

Article 7

No one shall be held guilty of any criminal offence on account of any act or omission which did not constitute a criminal offence under national or international law at the time when it was committed. Nor shall a heavier penalty be imposed than the one that was applicable at the time the criminal offence was committed [...].

Article 9

Everyone has the right to freedom of thought, conscience and religion; this right includes freedom to change his religion or belief and freedom [...] to manifest his religion or belief, in worship, teaching, practice and observance.

Freedom to manifest one's religion or beliefs shall be subject only to such limitations as are prescribed by law and are necessary in a democratic society in the interests of public safety, for the protection of public order, health or morals, or for the protection of the rights and freedoms of others.

[...]

Article 19

To ensure the observance of the engagements undertaken by the High Contracting Parties in the present Convention, there shall be set up: (a) a European Commission of Human Rights [...]; (b) a European Court of Human Rights [...].

6. Document

**CONVENTION DE SAUVEGARDE DES DROITS DE L'HOMME
ET DES LIBERTÉS FONDAMENTALES**
(Rome, 4 novembre 1950)

Les gouvernements signataires, membres du Conseil de l'Europe, considérant la Déclaration universelle des droits de l'homme, proclamée par l'Assemblée générale des Nations unies le 10 décembre 1948, [...] considérant que le but du Conseil de l'Europe est de réaliser une union plus étroite entre ses membres, et que l'un des moyens d'atteindre ce but est la sauvegarde et le développement des droits de l'homme et des libertés fondamentales, [...] sont convenus de ce qui suit :
[...]

Article 7

Nul ne peut être condamné pour une action ou une omission qui, au moment où elle a été commise, ne constituait pas une infraction d'après le droit national ou international. De même il n'est infligé aucune peine plus forte que celle qui était applicable au moment où l'infraction a été commise [...].

Article 9

Toute personne a droit à la liberté de pensée, de conscience et de religion ; ce droit implique la liberté de changer de religion ou de conviction, ainsi que la liberté de manifester sa religion ou sa conviction [...] par le culte, l'enseignement, les pratiques et l'accomplissement des rites.

La liberté de manifester sa religion ou ses convictions ne peut faire l'objet d'autres restrictions que celles qui, prévues par la loi, constituent des mesures nécessaires, dans une société démocratique, à la sécurité publique, à la protection de l'ordre, de la santé ou de la morale publiques, ou à la protection des droits et libertés d'autrui.

[...]

Article 19

Afin d'assurer le respect des engagements résultant pour les Hautes Parties contractantes de la présente Convention, il est institué : (a) une Commission européenne des droits de l'homme [...] ; (b) une Cour européenne des droits de l'homme [...].

7. Key sentences

1. Since January 1, 1973, the United Kingdom has been a member state of the European Communities.

2. The United Kingdom is a subscriber to the European Convention on Human Rights.

3. The English Court of Appeal stated that it would have regard to the Convention when applying English law, even though it is not part of English law.

4. Most of the provisions in the Treaties and in the secondary legislation of the Communities concern obligations of an economic character between the member states rather than between individuals within the states.

5. Community law which, under the Community Treaties, is to be given legal effect without further enactment, is to be incorporated into English law.

6. European Community law concerns only rights and duties arising out of matters with a European element.

7. EC law and the decisions of the European Court of Justice have become an integral part of UK law.

8. Where there is a conflict between Community law and national law, the former must prevail.

9. As opposed to Community law, the European Convention on Human Rights is not a part of English law.

10. The European Convention on Human Rights established both the European Commission of Human Rights and the European Court of Human Rights.

11. A person who alleges violation of his rights or freedoms under the Convention may apply to the European Commission of Human Rights.

12. Several bills aiming at incorporating the European Convention on Human Rights into UK law were presented in the British Parliament, but in vain.

13. Some of the opponents to the reform advocated by "Charter 88" argue that it would limit further the sovereignty of the British Parliament.

7. Phrases types

1. *Depuis le 1er janvier 1973, le Royaume-Uni fait partie des Communautés européennes.*

2. *Le Royaume-Uni a ratifié la Convention européenne des droits de l'homme.*

3. *La Cour d'appel anglaise a déclaré qu'elle prendrait en compte la Convention européenne en appliquant le droit anglais, bien que la Convention ne fasse pas partie du droit anglais.*

4. *La plupart des dispositions des traités et de la législation secondaire des Communautés concernent des obligations de nature économique entre les États membres plutôt qu'entre les citoyens à l'intérieur des États.*

5. *Le droit communautaire qui, aux termes des traités de la Communauté, doit être appliqué sans qu'il soit besoin d'un nouveau texte de loi national, doit être intégré au droit anglais.*

6. *Le droit de la Communauté européenne concerne seulement les droits et les devoirs afférents à des questions comportant un élément européen.*

7. *Le droit communautaire et les décisions de la Cour européenne de justice sont devenus partie intégrante du droit du Royaume-Uni.*

8. *Lorsqu'il y a conflit entre le droit communautaire et le droit national, le premier l'emporte.*

9. *Contrairement au droit communautaire, la Convention européenne des droits de l'homme ne fait pas partie du droit anglais.*

10. *La Convention européenne des droits de l'homme a institué à la fois la Commission européenne des droits de l'homme et la Cour européenne des droits de l'homme.*

11. *Une personne qui prétend que ses droits ou libertés ont été violés aux termes de la Convention européenne peut saisir la Commission européenne des droits de l'homme.*

12. *Plusieurs projets de loi visant à intégrer au droit du Royaume-Uni la Convention européenne des droits de l'homme ont été présentés au Parlement britannique, mais en vain.*

13. *Certains des adversaires de la réforme prônée par la « Charte 88 » prétendent que ce serait une restriction supplémentaire à la souveraineté du Parlement britannique.*

8. Vocabulary

to achieve : *réaliser, parvenir à*
achievement : *réalisation*
Act of Parliament : *texte de loi, texte législatif*
to agree : *convenir*
applicable : *applicable*
application : *application*
to apply to (a court) : *saisir (un tribunal)*
available : *disponible, applicable*

bill : *projet de loi*

to come into force : *entrer en vigueur*
conflict of laws : *conflit de droits*
conscience : *conscience* (morale)
conscientious objector : *objecteur de conscience*

decision : *décision, arrêt*
to deprive (someone of) : *priver (quelqu'un de)*
directive : *directive*
discrimination : *discrimination*
  racial discrimination : *discrimination raciale*
  sexual discrimination : *discrimination sexuelle*
domestic : *national, interne*
duty : *devoir, obligation légale*

EC law : *droit communautaire, droit européen*
effect : *effet*
  to give effect to : *donner effet à*
enactment : *promulgation, législation*
enforceable : *applicable*
The European Communities : *les Communautés européennes*
The European Atomic Energy Community (Euratom) : *la Communauté européenne de l'énergie atomique (Euratom)*
The European Coal and Steel Community (ECSC) : *la Communauté européenne du charbon et de l'acier (CECA)*
The European Commission of Human Rights : *la Commission européenne des droits de l'homme*
The European Convention on Human Rights : *la Convention européenne des droits de l'homme*
The European Court of Human Rights : *la Cour européenne des droits de l'homme*
The European Economic Community (EEC) : *la Communauté économique européenne (CEE)*

freedom : *liberté*
  freedom of belief : *liberté de croyance*
  freedom of conscience : *liberté de conscience*
  freedom of movement : *liberté de mouvement*
  freedom of religion : *liberté de religion*
  freedom of speech : *liberté de parole, d'expression*
  freedom of thought : *liberté de pensée*

Green Paper : *avant-avant-projet de loi*

to implement : *appliquer, mettre en œuvre*
implementation : *entrée en vigueur, application*
to incorporate : *intégrer*

law : *droit, législation*
  Community law : *droit communautaire*
  domestic law : *droit national, droit interne*
  European law : *droit européen, droit communautaire*
liberty : *liberté*
to limit : *limiter, restreindre*
limitation : *limitation, restriction*

measure : *mesure*
member state : *État membre, pays membre*

national (adj.) : *national*
a national : *un ressortissant (d'un pays)*

obligation : *obligation, devoir*
observance (of a treaty) : *respect (d'un traité)*
observance (of religion) : *accomplissement des rites religieux*
opponent (of a reform) : *adversaire (d'une réforme)*

partisan : *partisan*
precedence : *primauté*
prescribed by law : *prévu par la loi*
to prevail : *prévaloir, l'emporter*
to protect : *protéger*
protection : *protection*
to provide : *disposer*
provision : *disposition légale*
public order : *l'ordre public*
public safety : *la sécurité publique*

reform : *réforme, révision*
regulations : *règlements*
rights : *droits*

to set up : *instituer*
signatory (of a treaty) : *signataire (d'un traité)*
sovereignty : *souveraineté*
statute : *loi écrite, texte de loi*
statutory instrument : *décret-loi, décret d'application*
step : *mesure*
subscriber (to a treaty) : *signataire (d'un traité)*

treaty : *traité*

violation (of rights) : *violation (des droits)*

White Paper : *avant-projet de loi*
worship : *culte*

9. Document

Intellectual property rights throughout the European Community are still based largely on the domestic laws of the member states. Some steps have been taken towards establishing Community-wide regimes for handling patents and trade marks, although progress is slow, and a Community copyright law seems a long way off. This lack of cohesion [...] is a sizeable obstacle to the completion of the single market and will create problems for European businesses [...]. In the rest of Europe, industrial designs are not generally protected by copyright laws and have to be registered when new in order to be protected. Most European systems require registration prior to the product being placed on the market [...].

Excerpt from *The Financial Times*,
August 13, 1991.

Les droits relatifs à la propriété intellectuelle dans l'ensemble de la Communauté européenne continuent à être fondés dans une large mesure sur le droit interne des États membres. Certaines mesures ont été prises afin d'instituer, pour les brevets et marques déposées, des régimes valables dans l'ensemble de la Communauté, mais les progrès sont lents et la législation communautaire sur les droits d'auteur semble un projet lointain. Ce manque de cohésion [...] constitue un obstacle de taille pour la réalisation du marché unique et va poser des problèmes aux entreprises européennes [...]. Dans les autres pays d'Europe, les modèles industriels ne sont en général pas protégés par la législation sur les droits d'auteur et doivent être enregistrés lors de leur création afin d'être protégés. La plupart des systèmes européens exigent qu'ils soient enregistrés avant que le produit ne soit commercialisé [...].

Extrait du Financial Times, *13 août 1991.*

Index

Cet ouvrage a été composé par TÉLÉ-COMPO - 61290 BIZOU
et achevé d'imprimer en avril 1995
sur les presses de Cox & Wyman Ltd
(Angleterre)

POCKET – 12, avenue d'Italie, 75627 Paris cedex 13
Tél. 44.16.05.00

Dépôt légal : novembre 1993
Imprimé en Angleterre